日本史

林明德——著

三民書局

修訂三版說明

　　本書的作者林明德教授是日本史與中國近現代史的權威，曾榮獲日本政府頒發「旭日中綬章」獎項。在本書中，他將日本從史前時代一直到現代的歷史進行了統整性的梳理，全盤地探討日本的文化、社會、政治、經濟，其貫通古今的筆力，讓讀者得以瞭解，這個與臺灣關係密切的古老國度，究竟是如何發展成今日的面貌。

　　此次再版，對於內文編排及版式進行了修訂，並且新增插圖，希冀能夠給予讀者更為舒適的閱讀體驗。除此之外，亦增訂了 2000 到 2022 年之間日本的重要事件，讓讀者在瞭解過去的同時，也可以將歷史脈絡延伸到當代，理解今日的世界。

編輯部謹識

修訂二版序

　　多年以來，日本學人研究中國史的著作特豐，而臺灣學者研究日本者特少。國人一向忽略最與我興亡有關的日俄，因此，大學歷史的課程，總是偏重英美法德，而忽略日俄。為了增進兩國間的瞭解，促進雙方的友好關係，唯有加強研究日本。

　　過去之所以忽視日本研究，原因大抵有二：一是惑於「同文同種」之說，一是蔑視「蕞爾小邦」日本，斷定其並無文化而加以抹煞。

　　其實，中日兩國既不「同文」，亦不「同種」，此由本書的敘述即可瞭然。但日本於明治時代即已有「同文同種」之論，其目的乃在推展其大陸政策，建立亞洲同盟，甚至夢想建立「大東亞共榮圈」；而中國之倡言「同文同種」，則有藉此涵蓋日本文化，甚至期待中日合作，共同對抗歐美列強侵略的意向。

　　至於否定日本文化的說法，亦屬偏頗之見。因此，研究日本歷史必須袪除這種先入為主、似是而非的觀念，始能客觀而公正。本書雖不抹煞日本所受中國文化影響之深，但卻著重日本歷史文化發展的主體性，俾能深入瞭解日本歷史的獨特發展模式及其文化特徵。

　　日本的歷史文化特性有三：

　　一、連綿性。在兩千多年的歷史演進過程中，日本沒有種族的大融合，卻有文化的融合。日本也沒有劇烈的革命，影響社會的大變革，因此，在社會上、文化上，自古到今，其發展始終持續而未嘗間斷，此由「萬世一系」的天皇制即可窺見一斑。再就神道信仰，或政治、社會制度加以考察，

在在反映其傳承固有的傳統，甚至今日最足以表現日本文化特徵的茶道、插花、「物語」、「大和繪」等，以及民間習俗，亦皆傳自室町時代，且受中古時代的間接影響。凡此均顯示其歷史文化的連綿性。

　　二、模仿性。日本有吸收外來文化的功能，易言之，日本文化是以先進文化為典範而形成的。西元一世紀以後，日本的部落酋長以及大和朝廷無不汲汲於吸收光輝燦爛的中國文化，大化革新是隋唐文化的模仿。日本於中古時代吸收中國文化，與日本固有文化相融和，遂產生了「和魂漢才」的「國風文化」。直到明治時期，乃轉而吸收西歐文化，「全盤西化」，推行現代化，尤其第二次世界大戰後，在政治體制及社會各方面，歐美的自由民主主義思想更深入於各階層。

　　三、融和性。日本的文化是混合融化而成的。日本自始即吸收外來文化，但這種外來文化一旦輸入之後，便與日本的固有文化渾然融和而形成新的日本文化。大化革新雖取範隋唐的文物制度，但亦有不少仍然沿襲日本固有的習慣。抑有甚者，在吸收隋唐文化之後，經過一段時期，卻又完全被日本固有文化傳統所吸收融和，而產生了日本特有的政治、社會制度、文學、藝術以及別具風格的佛教文化。再就明治維新言，雖其物質文明取範於歐美，但形而上則仍貫徹東方古來的道德以及日本固有的精神。

　　總而言之，兩千多年來日本歷史文化的演進，無非都是融合、吸收東西方文化的精華，去腐更新、截長補短，而形成合乎日本國情及時代潮流的特有文化。

　　在日本現代化的歷程中，雖其民主化和精神層面並不徹底，但其經濟成長等外在的現代化發展，無疑是成功的。1960 年代，美國學者有意識的比較日本現代化的成功和中國現代化的失敗，來說明日本傳統社會的優點，此一問題迄仍爭論不已。1980 年代哈佛大學伏格爾教授 (Prof. Ezra F. Vogel)

《日本第一》(*Japan as No. 1*) 問世，更引起世界各國研究日本的熱潮。

　　無論如何，瞭解近代日本的傳統淵源，實為解開中日近代化優劣比較的先決條件。

　　本書的內容以政治、社會、經濟、文化的演變與發展為主，由原始社會起，直至現代為止，在時代的區分上，分為原始古代、中世、近世、近現代四個時期，在敘述上略古而詳今，尤其著重於近現代的發展。

　　本書承三民書局董事長劉振強先生之鼓舞，在此誌謝。本書自 1986 年付梓以來，已將近二十年，茲再修訂，並補充現代部分。雖非倉卒成書，但謬誤遺漏之處難免，尚祈博學先進不吝教正。

林明德

2005 年 3 月

於國立臺灣師範大學歷史研究所

日本史

目次

第二編　中　世

第三編　近　世

第一編

原始古代

圖說：乙巳之變，中大兄皇子與中臣鐮足在宮殿中刺殺蘇我入鹿後，將蘇我入鹿屍體抬至蘇我家，勸降蘇我家的軍隊。

第一章

原始時代的日本

概　論

　　地球上有人類是自第三紀末期到第四紀之間。第四紀以一萬年前為界，區分為更新世與完新世。更新世又稱冰河時代，其間有十次寒冷的冰期，海面較之現在顯著下降。為此，冰河時期的日本群島與亞洲大陸連結在一起，北方有長毛象與麋鹿，南方有諾氏古菱齒象 (Palaeoloxodon naumanni) 與大角鹿。人類追逐這類大型動物，分批來到日本列島。但最後的冰河時期過後，進入完新世，海面上升，大約一萬年之前，從大陸分離，形成孤立於西太平洋的日本列島。

　　在洪積世初期（四十至五十萬年前），日本群島已有人類活動。北京猿人等活動區域內的動物，亦曾出現於現在的日本群島上。這些人類幾乎遍布日本群島，並且經過很長一段石器時代。這一石器時代，由於陶器的有無、形式的差異，又可分為無陶器文化、繩紋文化與彌生文化三個階段。

　　進入沖積世不久，已有陶器的新石器文化——繩紋時代的開始。繩紋原始社會是以狩獵、捕漁、採集經濟為基礎。此一時代長達數千年之久，其間雖面臨嚴苛的自然環境，但生活安定性增加，逐漸有小村落的形成、文化圈的擴大。在精神生活方面，盛行原始社會特有的自然崇拜、泛靈論 (Animism) 與集團社會常見的巫術生活。

　　到了西元前三至二世紀，在日本民族史上出現一大變革，即是以水稻
農業為中心的生活，以及青銅器、鐵器之使用。在中國出現統一國家與新文
化的傳播下，日本進入新的時代——彌生文化發展階段。由於生產增加、財
富累積、階級社會的發生，形成聚落的地域性結合，出現了分立的小國家。

第一節　日本的國土和民族

一、國　土

　　日本位於亞洲大陸的東緣，包含本州、北海道、四國、九州四大島，
及其周邊的小島。總面積共約三十七萬平方公里。

　　日本列島位居歐亞大陸和太平洋海盆的接觸線上，且受地殼變動的影
響，造成特殊的地形。山地特多而陡峻，平原狹小，河流湍急，舟行不便，
陸上交通非常困難。由於地盤不穩，斷層、火山特多（共有二百多座）❶。

　　日本地形狹長，由東北延伸至西南，猶如一彎新月，外側臨太平洋，
內側隔日本海和東海，與朝鮮半島和中國大陸遙遙相對。

　　日本四面環海，海流的影響甚大，群島為暖流與寒流所沖洗。暖流有
沿太平洋岸，由南向北的日本海流（一名黑潮）❷，與沿日本海岸北上的
對馬海流。寒流則有沿太平洋岸由北而南的千島海流（一名親潮）。其中尤
以黑潮的影響最大，蓋其成為南洋與日本在自然和人文方面的接觸媒介。

---

❶　火山多，地震不絕，但噴出的熔岩使河川斷流，構成湖泊，境內多湖，景色美麗。
　　日本第一高峰富士山（高三千七百二十六公尺），為圓錐形活火山，常呈白雪皚
　　皚，極為美麗，為日本的象徵。

❷　黑潮由菲律賓群島東岸經臺灣東岸、西南群島（琉球群島）西側，流向日本列島
　　的南岸。再流向太平洋中央部，形成亞熱帶環流的一部分，為太平洋最大的海流。

二、民　族

人類化石反映了人類的演進，依序進化為猿人、舊人、新人。迄今在日本列島所發現更新世的化石人骨，為靜岡縣濱北人與沖繩縣港川人，都屬於新人階段。這些人骨的特徵是具有寬廣的臉龐，身材矮，與中國華南（廣西壯族自治區）所發見的柳江人有共通之處，為其後的繩紋時代人所繼承。

日本人的原型乃是亞洲大陸華南的古蒙古人種 （Mongoloid，蒙古人種❸），不斷與後來彌生時代以後渡日的新蒙古人種混血，形成現在的日本人。至於現在居住於北海道的蝦夷人與沖繩（琉球）等西南群島的人們，則繼承更多古蒙古人種的形質。

依據一項繩紋式文化時代人骨綜合調查結果，提出「原日本人」(Proto-Japanese) 說。所謂原日本人，是與現代蝦夷人、現代日本人不同，卻是兩者的祖先型人種。其後經過某種程度的混血與生活環境的影響，發生體質上的變化，但為現代日本人體質的骨幹。

日本民族是由許多種族混合而成的，即混合南方系和北方系。一線是從北亞經庫頁島、北海道、千島群島、朝鮮半島等地而來；一線是從南亞通過琉球弧、伊豆七島、馬利亞那群島 (Mariana Is.) 抵日。由這些路線，從南北兩方移居日本的說法，實為明顯的事。後來他們在列島內經由長期的混血，形成了有共同語言與風俗習慣的日本民族。

從語法和音韻法則上看，日本語言屬於亞洲大陸北方民族所使用的烏拉——阿爾泰語系 (Ural-Altaic language)❹，但從基本語彙上，亦可看出其

---

❸　蒙古人種自古即有居住於亞洲大陸的古蒙古人種以及其後適應北亞嚴寒地帶而變化的新蒙古人種。

❹　分布於中國華北至中亞、東歐的語系，包含日語、朝鮮語、滿洲語、蒙古語、通古斯語、土耳其語等。

受玻利尼西亞語 (Polynesian) 影響的因素，而被視為日本民族來自南北二方的根據。無論如何，一般都認為大約在彌生文化時代，已形成了以日本語為共同語言的日本民族。

第二節　日本文化的起源

一、舊石器時代

　　人類尚不知金屬器的石器時代❺，更新世分成只知使用打製石器的舊石器時代與磨製石器的新石器時代。過去一直以為日本列島上並無石器時代遺跡存在，直至 1946 年在群馬縣岩宿遺跡的調查，始從更新世堆積的關東赤土層 (Loam)，出土了打製石器。此後各地先後從更新世地層發現石器，證實石器時代文化的存在。

　　舊石器時代的原始日本人，以群體為生。使用刀型石器與尖頭器等綁在棍棒上的石槍狩獵，捕獲長毛象、大角鹿等大型動物。人們為了取得獵物與植物性食物，不斷的在小河川等一定範圍內移動。因此，當時的人們大都居住在簡單的帳幕式小屋，有時亦利用洞穴。

　　舊石器時代末期有一種細石器的小型石器出現。這種細石器文化，是從中國東北部到西伯利亞，再從北方傳到日本列島。

二、繩紋文化

　　距今一萬年前的新石器時代，地球的氣候轉趨溫暖，海面上升，日本

---

❺　由遺跡與遺物來研究人類歷史的考古學，根據其使用人類文化的工具材質，區分為石器時代、青銅器時代、鐵器時代。日本列島上，在繩紋時代以前為石器時代，接下來的彌生時代，卻已有青銅器與鐵器，因此應屬於鐵器時代，可見其獨缺青銅器時代。

列島從亞洲大陸分離而成為幾近現在的自
然環境。植物亦由亞寒帶性的針葉樹林，變
成落葉廣葉樹林。

　　肆應這種自然環境的變化，人們的生活
大變而形成繩紋文化。此一文化約自一萬二
千年前，至水稻農耕的彌生時代開始的西元
前四世紀期間。繩紋文化的主要特徵是，用
來射殺中小型動物的狩獵用具弓矢、烹煮植
物的陶器、及磨製石器的出現。此一時代所
用的陶器，為使陶器表面平坦，附加草繩花

圖 1–1　繩紋時代的陶器

紋，因此稱之為繩紋陶器。由繩紋陶器的變化，又可把繩紋文化時代分成
草創期、早期、前期、中期、後期、晚期等六個時期。

　　繩紋時代的人都能適應新的環境。植物性糧食最為重要，前期採集栗、
胡桃、橡等果實或山芋，且作粟林等的栽培，亦有栽種豆類、葫蘆等。一
部分已開始種植米、麥、粟、稗等。

　　狩獵使用弓矢，其主要對象是日本鹿與山豬，並盛行利用陷阱。海面
上升的「海進」結果❻，日本列島成為多海灣的島國，促進漁撈的發展。
此由各地殘存許多繩紋時代的貝塚即可證明❼。

　　繩紋時代的生產面貌煥然一新，生產技術與工具都有明顯的進步。沿
海、河川流域大都屬於捕撈為主的經濟，森林與山地則形成狩獵和採集為

---

❻　因海面的上升，地盤沉降，陸地上出現海洋的擴延，在間冰期即因大陸冰河溶解
　　而發生海面上升現象（海進）。

❼　貝塚乃是人們吃貝殼捨棄之物堆積而形成的遺跡。除陶器、石器、骨角器等遺物
　　之外，包含於貝殼的鈣質而受保護的人骨、獸、魚等骨頭都有出土，為知悉當時
　　人們的生活與自然環境的重要資料。日本近代科學的考古學，始自 1877 年美國人
　　莫士 (Edward S. Morse) 發掘調查東京的大森貝塚。

主的經濟。

　　繩紋晚期，日本西部開始出現農耕。傳入的途徑，一是從長江中下游地區直接渡過東海傳入，一是從長江中下游經華北、南朝鮮進入北部九州。

　　人們的生活安定，開始定居生活。他們挖掘地面成窪狀，在其上蓋屋頂，建造竪穴住居生活。住宅的中央設有爐，作為烹調之用，可見是住在同一屋簷下的家族。

　　繩紋時代社會構成的基本單位大體是四到六家的家族，即二十至三十人的集團。這類集團與附近的集團通婚，交換各種情報。由黑曜石等石器的原材料與翡翠（硬玉）等的分布，可知其與相當遠方的集團進行交易。

　　男性從事狩獵與製造石器，女性則採集樹木果實或製造陶器。集團雖有統率，但似乎沒有身分的上下關係或貧富差距。

　　繩紋時代的人們，相信自然物的自然現象靈威，稱之為泛靈論。以巫術祈求豐收避免災害。顯示巫術風習的遺物有形塑女體形狀的土偶與表現男性生殖器的石棒。在繩紋時代中期以後盛行拔齒風俗❽，可能是成人式儀禮的一種形態，足見其集團統制之嚴格。死者多用屈葬❾，蓋恐死者之靈會有災害降臨。

第三節　農耕社會的成立

一、彌生文化的成立

1.文化的特徵

　　彌生文化的產生與發展，除了繼承繩紋文化的傳統之外，還受到漢朝

---

❽　拔犬牙、門牙最多，年齡大抵是二十歲前後，出現於繩紋文化後期。彌生文化時期亦有發現。

❾　屈葬可能為了節省挖掘的勞力，或表示恐懼死者再生的原始想法。

文化的影響。先進的漢文化透過在朝鮮設立的樂浪等四郡❿，直接影響到日本的發展。反映彌生文化主要特徵——水稻農耕與鐵器的應用，與漢文化實密不可分。

在日本列島存續一萬年左右的繩紋文化期間，中國大陸於西元前6500至前5500年前後，華北的黃河流域已有粟與黍等的農耕，而華南的長江流域，亦開始稻作，形成農耕社會。及至西元前六世紀，開始使用鐵器，春秋、戰國時代農業生產有了顯著的進步，隨著生產力的發展，西元前三世紀，形成了秦漢強大的統一國家，給予周邊民族很大的影響，即經由朝鮮半島而波及於日本列島。

2.農耕的開始

西元前五世紀前後，繩紋時代終了時，接近朝鮮半島的九州北部，開始有了稻米的種植。經過短期的試種階段，至西元前四世紀初，西日本形成了以水稻耕作為基礎的彌生文化，不久廣傳到東日本。除了北海道與琉球群島之外，日本列島大部分地域，已從採集糧食的階段進入生產糧食的階段。從西元前四世紀到西元三世紀的時期，稱為彌生時代。

彌生文化是以水稻耕作為基礎，使用鐵、銅與錫合金的青銅器等金屬器，採伐木材，並運用朝鮮半島傳來的磨製石器與織布技術。陶器亦變化為烹煮用的甕、貯藏用的壺、盛植物的鉢與高杯等紅燒的彌生陶器⓫。

二、金屬器的傳入

北九州船舶載運的青銅器與彌生文化中期的陶器同時出土，鐵器亦是出土於前期中葉以後。依一般先進文明的進化過程，多是經由銅器→青銅器→鐵器的模式，但日本的情形卻不同，它不僅是青銅器與銅器同時使用，

---

❿　漢朝於西元前108年，在朝鮮半島建立樂浪、臨屯、真番、玄菟等四郡殖民地。

⓫　彌生陶器的名稱，始於1884年，在東京本鄉彌生町的向丘貝塚所發見，因地而命名。

石器依然有其重要地位，足見其新舊共存——重疊性——的現象，實為日本文化的特色之一。

水稻耕作與金屬器生產等新技術，都是從中國與朝鮮半島傳來❶。但彌生文化亦有承繼陶器製造的基本技術與打製石器、豎穴住居等繩紋文化的傳統。彌生文化的出現，乃是隨著金屬器的出現而形成農耕社會的朝鮮半島，由其中少數人攜帶著新技術來到日本列島，與當地的繩紋人所共同創造。

三、社會生活與習俗

隨著彌生時代開始生產糧食之後，人們的生活大為改變。此一時代的水田，多為一邊數公尺的小區劃，具有灌溉、排水用水路。他們已開始種田，耕作用的農具，連刀尖都使用木製的鋤、鍬，收穫則用菜刀割取稻穗。脫穀則使用木臼與豎杵，糧食均收藏於地板倉庫或儲藏於洞穴。農具的製作，大都使用磨製石器，其後則使用斧、刀子等鐵製工具。隨著附有鐵製刀尖農具的普及，不僅前期的濕田，中後期乾田開發亦已進行。有些地域則有陸稻與各種雜穀的栽培，與農耕並行的，尚有狩獵與漁撈，且有豬的飼養。

人們的住屋與繩紋時代同樣，一般都是豎穴式。村落有縱橫走向的長溝，亦有環濠村落，村落內外，除居住之外，尚有幾個高出地面的山形屋頂穀倉。

聚落常舉行祈求豐收、感謝收穫之神的祭典。這些祭祀使用銅鐸與銅劍、銅矛、銅戈等青銅祭器❸。這些祭器沒有埋葬於個人的墳墓，而是使

---

❶　彌生時代的水稻耕作技術，傳自朝鮮半島南部，由兩地共存的各種遺物可以證實。稻米原來起源於中國雲南與印度阿薩密 (Assam) 地方，一般以為是由中國長江下游經過山東半島到朝鮮半島西岸，再到日本。此外亦有經由山東半島、遼東半島等說法。

用聚落共同祭祀的祭器，通常是埋藏於土中，於祭祀時才挖掘出來使用。

圖 1-2　銅鐸

　　隨著生產力的提高，生活較富裕，私有觀念發達，社會遂有貧富貴賤之別。同時在氏族共同體中，村落領導者與祭司的重要性漸增，而出現豪族。豪族統制的地區稱為「國」(kuni)。彌生文化的時代，正是日本各地出現這種「小國」的時期。

　　填土造成的墳墓出現於廣大的範圍，亦是彌生時代的特色。方形的低墳丘周圍，挖掘水溝的方形周溝墓在各地可見，後期則以西日本為中心，出現相當規模的墳丘墓。直徑四十公尺的圓形墳丘兩旁具有突出部的墳丘墓。九州北部的甕棺墓之中有三十數面中國銅鏡與青銅製武器等殉葬品。這種大型的墳丘墓與大量的殉葬品墓場，乃是集團中身分差異的表現，顯示各地出現強有力的統治者。死者埋葬於聚落附近的共同墓地，很多都是以伸展方式葬於土壙墓、木棺墓、箱式石棺墓❶❹。

---

❶❸　銅鐸起源於朝鮮半島的鈴（朝鮮式銅鐸），傳到日本以後成為祭器，逐漸大型化。銅劍、銅矛、銅戈亦是朝鮮半島傳來的實用青銅製武器，其後作為祭器而大型化。彌生時代製造了很多青銅製祭器，已知鐵器，依考古學的時代區分，應屬鐵器時代。

❶❹　葬法已無前代的屈葬方式，而採用伸展葬法。

第二章

古代國家的起源

概　論

彌生時代是從原始社會到古代的過渡時期，隨著農耕的發達，社會生活發生變化，階級開始分化，形成統治關係，以齊頭平等的人際關係為基礎的原始社會已崩潰，遞嬗到直接統治的古代社會。各地產生小部落國家。至三世紀，出現了邪馬臺國 (Yamato, Yamatai) 的大勢力，統合了小國家。邪馬臺國的女王用宗教的權威，統馭鄰近諸國，且掌握外交權力，與中國曹魏通好，此後日本始進入有史時代。

興起於大和地方南部的豪族，統一了大和地區，旋即擴大勢力於近畿地方，至四世紀中葉，大體已成功的統一國土。此一政權就是大和朝廷。宏大的前方後圓墳，正足顯示朝廷的威勢。但大和朝廷的統治權並不強大，服屬於朝廷的小國統治者，仍以豪族身分宰制地方，形成部族聯合國家。五至六世紀的大和國家，經由朝鮮半島，吸收中國大陸文化，同時加強國內的統治。

不久，朝廷內豪族勢力轉強，對立益著，地方上亦有豪族的反抗。其後因高句麗、新羅的國勢強盛，日本經略朝鮮半島遭受挫折。

推古朝聖德太子的政治改革，主要在佛法的興隆、皇權的確立、對外來文化的吸收、自主外交的推動等，即在內外情勢緊迫中，確立以天皇為

中心的中央集權國家。這一政治理念為大化革新所承繼，不久因律令國家
的完成而得以實現。

第一節　小國分立與統合

一、小國分立

　　彌生時代出現環濠聚落，以及不少繩紋時代罕見的石製與金屬製武
器。世界任何地域，隨著農耕社會的成立，必然出現擁有戰鬥武器與防禦
設施的聚落，並為了爭奪物產而興起戰爭。日本列島亦進入紛爭的時代。

　　強大的聚落統合周邊幾個聚落，各地成立一種稱之為「國」的政治組
織。彌生時代後期發現的殉葬品甕棺與大型墳丘墓埋葬者，可能是這類小
國的國王。

　　這種小國分立的狀況，可從中國史書窺見。寫在一世紀、陳述前漢歷
史的《漢書》〈地理志〉謂，「倭人」社會分為百餘國❶，定期遣使到樂浪
郡❷。《後漢書》〈東夷傳〉，有西元 57 年倭奴國國王使者赴後漢都城洛
陽，接受光武帝印綬的記述。西元 107 年，倭國王師升等，獻生口一百六
十人給安帝。奴國為今福岡市附近的小國，於此（志賀島）發現了一顆奴
之國王授自光武帝的金印❸。這些小國的國王在取得中國與朝鮮半島先進
的文物之際，居於有利的立場，且為了取得較之其他小國更高的地位，而

---

❶　當時中國稱日本人為「倭人」，稱日本為「倭國」，在唐朝的史書初次採用「日本」
　　國號。這是因為「倭」這一文字不雅，於七至八世紀自行改稱日本。

❷　前漢武帝於西元前 108 年，於朝鮮半島設立的四郡之一。推定應是現在平壤附近
　　為中心的地域，有中國式的高度文化。

❸　這顆金印刻有「漢倭奴國王」五個字。明治時代的學者證明其確為漢印，但亦有
　　懷疑其為江戶時代偽造。

派遣使節到中國。

二、邪馬臺聯合王國

1.邪馬臺國的誕生

　　中國大陸方面，220 年，後漢滅亡，進入魏、吳、蜀鼎立的三國時代。根據《三國志》〈魏志・倭人傳〉，倭國於二世紀末發生爭亂，不易統治。因此諸國乃共推邪馬臺國女王卑彌呼 (Himiko)❹，果能漸趨平靜，於是產生以邪馬臺國為中心的三十個小國聯合王國。卑彌呼於 239 年遣使到魏，受贈「親魏倭王」稱號與許多銅鏡。卑彌呼以巫女身分擅解神的意志，以其宗教的權威，施行統治。

2.政治與社會

　　邪馬臺國有「大人」與「下戶」的身分差異，且有某種程度的統治組織與租稅、刑罰制度，甚至有市場交易。

　　邪馬臺國處於新羅、狗奴國、古大和國的包圍中，形勢嚴峻。卑彌呼晚年與狗奴國相爭，不久即滅亡。

　　卑彌呼死（247 年）後，立男王，國內再度不靖，遂又擁立卑彌呼的宗女壹與（Iyo，十三歲）為王，國遂安。但自 266 年，女王壹與派遣使節到晉朝都城洛陽之後，消息斷絕。此後一百五十年間有關倭國的記載從中國史書消失。邪馬臺國的命運沒有任何史籍可資考證。

　　關於邪馬臺國的所在地，有近畿地方的大和說與九州北部說❺，迄今尚無定論。

---

❹　卑彌呼「事鬼道，能惑眾」，為一個有女巫性質的酋長。卑彌呼究係何人，說法不
　　一，有人指其為神功皇后。

❺　北九州說主張其為現在的福岡縣山門郡，或熊本縣菊池郡山門。依據此說，則此
　　一國家只是以九州北部為領域的小規模政治統合體，全國的統一時期應在此後。
　　畿內大和說則大和政權已統一九州到畿內的西日本一帶，領域較廣。

第二節　古墳與大和朝廷

一、古墳的出現

　　彌生時代後期各地已有營建大規模墳丘的陵墓，至三世紀，在西日本出現大規模前方後圓的古墳。這些前方後圓形的墳丘，都有長形木棺放置於豎穴式石室的埋葬設施，以及許多銅鏡與巫術的殉葬品，具有極為劃一的特徵。

　　古墳是以能組織龐大勞力的政治權力以及建築工程技術和鐵器耕具的使用為前提。巨大的古墳本身，不僅是統治者權威的象徵，且是經濟繁榮的標誌。

　　古墳文化的主要象徵是巨大的墓丘與豐富的陪葬品。這一時代的古墳墓制，與彌生文化時代以及後來的飛鳥時代，具有完全不同的特色。

　　古墳的形式有前方後圓、前方後方、圓形、方形等各種形狀。其中為數最多的是圓墳與方墳，大規模的古墳都是前方後圓墳，這是最重要的墳形，也是日本獨有的形式。

　　古墳乃是作為各地酋長共通的墓制而建造，其背景乃是古墳出現之前，形成廣域的政治聯合。古墳之中，規模最大的是在大和地方（奈良縣）。這顯示此一時期的政治聯合是以大和地方為中心近畿地方的勢力所形成。大和地方為中心的政治聯合稱之為大和政權。古墳至少至四世紀中葉已擴展到東北地方中部，這也證明東日本的廣大地域，已被列入大和政權內。

　　古墳的內部結構有棺、槨與室三種。棺有木造、石造、陶製等，槨較為簡陋，後來漸有豎穴式石室，旋又被橫穴式石室所取代，而不再建造高大的墳丘，古墳的規模乃逐漸縮小。隨著勞力問題，火葬的風俗（「薄葬令」的推行影響），至八世紀前半，古墳已完全絕跡。

圖 2-1　須惠器

圖 2-2　土師器

　　古墳的墳丘之上立有埴輪（haniwa，泥土形像的陶俑），斜面則覆蓋石塊。陶俑的種類很多，大多使用圓筒陶俑或房屋形明器，墳丘的周圍則築造不少溝渠。

　　前期與中期埋葬設施，大都使用木棺與石棺放入豎穴式石室，或以粘土塗裝豎穴，後期則多橫穴式石室。

　　陪葬品方面，整個時代都有玉器、武具等，銅鏡在前期、中期多，後期較少。前期且多仿製鏡❻，中期則舶來鏡激增。前期的陪葬品較有特色的是銅鏃與石製品，中期較多石製仿製品、武器與工具等。後期陪葬品有「須惠器」(sueki)❼、馬具、耳飾等。「土師器」(hajiki) 是繼承彌生式陶器的技術製成的赤褐色陶器。當時一般庶民的豎穴住屋遺址出現很多「土師器」，可見豪族與平民所用日常生活用具亦有不同。

　　最大規模的古墳，是中期所營造的大阪府大仙陵古墳（現在仁德天皇陵），前方後圓形的墳丘長有四百八十六公尺，有三重濠溝。如將其周圍附屬的小型古墳陪塚區計算在內，墓園面積達八十英畝。

---

❻　三角緣神獸鏡等多數的銅鏡與碧玉製腕輪類、鐵製武器以及農工具等，是具有巫術、宗教色彩強烈的東西，足見古墳的被埋葬者，大體都有酋長或司祭者身分。

❼　須惠器是以中國大陸傳來的技術燒成的硬質陶器，為古墳時代後期的陪葬品。

二、大和政權及其政治制度

　　《宋書》〈倭國傳〉記有倭五王向中國南朝朝貢，被認定為倭王，及478 年倭王武的奏摺中，有倭國王權擴大其勢力而征服地方豪族的記載。五世紀後半到六世紀之間，以大王為中心的大和政權❽，已完成氏姓制度的統治結構，形成了從關東地方到九州中部地方豪族的統治體制。

　　大和朝廷的統治，不依靠成文法典，而依據自然發展的社會組織──氏姓制度。即以「氏」(uji) 這一社會組織為基礎的政治組織。氏是以家庭為基礎的血緣關係所聚集的同族集團，由有力家族居族長地位。最有勢力的人為「氏上」(ujinokami)，氏的成員則是「氏人」(ujibito)。氏上統制全氏，掌管財產，執掌裁判，主持氏神的祭祀，對外代表氏，出仕朝廷，參與朝政。隸屬於氏的部民和奴婢等，則從事勞役，為氏上和氏人提供一切服務。

　　氏或由於出身，或由於職掌，由朝廷賜與臣、連、君等世襲的稱號，這就是「姓」(Kabane)，姓遂成為身分的表徵。姓本無尊卑上下之分，旋因天皇權力之加強，各姓之間產生特定的資歷次序，臣與連表示較高的地位，大臣與大連為總理國政的最高官吏。中央的政治由臣姓 (omi)、連姓 (muraji) 的豪族為大臣、大連，膺任中樞官職，其下的伴造 (tomonomiyatsuko) 率領伴及其部屬集團，分擔軍事、財政、祭祀、外交與文書行政等職掌。至於傳播新知識、新技術的「渡來人」❾，亦編入伴造與伴，其下則有品部集團。

　　大和政權一方面排除地方豪族的抵抗，一方面在各地設置直轄領的屯倉 (miyake)❿與直轄民的名代 (nasiro) 與子代 (kosiro)。六世紀，地方豪族

---

❽　大王指的是倭王武即「雄略天皇」。

❾　指四至七世紀之間，由朝鮮、中國大陸移居日本的外國人（或稱歸化人）。傳入農業等先進技術，對日本政治、文化的進展有很大的貢獻。

以其子女供職作為舍人 (toneri)、采女 (uneme)，以為任命「國造」的代價，取得大和政權保障其地方支配權，同時須進貢地方的特產，管理屯倉與名代、子代，參加軍事行動，以奉仕大和政權。有力豪族各自領受私有地田莊 (tadokoro) 與私有民部曲 (kakibe)，作為經濟的基礎。

擁有「姓」的眾多「氏」（社會組織）所構成的政治組織稱之為氏姓制度，此一制度一直延續到大化革新時期。其最主要的特徵乃是各豪族領有土地與人民，確保世襲的地位。

三、與東亞諸國的交涉

中國在三國時代之後，晉朝統一國內，四世紀初，因受北方匈奴等各民族（五胡）侵入而遷徙到南方，進入南北分裂時代（南北朝時代）。為此，中國對周邊諸民族的統制力顯著的削弱，東亞諸地域逐漸朝向國家形成的進程。

興起於中國東北的高句麗，擴展其領土到朝鮮半島北部，313 年，滅樂浪郡。朝鮮半島南部則形成馬韓、弁韓、辰韓等小國的聯合。至四世紀，馬韓之地興起了百濟，辰韓則有新羅興起，形成獨立的國家。

四世紀後半，高句麗採取南下政策，為了確保鐵的資源，很早就與弁韓之地伽耶諸國（加羅）有密切關係的倭國（大和政權），亦與高句麗相爭。高句麗的「好太王碑文」，載有倭與高句麗交戰的經過。與高句麗的騎馬軍團之戰，迫使沒有騎馬經驗的「倭人」不得不學習騎馬技術。五世紀時，日本的古墳開始用馬具作為陪葬品。逃出戰亂的許多「渡來人」來到日本，傳授日本各種各樣的技術與文化。

---

❿　屯倉是收藏大和朝廷直轄領收穫稻米的倉庫。

四、大陸文化的吸收

在與朝鮮半島、中國之間的頻繁交流中，鐵器、素燒陶器的生產，織布、金屬工藝、土木等各種技術，主要是從朝鮮半島的歸化人所傳。大和政權將他們組織為各專業的技術集團❶，而散居各地。

此時開始使用漢字，即假藉漢字的音，書寫名字或地名。使用漢字記載大和政權各種記錄以及出納、外交文書者，則是史部 (Fuhitobe) 的歸化人。

六世紀有來自百濟的五經博士傳授儒教，此外醫、易、曆等學術亦被統治者所接受，佛教亦從朝鮮半島傳來。八世紀初寫成的歷史書《古事記》、《日本書紀》所依據的《帝紀》（大王的系譜）與《舊辭》（朝廷的傳承與故事），亦在此時完成。

五、古墳文化

五世紀後半到六世紀，古墳的樣式有了變化。近畿依然營建大規模的前方後圓墳，但各「國」建造巨大前方後圓墳的吉備地方（岡山縣、廣島縣東部），則已無巨大的古墳。無異顯示已由廣域的豪族聯合組成政權的形式，演變為各地豪族服屬於近畿地方為中心的大王勢力的形式，大和政權的性質大有變化。

至六世紀古墳時代後期，古墳本身出現很大的變化。與向來竪穴式埋葬設施不同的是，與朝鮮半島共通的橫穴式石室之普遍出現，開始有新式葬禮的許多陶器陪葬。各地出現了將墓室挖成丘陵與山岳斜面的橫穴。除了前期以來的圓筒陶俑之外，盛行人物、動物陶俑。古墳周圍與墳丘上配置人物、動物陶俑的群像。

---

❶　分成韓鍛冶部 (Karakanutibe)、陶作部 (Suetukuribe)、錦織部 (Nisigoribe)、鞍作部 (Kuratukuribe) 等技術集團。

　　古墳時代的統治者（豪族）與被統治者的民眾生活截然劃分。豪族通常選擇離開民眾所居住的村落，打造有環濠與柵欄的居館，這種居館既是豪族祭祀之場，亦是生活之地。且設有儲藏剩餘生產品的倉庫。民眾所住的聚落，沒有環濠，而是由複數的豎穴住宅與平地住宅及地板倉庫集合所構成的基本單位。

　　陶器自古墳時代前期到中期之初，都使用彌生陶器的素燒陶器。五世紀時，自朝鮮半島傳來製作技術，製作灰色的硬質素燒陶器，與素燒陶器同時使用。與彌生時代同樣，農耕的祭祀最受重視，其中尤以祈禱豐收的春天祈年祭，感謝豐收的「新嘗祭」（秋天）最為重要。人們以為具有圓錐形狀的山與高樹、巨大的岩石、絕海的孤島、河川的深淵等，都是諸神住宿的地方，而成為祭祀的對象。

　　雖沒有彌生時代埋入土中的青銅製祭器，但古墳陪葬品銅鏡與鐵製的武器與農工具，成為重要的祭器。

第三節　飛鳥時代的政治和文化

一、飛鳥朝廷

　　六世紀的朝鮮半島，由於受到高句麗壓迫的百濟與新羅先後南下，合併伽耶諸國，因此與伽耶諸國有密切關係的大和政權在半島的勢力衰退。此時執導政治的大伴氏，因朝鮮半島的政策失敗而失勢，六世紀中葉，物部氏與新興的蘇我氏形成對立。蘇我氏與歸化人相結合，掌握朝廷的財政權，積極整頓政治機構，並接受佛教。

　　589 年，中國隋朝統一南北朝，開始向高句麗等近鄰諸國擴展，東亞遂進入激盪的時代。

　　日本國內有大臣蘇我馬子於 587 年滅亡大連物部守屋，592 年暗殺崇

圖 2-3　聖德太子

峻天皇，掌握政治權力。女帝推古天皇即位，在國際緊張情勢下，取得蘇我馬子與推古天皇之甥厩戶皇子（Umayado-no-Ōji，聖德太子）的協力，進行國家組織的整頓。

603 年，頒布冠位十二階❶，翌年，訂定憲法十七條❶。於是在王權之下，進行中央行政機構、地方組織的創制。同時展開與中國的外交，於 607 年派遣小野妹子為遣隋使赴中國。對隋國書與倭五王時代不同，採取不服屬中國皇帝的形式❶，使大和國的外交政策發生了根本的變化。

與遣隋使同行的高向玄理、南淵請安等留學生、學問僧，傳播中國的制度、思想、文化等新知識，對七世紀後半的政治有很大的影響。618 年隋滅唐興，建立了強大的帝國，倭國於 630 年續派遣唐使，企圖確立肆應東亞新國際秩序的中央集權體制。

二、歸化人與大陸文化之吸收

由於大和朝廷進窺朝鮮半島，結果盛行輸入中國大陸的新文化，並且促進了生活技術方面劃時代的進步。這種情形因歸化人來到日本而更為加強。歸化人進入日本的時間與途徑有二：一是四至五世紀前後，即樂浪郡滅亡時被百濟所俘虜的漢人；一是新羅統一半島的六至七世紀之間，任那

❶　冠位十二階乃是對於個人頒賜冠位，藉以重新編排氏族單位的王權組織。

❶　憲法十七條亦是要求豪族作為國家官僚使命的自覺，同時是重新以佛教作為新政治理念的宣示。

❶　聖德太子自稱「日出處天子」、「東皇帝」，稱隋皇帝為「日沒處天子」、「西皇帝」。在外交上採取與中國發展對等關係的方針。

滅亡時亡命日本者。中國遺民漢氏、秦氏等歸化日本❶，傳入織布、冶煉、製陶等技術，朝鮮歸化人則以從事土木工程者居多。

　　歸化人亦被編入部民，以其特有的技術奉獻朝廷。因此擁有歸化人為部民者，都在經濟上立於優越地位。當然他們的貢獻不僅限於經濟，在政治方面也發揮了相當大的作用❶。

　　綜括而論，日本與大陸交通發生很大的影響，茲分述如下：

　　1.政治的影響。第一是朝鮮三國各與日本有力氏族相勾結，因此，三國之爭亦促成氏族之爭。如蘇我氏與物部氏的對立，背後即是百濟與新羅之爭。第二，對大和政權不滿的分子與朝鮮勾結，掀起亂事，削弱了日本在半島的勢力。第三，大陸各國的統一，促進日本政治體制的變革，由氏族聯合政權進而為中央集權國家。聖德太子的改革與大化革新即是。

　　2.經濟的影響。第一，由歸化人傳授優秀的生產技術，手工業生產大為發展。第二，歸化人之中，有集體移殖而從事開拓的，因而促進農業生產的發展。第三，歸化人多隸屬皇室部民，皇室財力乃凌駕其他氏族之上。

　　3.社會的影響。第一，由於歸化人的增加，社會組織日趨複雜，但未發生人種或氏族的摩擦，不久即混血同化，形成日本人的有力契機。第二，具有學問技術的歸化人，受皇室的優厚待遇，居社會上較高地位，領導日本人的文化活動。

　　4.文化的影響。第一，大陸文化的吸收促進日本文化的進步，第二，在樂天性格的日本文化，加上儒教、佛教等，加深思想的領域。第三，大陸文化具有東西文化交流而來的西方文化因素，這些都間接的與日本文化

---

❶　日史稱 233 年（應神天皇十四年），弓月君率領一百二十縣人民，自百濟來歸化日本。《姓氏錄》以弓月君為秦始皇的五世孫，《三代實錄》卻以為是十三世孫。他們一族當係秦末避亂而移民朝鮮的漢人。秦氏子孫分布日本各地，從事養蠶、織布、釀造等工作。雄略天皇時，據調查達一萬八千多人。

❶　他們在史部（記錄）、刑部（行刑）、藏部（財政）等各方面，均有很大的貢獻。

相連結。第四，日本長期包容在中國文化圈的基礎即在此一時期奠定，直
到十六世紀連綿不斷。

　　歸化人傳入的東西，除了技術之外，尚有文字與學問。尤其後者對文
化的發達具有重要的地位。古代日本並沒有文字，漢字的使用確有非凡的
意義，但何時、如何的傳到日本，說法不一❶。五世紀時，已使用漢字。
但文字的使用並非自始即由日本人本身，而是歸化人的專利。

　　精神文化當不僅限於文字的使用，不久傳入學問、宗教。513 年，百
濟派送五經博士❶，儒教思想即在這段時期傳到日本。接著曆學、醫學、
藥學等學者也傳到日本。

三、飛鳥文化

1.佛教的傳播及其影響

　　據《日本書紀》記載，百濟聖明王於 552 年呈獻佛像與經典等，但此
說不甚可靠。這只是佛像與經典呈獻的年代，佛教之傳入民間，可能更早。
佛教是以個人悟道為中心的宗教，較諸原來只憑巫術的信仰進步，對人們
的思想影響很大，同時促進佛像、寺院建築等造形美術，對後世日本文化
有不可磨滅的貢獻。

　　因為佛教的傳入，引起尊佛排佛的爭論，蘇我氏與物部氏之間，發生
激烈的爭執。蘇我氏早已接納歸化人，著重外來文化，主崇佛；物部氏則

---

❶　據說應神天皇時，王仁從百濟來，獻《論語》十卷、《千字文》一卷，是為學問傳
　　入的開始，但只不過是一種傳說而已。根據《日本書紀》，284 年，百濟使阿直岐
　　至日，能通經傳，日皇令皇太子師之，並請他介紹良師，乃推薦王仁。翌年，王
　　仁應聘渡日，有獻書之舉，成為日本有文字之始。王仁原為流寓百濟的華人，他
　　和阿知使主的子孫，同在日本朝廷掌記錄，稱西文氏，一稱東文氏。

❶　五經博士是漢代所設儒學官吏，司《易》、《書》、《詩》、《禮》、《春秋》等五經教
　　育者。

堅持固有信仰，排佛甚烈。起初排佛勢力強大，其後情勢逆轉。蘇我氏剷除反對勢力，獨操大權，與皇室形成尖銳的對立。

2. 固有的信仰

佛教傳入日本時，具有與佛教對立思想體系的神道尚未成立，但神祇祭祀的儀式卻已有各種表現，而這些思想和儀式，正是逐漸發展的民族宗教。

在這固有信仰之中，無論是人事或自然，凡是具有超人靈力者，均被看成神。在古代，既無法以科學技術克服自然，唯有倚賴巫術，以消除自然的災害，並祈求豐收。發揮巫術的儀式即是祭祀。從農村部落的儀式，到整個國家的政治，這種固有信仰成為一貫的思想根據。天皇是最高的祭司，依從神意，統治國家。

任何國家都有神話，日本神話的特徵是政治性的架構，即與國家密切結合。日本的建國神話是以皇室為主幹，天照大神 (Amaterasu Ōmikami)❶⑨與素戔鳴尊 (Susanoo-no-Mikoto) 姐弟的抗爭等，起初均與農耕有關，不久與家族、皇室相結合，並受大陸思想的影響，升為人格神。這些神話對後來的日本歷史有很大影響。

此外，還有一種興建房屋作為神常住的地方──神社的風氣。皇室的氏神在伊勢神宮祭祀，其他各氏族、各部落的神祇，則在各個神社祭祀。

3. 佛教藝術

六世紀末之後，奈良盆地南部的飛鳥地方陸續營造了大王的王宮。有力王族與中央豪族，則另建邸宅，及至王宮集中，其周圍王都設施逐漸完備之後，飛鳥地方已顯現都城之姿，而朝向真正的宮殿建造階段。

飛鳥文化是以聖德太子時代為中心，主要在飛鳥地方（當時的都城）發展的文化。這一文化是貴族的、佛教的，且富有濃厚的國際色彩。

七世紀前半，蘇我氏與王族所推廣以佛教中心的文化稱之為飛鳥文化。

---

⑲　天照大神為皇室的祖神，被尊仰為太陽神，祭祀於伊勢皇大神宮內宮。

圖 2-4　法隆寺五重塔

聖德太子創建的寺院很多，其中以難波的四天王寺、斑鳩的法隆寺最為著名❷。寺院的建立取代了古墳，足以顯示豪族的權威。伽藍建築則是採用礎石、磚瓦新技法的中國式建築。佛像雕刻有鞍作鳥所創作的寶龍寺金銅釋迦三尊像，受到中國南北朝樣式的影響。飛鳥文化則多受到百濟、高句麗及中國南北朝時代文化的影響❹。

繪畫方面有法隆寺的密陀畫（漆畫），以及中宮寺的天壽國繡帳（刺繡畫）。工藝品則有法隆寺內金堂的天蓋、獵寺紋錦與龍首水瓶等。這些工藝品上的蔓藤花紋，樣式不僅源於中國，且可溯至中亞、波斯、希臘等地。

總之，飛鳥時代的美術頗多價值很高的傑作，但多為外來手法，而不屬於日本美術的範疇。

---

❷　這是世界最古的木造建築，建設於 607 年（推古十五年），亦稱斑鳩寺。法隆寺的建築設計打破了過去左右對稱的方式，從中門環以迴廊、院內金堂與五重塔並列。酒壺式柱子係起源於古希臘，雲形肘木和勾欄、佛像等，則具有北魏樣式。

❹　五世紀時，日本與中國大陸、朝鮮半島的交流有很大的進展，透過歸化人從朝鮮半島傳來很多新的技術與文化。漢字的吸收亦正式展開，歸化人的一部分列入「史部」，擔當文書與外交事務。六世紀初，陸續傳來儒教與醫學、曆學等知識。六世紀中葉，佛教經由百濟正式傳授。但為了佛教的接受，大和政權內部發生反對聲音（物部氏與蘇我氏對立）。至六世紀末，蘇我氏打倒物部氏，佛教遂成為主流。

第三章
律令國家的形成

概　論

　　大和朝廷統一日本以後，約經三個世紀的盛衰，從七世紀初期開始，日本歷史顯然進入了一大轉機。當氏姓制度的政治體制發生破綻時，朝鮮半島的新羅已有邁向統一之勢，中國則是唐代隋而興，完成統一，建立一大帝國。日本統治者為了國家的獨立，因應中國大陸與朝鮮半島的壓力，掀起了高度吸收中國文化的運動，以促進日本的更生。大化年間的革新，即是此一運動的表現。

　　大化革新仿效先進國唐朝的律令制度，旨在建立中央集權的官僚制國家。革新政治雖有進展，但政局卻呈現不穩，新政的實施並不順暢。律令政治之上軌道，須至壬申亂後的天武、持統朝時期。著重官僚組織之強化，律令編纂之齊備，施行以律令為基礎的政治，而稱之為律令國家。

　　佛教信仰的流傳，建寺造佛的盛行，美術工藝的發達，大陸學術的傳習等，一時有如百花齊放。奈良都城之建造，顯示其吸收八世紀世界文化，極為隆盛。

第一節　律令國家體制

一、大化革新的時代背景

　　聖德太子死（四十九歲）後，蘇我氏擅權。蘇我蝦夷干涉推古天皇的皇位繼承問題，排斥太子之子山背大兄王，擁立田村皇子（舒明天皇）。蝦夷之子入鹿復襲擊山背大兄王，滅太子全家。舒明天皇之子中大兄皇子與中臣鎌足等協力推翻蘇我氏，企圖建立皇室的單一統治。因此，皇位繼承問題與確立集權國家的企圖遂相結合。

　　這時大陸的情勢發生很大的變化。618 年，隋滅唐興，經武德、貞觀二代，國基已固，北征突厥，西服吐蕃、吐谷渾，東則出兵高句麗，其向外擴張的壓力，隨時有及於日本之勢。新羅國勢漸強，而與新興的唐接近。面對此一危機，似非革新國內政治不可。唐的壓力實為促進革新的重要因素。此外，留學生之回國亦有影響。高向玄理等人陸續回國，他們眼見隋唐遞嬗、唐朝文物制度的實況，以為唐制的理念與方式足為日本改革的典範，這對中大兄皇子等革新派有很大的影響。

二、大化革新

　　中大兄皇子得到中臣鎌足的協力，企圖建立王族中心的中央集權，於645 年 6 月滅亡蘇我蝦夷、入鹿（乙巳之變）。王族的輕皇子即位（孝德天皇），中大兄皇子為皇太子，成立了新政權，進行政治改革。

　　孝德天皇繼位以後，立即仿照唐制，建立中央政權。仿中國君主制，始建年號，稱大化元年（645 年）。同時宣布廢大臣、大連之制，並創設鐘匱（訴訟）制以察納諫言，防止官吏的腐化，進而明定良賤之別，抑制豪族的土地兼併，並將首都遷到難波。翌年頒「革新之詔」，正式推行政治、

經濟改革。主要是廢除世襲氏姓貴族制度，建立中央集權官僚體制，廢止貴族私有土地制度和部民制❶，施行「班田收授法」❷，推行租庸調之法以統一租賦❸。同時定畿內京都郡驛之制。規定畿內及國、郡、里等地方行政區劃、地方官的任用，並設置軍事設施及交通通信機關。

　　律令體制實為大化革新之完成。兩者的特色乃在於將氏族社會豪族各自統治的方式，統一於中央政府的集中統制下，並將豪族固有的世襲統治，改編為律令國家的官僚制。但這次改革並不徹底，因為豪族仍然在律令國家體制下，繼續保留特權，氏姓制的階級結構亦無根本的改革，只將統治權力集中中央而已。

　　新政權的革新政治前後持續了五年，在 650 年前後，獲得相當的成果。但要確立律令制度，尚需半個世紀。

　　總之，大化革新可視為恢復皇權運動的延續，皇權確因革新而強化。雖然農民身分起了變化，但非屬社會革命，只不過是統治階級的變異，不脫政治改革的範疇。因此，大化革新可說是與舊勢力妥協下漸進的政治改革，其根本意義乃在確立天皇的絕對權威。

---

❶ 改私地私民為公地公民。完全廢除歷朝所置天皇所立子代之民、各處屯倉，以及豪族私有的部民和田莊，改為公地公民制。給予豪族「食封」（給予大夫以上的俸祿）、布帛（官人百姓），以為補償。

❷ 設戶籍、計帳，行「班田收授法」（均田法）。以五十戶為一里，每里置里長一人，課植農桑、督徵賦稅。以田長三十步，寬十二步為一段。凡男女生六歲，班給口分田，男給田二段，女給男子的三分之二。

❸ 租乃田稅，每段納稻二束二把，庸則是歲役（正丁服役十日）以布取代，調是依鄉土的特產，納絁、絲、棉等。

三、走向律令國家

1.律令國家的結構

　　中大兄皇子於 667 年即位為天智天皇，遷都到近江大津宮。670 年制定最早的戶籍簿「庚午年籍」。天智天皇死後，發生大友皇子與天智天皇之弟大海人皇子之間的王位繼承戰爭。大海人皇子以美濃為根據地，成功的動員東國之軍，推翻了大友皇子的近江朝廷，翌年在飛鳥淨御原宮即位（天武天皇）。戰亂的結果，附和近江朝廷的中央豪族沒落，以取得強大權力的天武天皇為中心，形成中央集權國家體制❹。

　　天武天皇繼位之初，即在大化革新的基礎之上，進一步推行新政。首先廢除太政大臣、左右大臣等職，實行獨裁專制。隨又廢止豪族領有部民，訂定官僚的位階與晉升的制度，形成官僚制度，同時取消「食封制」❺。684年，訂定「八色之姓」(yakusa no kabane)❻，建立豪族列入天皇為中心的身分秩序。進而編纂律令、國史，鑄造錢幣，並模仿中國都城建造藤原京。

　　天武天皇之後，皇后繼任為持統天皇，於 689 年施行「飛鳥淨御原令」，翌年制定戶籍（庚寅年籍），進行政治整編。694 年從飛鳥地方遷都正式的宮殿藤原京❼。

2.「大寶律令」與官僚制

　　大化革新政權，著手改革舊的官僚制度，646 年，提出官制改革原則，

---

❹　此時已取代過去「大王」，而稱為「天皇」。

❺　律令制度下俸祿的一種。賜皇族、高位高官俸祿作為收入。

❻　「八色之姓」乃在建立以皇親為最高的身分制度，整頓原有的臣、連、村主等姓，實行分成八級的新姓（真人、朝臣、宿彌、忌寸、道師、臣、連、稻置。）

❼　藤原京與過去一代一宮的慣例不同，成為三代天皇之都，宮城周圍設有條坊制的京城，集中居住王族與中央豪族。同時仿效中國，建造瓦葺礎石的大極殿、朝堂院，作為國家的重要政務與儀式之場，具有新中央集權國家象徵的宮城。

649 年制定「冠位十九階」。至 701 年，完成了「大寶律令」的編纂，依據律令制度構築的政治體制亦大體完成❽。中央行政組織有司諸神祭祀的神祇官與管轄行政的太政官，太政官之下分八省，執掌政務。行政的運作係由有力諸氏中任命太政大臣、左大臣、右大臣、大納言等太政官的公卿合議進行。

官吏授予位階，依照位階任命官職，並依位階、官職給予封戶、田地、俸祿等，同時免除調、庸、雜徭等負擔。爵位五位以上的貴族有豐厚的優遇，連其孩子（三位以上的孫）亦可依其父（祖父）的位階授與相應的「蔭位」（庇蔭），以維持貴族階層制度❾。

刑罰有笞、杖、徒、流、死五刑，地方則郡司具有笞罪的裁判權。為了維護社會秩序，對國家、天皇、尊親的罪特重❿。

全國區分為畿內、七道的行政區域，設置國、郡、里（後改稱鄉），任命國司、郡司、里長。國司由中央派遣貴族擔任，以官署的國府為據點統制。郡司由原來國造等傳統的地方豪族任命，以郡的官署郡家 (gunke) 為據點，統制郡內。京則有左右京職，難波有攝津職、軍事要地九州北部設置大宰府。

718 年，又在「大寶律令」的基礎上，編纂「養老律令」⓫。這兩部律令的制定，實為大化革新以來，各朝法制建設的總結，顯示日本中央集

---

❽ 律是今日的刑法，令則是行政組織、官吏勤務規定與人民的租稅、勞役等條例。律令同時在日本編纂實始於「大寶律令」。「日本」作為正式的國號，亦在此時。日本的律令，雖仿自唐朝的律令，但亦有斟酌日本的實情而改編者。718 年藤原不比等編纂的「養老律令」，並未大幅改變「大寶律令」，而於 757 年付諸實施。

❾ 貴族與官吏，即使犯罪，只要非重罪，享有只處免職、罰金而免受刑罰的特權。

❿ 對天皇的叛逆與對尊親的不孝，定為「八虐」，即使有爵位者亦無可赦免。

⓫ 「養老律令」其實只是修改「大寶律令」的文句而已，在內容上似無太多的不同。「養老律令」的用刑思想，深受唐初「寬仁治天下，用刑宜慎」思想的影響。

權封建制度之確立。

四、征討蝦夷與對外關係

中大兄皇子在孝德天皇之後的齊明天皇時期，仍以皇太子身分執政。由於接二連三的外患問題，致使內政改革稍形遲緩。

這時朝鮮半島的形勢發生突變。百濟屢侵新羅，接受新羅乞援的唐朝，於 660 年出兵伐百濟，救新羅。日本為了救援與國百濟，派遣大軍赴朝鮮半島。663 年唐軍與日本水軍在白江口大戰❷，被唐與新羅聯軍所敗❸。此後，新羅確立了朝鮮半島的統治權，於 676 年統一了半島。

日本以白江口的敗戰為轉機，進行防守性國防政策，以來自百濟的亡命貴族為中心，在大宰府建造了水城與大野城，並從對馬到大和營造朝鮮式山城，防範外力的侵襲。

665 年，唐將李勣破平壤，滅高句麗，設安東都督府，以薛仁貴為檢校都護。至此，朝鮮半島脫離了日本的羈絆，再受中國的保護。

白江口之戰使日本在朝鮮半島的勢力完全退出，喪失一切既得利益；新羅統一半島的基礎卻因此奠定。另一方面，成為日本放棄侵略朝鮮的野心，轉變為與唐朝建立友好關係的轉機❹。

白江口之戰不僅促進日本外交方針的一大改變，對內政亦發生很大的影響。最顯著的是加強對唐軍的設防，如 664 年，在北九州置防人與烽❺，歷年在筑紫與長門增築邊境之城❻，大津京的遷都，亦在此一緊張

---

❷　白江口亦稱白村江 (Hakusonko)。

❸　劉仁軌的舟師一百七十艘，在白村江與日軍展開大戰，日船受重創而敗。當時有很多百濟人逃往日本，成為「歸化人」。

❹　結果與新羅發生對立，遣唐使的航路亦從經由朝鮮半島的北路，改為橫斷東海的南路。

❺　防人 (Sakimori) 多由東國的士兵充當。烽是緊急通信用的烽火。

情勢中進行。戰後七年，日本仍忍辱遣使唐朝，賀平高麗，而與大唐帝國恢復正常的關係。經過此次戰敗，乃深切的反省，深知本身國力不足，而謀進一步輸入唐朝文化。

五、社會制度

律令國家本是在萬民之上的君主——天皇的統治之下，沒有皇族、貴族、豪族與庶民之分，僅有良民與賤民之別，並從良民之中提拔有才能的人任官，以實行統治權的一君萬民的國家，但實質上卻是過去的皇室與朝廷豪族，仍施行世襲制度，保留其地位與財力，形成統治階層的貴族國家。統治階級因任官吏，享有社會地位與經濟特權，官吏依照位階大小順序排列。

身分制度分成良民與賤民，賤民分成官有的陵戶、官戶、公奴婢與私有的家人、私奴婢五種。賤民的比率大體為人口數的 3%，人數雖不多，但大寺院與豪族之中，有超過數百人奴婢者。

此外，正丁（三十歲到六十歲）尚有服兵役的義務，徵調三分之一為「戰士」，在諸國軍團受訓。一部分充當宮城警備的衛士，屬於大宰府，擔任防守九州沿岸的海防。戰士的武器與糧食原則上是自備，由於家族內勞力人口被徵調，對民眾來說是一大負擔。

土地以公有為原則，全國耕地依照「班田收授法」，每六年調整一次。六歲以上的男女授予定額的口分田。家屋及其周圍的土地認定其為私有，口分田則不能買賣，死後歸公。宅地及園地可自由買賣，但不能私相收授。

口分田之外，高位與高官者給予「位田」、「職田」，有功者則給予功田、賜田，寺社則授予寺田、神田，貴族與寺社，均享有經濟特權。

租稅主要是繳納實物的租庸調及雜役。租大約是標準收穫量（稻米）的 3%，調是正丁負擔之稅（定額的絹、布或海產等），庸則是每一正丁每

---

⑯　其後又在對馬築金田城、瀨戶內海衝要之地建置屋島城等。

年一定期間（每年十天）到京城服勞役，或改納米、布等代替品。

六、白鳳文化

繼飛鳥文化之後，從七世紀後半大化革新到八世紀初平城京遷都六十餘年間的文化稱之為白鳳文化。以天武、持統天皇的時代為中心，律令國家確立了具有生氣盎然的文化，受到新羅傳來的中國唐朝初期文化的影響，以佛教文化為基調。

此一時代肆應中央集權國家組織的形成，不僅中央的官吏，連地方豪族之間亦接受漢字文化與儒教思想。

天武天皇開始築造大寺，推進佛教興隆國家的規模，地方豪族亦競相建造寺院，因此，佛教大為興盛。最能顯示白鳳時期佛教建築樣式的，就是平城京所建藥師寺三重塔與佛像。藥師寺金堂的藥師三尊、東院堂的聖觀音像，為白鳳式佛教建築的代表作。

繪畫則有受到印度、西域畫法影響的法隆寺金堂壁畫，高松塚古墳壁畫則是受高句麗影響的作品。

第二節　奈良時代

一、平城京的時代

1.平城京——奠都奈良

710 年，元明天皇從藤原京遷都到奈良盆地北部的平城（奈良）京。此後一直到遷往山背國的長岡京、平安京為止，稱之為奈良時代。

平城京仿效長安，以棋盤目形狀，區劃為東西南北走向道路條坊制的都市。都城從中央分成南北走向的朱雀大路、東邊的左京與西邊的右京，北部中央則置平城宮。平城宮有天皇生活之場的「內裡」（皇居），主持政

圖 3-1　平城宮大極殿（復原重建）

務、儀禮的大極殿、朝堂院，以及二官、八省等官廳（機關）。京內建有貴族、官僚與庶民的住宅，並有東大寺、西大寺等大寺院。人口約十萬人。

　　左京、右京設有官營的市，由市負監督之責。市由地方運來的產物，作為支付官吏實物薪給的布與絲等的交換。708 年，武藏國貢獻銅，政府改年號為和銅。七世紀天武天皇時，鑄造富本錢，旋即仿效唐朝鑄造「和同開珍」❶ 。

　　錢幣作為支付建造都城工人的工資以及都城建造費用，政府更志向流通而發布「蓄錢敘位令」，但京城、畿內為中心的地域之外，稻米或布等物品交易卻廣泛的進行。

　　連結中央與地方的交通制度，有以都城為中心伸向各地域的「官道」，約每十六公里就設置驛站（驛家），作為公家之用。地方則建設與郡家相連結的道路。地方的國府，則為了舉行政務儀禮而設置政廳（國衙）與各種實務的政務機關，成為一國內的政治經濟中心。國府的附近則建立國分寺，成為文化中心。各郡的統制據點（郡家），則是具有與國府相似的設施，成為郡內的中心。

---

❶　和同開珍（珍）為日本最早（708 年）鑄造的銅、銀錢。

2.政界的變遷

八世紀初，皇族與中央有力貴族之間保持平衡之勢，但不久藤原氏進入政界，大伴氏與佐伯氏等舊勢力開始衰退。不比等死後，皇族的左大臣長屋王掌握政權，藤原氏外戚的地位岌岌可危，藤原不比等之子武智麻呂、房前、宇合、麻呂四兄弟，於 729 年陰謀迫使長屋王自殺，成功的擁立光明子為皇后。但四兄弟卻都死於流行病（天花），藤原氏勢力一時衰退。代之以起的是皇族出身的橘諸兄，自唐回國的吉備真備與玄昉，受聖武天皇的寵信而活躍於政壇。

740 年，藤原廣嗣為了排除吉備真備與玄昉，於九州發動政變，但被鎮壓。此後數年，聖武天皇輾轉遷都到恭仁、難波等地。

處於這種政治情勢與饑荒、疫病等社會不安情況下，深信佛教的聖武天皇，企圖藉佛教所具有鎮護國家的思想，圖謀國家的安定。741 年，命令各國建造國分寺、國分尼寺❶。接著於 745 年，發出大佛建造之詔。旋又於 745 年，回到平城京之後，在奈良繼續建造大佛。752 年，於孝謙天皇（聖武天皇之女）時，舉行盛大的大佛開眼供養儀式。

孝謙天皇時代，藤原仲麻呂與光明皇太后相勾結，伸張其勢力於政界。橘諸兄之子奈良麻呂，意圖推翻仲麻呂，反而被滅亡。仲麻呂擁立淳仁天皇即位有功，賜名惠美押勝，得到破格的優遇❶。但在光明皇太后死後，失去倚恃而陷入孤立。孝謙太上皇則寵愛看病的僧道鏡，與淳仁天皇對立。感受危機的惠美於 764 年舉兵，卻被太上皇先發制人而敗亡。其後淳仁天皇被廢，流放到淡路，孝謙太上天皇復辟（改稱稱德天皇）。

道鏡得到稱德天皇的支持，任太政大臣禪師，更晉升法王，掌握權力，施行佛教政治。769 年，發生稱德天皇讓位道鏡的傳聞，因和氣清麻呂的

---

❶　由於是大事業，甚難於短期間完成，其後只好求取地方豪族的協助。

❶　其後升任為太政大臣而擅權。

阻撓而失敗。及至稱德天皇死亡，喪失了後盾的道鏡立被斥退。

　　旋由藤原氏家的藤原百川等擁立天智天皇之孫即位為光仁天皇，以取代長年在位的天武天皇皇統。光仁天皇時代，致力挽救因道鏡時代實施佛教政治所招致律令政治的混亂，並重建國家財政。

二、社會經濟問題

　　推行律令政治的八世紀，農業日見進步，鐵製農具更為普及。生活方面，豎穴住居被平地式臨時搭建的窩棚住屋取代，逐漸普及於西日本。家族的狀態與今日不同，結婚始自男性到女性家「通勤」方式的「妻問婚」(tsumadoikon)❷⓪。家屬制度仍依據律令，仿照中國父權家長制，偏重父系的繼承權，一般民眾的家族，無論職務的分擔或小孩子的養育，女性擁有較大的發言權。

　　農民除了分發的口分田作為耕地之外，大都是公家的田地或借自寺社、貴族的土地來耕種。原則上是租借一年的土地，把收穫的五分之一作為地租，向政府或地主繳納。農民除了兵役之外，還須負擔雜徭等勞役以及庸調等稅負，生活相當困苦。加以天候不順，病蟲害頻生，時有饑荒，國司、郡司等雖有勸農政策，但不安定的生活仍持續不斷。

　　政府企圖解決因人口增加導致口分田不足以及增稅問題，於 722 年推動一項百萬町步開墾計畫，翌年施行「三世一身法」❷①，意在鼓勵擴大民間開墾以增加耕地。743 年，政府發布「墾田永世私有法」，對於開墾的田地可以給予田地私有的長期保障❷②。此法的目的乃在增加政府所掌握的田

----

❷⓪　妻問婚是古代日本社會結婚的一種形態。即男性走訪女性之家，營夫婦生活。無異夫婦分居。所生小孩在母家養育，少有父子一同生活之例，有如「入贅」。

❷①　此法規定新設灌溉施設，以開拓未開地者，給予三個世代土地所有權，如為舊有利用灌溉施設而開墾者，本人一代可保有田地。

❷②　墾田的面積受到身分的限制，從一品的親王與一位的貴族五百町，到初位以下庶

地，藉以強化土地支配的積極政策，但卻造成貴族、寺院等地方豪族私有地之擴大。

　　東大寺等大寺院，獨占了廣大的原野，在國司與郡司的協力之下，役使附近的農民與浪人建造灌漑設施，開墾大規模的原野。這稱之為初期莊園。

三、對外關係

1.遣唐使

　　618 年，代隋而起，統一中國的唐朝，在亞洲建立一大帝國，統制廣大的領域，對於周邊諸地域影響很大。由於與西亞的交流盛行，都城長安（現在的西安）成為世界性的國際都市，綻放了國際文化的花朵。

　　八世紀前後，正是世界上兩大帝國——阿拉伯帝國與唐朝並立的盛世。唐朝的高度文化尤為東亞各國仰慕與模仿的對象。負有促進對唐外交關係、吸收新文物任務的遣唐使，以舒明朝（630 年）所派遣的犬上御田鍬等為最早，天武、持統朝雖一度中斷，到了八世紀中葉以後，大約每隔二十年就派遣一次，賦予當代文化——天平文化濃厚的國際色彩。

　　遣唐使所負的使命重大，日本政府對之優禮有加，起程之前，天皇賜宴、賜歌、賜金；歸國時，復賜宴、賜物，或擢升。

　　遣唐使的組織包括大使、副使、判官、錄事以及留學生、學問僧、各種技術人員。他們都是各方面精選的傑出人才，返國後均有卓越的表現❷❸。

　　　民的十町各種等級。而墾田則是應繳納的輸租田。

❷❸　留唐學生回國後，對日本文化建設有貢獻而名垂青史的，有吉備真備、阿倍仲麻呂等。其中尤以吉備真備最為有名。吉備留唐十五年，研究經史、刑名、算術、書道等，返國後講授經文、明法、算術、音韻等，且曾於筑前國築土怡城，教兵術。所帶回的唐禮，使日本的朝儀更為完整。阿倍仲麻呂年方二十即入唐，改名朝衡，仕唐官至光祿大夫、御史中丞、北海郡開國公。至於學問僧名垂青史者更多，如道昭、道慈、玄昉等，對佛教經典之齎回與學習、鑄造大佛等，均有貢獻，

遣唐使從唐帶回先進的政治制度與國際文化，對日本影響很大。但他們不惜把生命作賭注，足以反映當時日本需要唐文化的殷切。

遣唐使除了大使之外，包含留學生、學問僧，最多時約有五百人，分乘四艘船渡海。但造船與航海技術未臻成熟，海上的遭難事件頻傳❷。

當時到中國的航線，起初是經由朝鮮半島西岸溯往山東登州的北路，其後由於對新羅關係的惡化，捨棄安全性較高的北路，改走南路，即由五島列島（長崎），橫渡東海，至長江口。及至唐末日本內部漸形充實，遣唐使也就停止了。

2. 對韓關係

日本與統一朝鮮半島的新羅亦有使節的往來，但一直視其為從屬國（以協助新羅充實國力居功），時呈緊張關係。至八世紀末，派遣新羅使節日益減少，但民間商人的往來卻甚盛。另一方面，713 年以靺鞨族與舊高句麗人為中心，與在中國東北建國的渤海有緊密的使節往來。渤海由於與唐、新羅的對抗關係，727 年曾經派遣使節到日本，要求建交，日本亦基於與新羅的對抗關係，與渤海維持友好的關係。

四、奈良文化

奈良時代，中央集權的國家體制已整備而財富集中於中央，遂以平城京為中心，綻放了高度的貴族文化之花。此一時代的文化，因聖武天皇的年號，亦稱為天平文化。其文化主體是貴族，卻是受唐朝文化的影響（唐式），具有豐富的國際色彩，但固有文化亦頗發達，且是以佛教為中心。

甚至也有在政界活躍的（如玄昉）。

❷ 以當時的交通條件（造船術與航海術尚幼稚），須冒絕大的危險。通常是由二艘至四艘組成，總人數自一百人至六百人不等，但甚少全數歸還者。如大使坂合、副使高田、小野等，都先後遭難，客死異鄉的也不少。此外阿部仲麻呂被唐朝玄宗皇帝重用，晉用為高官，與唐朝詩人王維、李白亦有交流，其後客死異鄉。

　　奈良文化的特徵乃是唐朝文化的吸收與模仿。奈良文化是直接吸收唐朝文化的精華而繁榮❷。但並非完全的複製，蓋其攝取唐文化的過程中，始終遵循維護日本傳統習俗和文化的原則，作適合國情的改造和創新❷。易言之，日本人心中仍有根深蒂固對日本自古以來神的信仰。「養老律令」之中，夫對妻享有片面離婚權的規定，與日本人實際生活中的「妻問婚」❷習俗不合。平城京中心舉行正式儀禮的大極殿，雖是唐朝式建築，天皇日常起居的「內裡」，卻是白木造❷、檜皮葺❷等純粹日本式的建築，足見文化的雙重性。

1.學術與文史

　　教育機關，中央有培養官吏的大學，地方有國學。入學者，大學是貴族的子弟與奉仕朝廷（文筆）的子弟，國學則以郡司子弟為優先。學生修畢大學，再經過考試合格，始能任官。考試分為秀才、明經、進士、明法等四科，為熟習這些學科，須先學習漢文學。

　　雖一方面尊重漢文學，但一方面亦盛倡日本固有的文學和歌。《萬葉集》是奈良時代的和歌集，亦是最古老的名歌集。它是以漢字作音標來表現日本的語意，稱之為「萬葉假名」，誠為日本古代文化的一大特色。

　　八世紀前期，奈良政府開始編纂史書與地誌。兩大史書《古事記》與《日本書紀》的完成❸，即是依據大化革新後編纂的《帝紀》與《舊辭》

---

❷　唐朝文化對奈良文化的影響極為深遠而廣泛，舉凡國家政治、經濟、文化制度，甚至文化思想領域的哲學、佛學、文學、藝術、建築、曆算等，均受其影響。

❷　如官僚機構的設置，雖參照唐朝制度，但卻務求精簡。奈良時代的制度，有許多是唐朝的翻版，如租庸調制、學制等，但其具體內容，則是經過慎重的選擇和增刪。

❷　參閱本章註❷。

❷　不塗塗料，依木材原色建造的建築樣式。

❷　用絲柏樹皮葺頂的房子。

❸　《日本書紀》是舍人親王等人所編纂，仿效中國歷史書的體裁，以漢文的編年體撰寫。內容包含神話、傳承，基於天皇中心的立場，敘述從神話時代到持統天皇

加以整理而成。

　　與史書的編纂同時，713 年下令蒐集諸國鄉土的產物、山川原野的由來、古老的記錄等資料，編纂地誌《風土記》。

2. 佛教的宣揚

　　奈良時代，佛教受到國家的保護而有更進一層的發展。尤其藉由佛教促使國家安定的鎮護國家思想，足以顯示此一時代佛教的性格。

　　奈良的大寺院，進行印度與中國傳來的各種各樣佛教理論的研究，形成三論、成實、法相、俱舍、華嚴、律（宗）的南都六宗學統。當時的僧侶不僅為宗教家，更是學得一身最新文明的一流智識分子，像玄昉被聖武天皇信任，而在政界活躍。多次赴日失敗，最後得以在日本傳授戒律的鑑真和尚等，亦對日本的佛教發展有功❸。

　　受到佛教鎮護國家思想的啟蒙，聖武天皇推行國分寺的興建與大佛像的建造等大事業，但在佛教保護政策下的大寺院，擁有雄偉的伽藍與廣大的寺領，造成國家財政很大的負擔。

　　此時興起了佛與神本來出自同宗的所謂「神佛習合」思想❸，嫌惡佛教的政治化，離開大寺院而潛入山林之中修行的僧侶，不久成為平安新佛教的母體。

3. 天平美術

　　律令國家傾力推動佛教振興政策，造成建寺造佛的風潮。建造了很多使用礎石、磚瓦的宏偉宮殿與寺院。原是貴族邸宅的法隆寺傳法堂、東大寺法華堂、唐招提寺金堂、正倉院寶庫等建築，具有勻稱而堂皇景觀而富遒勁有力的特質。

之間的歷史。但其中不少依據中國古典與編輯當時的法令所撰寫的文章，不足盡信，卻屬於古代史珍貴的史料。

❸　鑑真其後建造唐招提寺，死於該寺。

❸　受到中國已發展的佛教與中國原有信仰融合的神佛習合思想的影響。

圖 3-2　奈良東大寺

　　繪畫的創作甚少，以正倉院留傳的鳥毛立女屏風的樹下美人圖，藥師寺的吉祥天像為代表作，受到唐朝的影響，都有豐滿而華麗的表現。

　　雕刻為美術主流，製作了很多表情豐富而調和的佛像。除了原有的金銅像或木像之外，以塑像與乾漆像較多。東大寺法華堂以乾漆像的不空羂索觀音像為中心，塑像的日光、月光菩薩像、執金剛神像等，整批流傳下來。又興福寺有乾漆像的釋迦十大弟子像與八部眾像（包含阿修羅像），均屬佳作。

　　工藝品以正倉院寶藏為有名。聖武太上天皇死後，光明皇太后將其遺愛的物品贈與東大寺，包含服飾、家具、樂器、武具等種類繁多，製作技術精湛，嘆為觀止。不僅反映當時宮廷生活文化水準之高，且頗多是與唐朝及西亞、南亞交流的藝術品。

第三節　平安時代

一、平安朝廷的形成

1. 奠都平安京

光仁天皇，致力於行政財政的簡化與公民負擔的減輕等政治重建工程。不久繼光仁天皇與擁有歸化人氏族血統的高野新笠之子即位為桓武天皇。

桓武天皇承繼光仁天皇政策，斷絕佛教政治的弊害，同時為了強化天皇權力，於 784 年從平城京遷都到山背國長岡京。但桓武天皇的心腹、主導長岡京興建的藤原種嗣被暗殺後，皇太子早良親王與大伴氏、佐伯氏舊豪族被斥退❸。794 年，再遷都於現今京都之地，建造平安京，山背國亦改為山城國。都城遷到山背之後，直到源賴朝在鎌倉創設幕府之間約四百年，稱為平安時代。

2. 平安初期的政治改革

桓武天皇不設置左大臣，為壓制貴族而積極推動政治改革。他盡力改革地方政治，廢止日增的定額外國司與郡司，新設勘解由使 (kageyusi)，專司新舊國司交接之際的監督事務。

由於士兵的資質日低，於 792 年除了東北與九州地域之外，廢止軍團與士兵，代之以郡司的子弟與有力農民組成少數精銳的健兒 (kondei)❸。但這些改革卻沒有什麼成果。

桓武天皇的改革為平城天皇、嵯峨天皇所承繼。嵯峨天皇於即位之後（810 年）與意圖遷都於平城京的兄長平城太上天皇對立，陷於「二個朝

---

❸　桓武天皇之母與皇后相繼去世，相傳歸因於早良親王的冤魂，但長岡京卻遲遲無法完成。

❸　健兒是廢止軍團之後，配置於諸國，擔任警衛的士兵。

廷」的政治混亂。最後因嵯峨天皇迅速出兵得勝，太上皇自行出家，寵愛的藤原藥子自殺，藥子之兄藤原仲成被射殺。事件發生時，為了迅速傳達天皇命令給太政官，新設祕書官「藏人頭」，任命藤原冬嗣充之。其衙門即為「藏人所」，為首的「藏人」不久即成為天皇左右親信而位居要津。

嵯峨天皇進行法制的整備。制定律令後，將隨著社會的變化而發出的法令分類，依照補充律令的規定、修正的格，以及施行細則的式，編成「弘仁格式」。此後更陸續編纂「貞觀格式」、「延喜格式」，合稱三代格式。

二、地方與貴族社會

自八世紀後半到九世紀，農民間的貧富差距擴大，富農與貧農均企圖運用各種手段逃稅。戶籍上須負擔兵役、勞役、租稅的男子登錄減少，偽造記載（偽籍）增加，律令制度遂與實況不符。因此，手續繁雜的「班田收授法」甚難實施。

桓武天皇為了勵行「班田收授法」，改六年一班的班田期間為十二年一班。又將政府貸款的利息從五成降低為三成，雜徭的期間亦從每年六十日減為三十日，多方減輕負擔，以維持公民生計。但效果卻有限，至九世紀，已有很多地方長期未實施班田制。

中央的國家財政極為困難，政府取締國司、郡司的租稅徵收所發生的營私舞弊與怠慢，823 年於大宰府設置公營田，879 年於畿內設置官田，採取利用富農的直營方式，致力確保財源。但不久中央各官署，卻各自擁有其財源的諸司田，官人亦集合墾田，以減少其對國家財政的依賴。天皇擁有勅旨田，皇族亦被賜予賜田。與天皇親近的少數皇族與貴族，稱為院宮王臣家，私下積蓄了許多土地，壓迫國家財政，卻得以發揮其潛在的政治影響力。

三、奈良文化

奈良時代的文化，以其最繁盛時期的年號，亦稱為天平文化。奈良、平安時代是日本文化史上的重要時期，奈良王朝特別重視文化，與佛教的關係亦甚密切。奈良時期，經朝廷的提倡，唐朝的各宗佛教教派先後傳入日本。

1.佛　教

自平安遷都到九世紀末的文化，因嵯峨、清和天皇時代的年號而稱之為弘仁、貞觀文化。此一時代，以平安城貴族為中心，發展其文化。以文藝為中心、國家隆盛為目標的文章經國思想廣傳，宮廷有漢文學的發達，佛教則新傳來的天台宗、真言宗廣布，密教盛行。

嵯峨天皇重視唐式文化，左平安京的殿舍附以唐式名稱，並接受唐式儀禮以整備宮廷儀式。錄用擅長文學的貴族，使文人參加國家的經營方針。

貴族的教養重視漢詩文，漢文學盛行，熟習漢字文化能使用漢文，成為後來國風文化的前提。大學的學問亦盛，學習儒教的明經道以及中國歷史文學的紀傳道受到重視，貴族為了子弟的教育，設置「大學別曹」。空海創設一所向庶民開放的「綜藝種智院」。

奈良時代後半，佛教介入政治而弊害叢生，因此桓武天皇否定南都大寺院遷移到長岡京、平安京，只支持最澄等的新佛教。

最澄在比叡山修行，於 804 年隨遣唐使赴唐，受天台之教而返國，開創天台宗。他一反過去在東大寺戒壇受戒，創設新的大乘戒壇，卻受到南都諸宗激烈的反對。於是著《顯戒論》加以反駁。死後大乘戒壇受到公認，以其開創的草庵為本的比叡山延曆寺，成為佛教教學中心。淨土教的源信與鐮倉新佛教的鼻祖亦多在此受教。

空海於儒教、佛教、道教之中，論佛教之優勢，著《三教指歸》而投身於佛教。其後於 804 年入唐，在長安修習密教，二年後返國，於高野山

建立金剛峰寺，開創真言宗。嵯峨天皇賜與空海的平安京教王護國寺（東寺），成為密教的根本道場。

天台宗於最澄之後，由其入唐弟子圓仁、圓珍正式採納密教。天台、真言兩宗，都是祈禱國家社會的安泰，以「加持祈禱」祈免災害，追求幸福的現世利益，因此受到皇室與貴族的支持。

八世紀前後，神社境內建設神宮寺，在寺院境內建立守護神祭拜，神前讀經的「神佛習合」的風潮，至平安時代更為普遍。天台宗、真言宗，與奈良時代的佛教不同，多在山岳地帶建立伽藍，以山中為修行之場，與原有的山岳信仰相結合而成為修驗道的源流。修驗道一如在山野中修行的僧侶（山岳修行），以體驗巫術信仰，山岳信仰則以奈良縣吉野的大峰山與北陸白山的山脈作為舞臺。

2. 文　學

奈良時期是日本文學的黎明期，漢文著作有《日本書紀》、《風土記》及詩集《懷風藻》。以漢字記錄口傳文學的著作有《古事記》和《萬葉集》。

3. 密教藝術

天台宗與真言宗盛行之後，神祕的密教藝術有新的發展。建築方面，寺院的堂塔於山間之地，以不受以前形式拘束的伽藍配置建造。室生寺的金堂等為代表作。

雕刻方面，與密教有關的如意輪觀音與不動明王等佛像創造頗多。這些佛像多是採用「一木造」 ❸，具有神祕的表現。反映神佛習合而盛行的神像雕刻，有藥師寺的僧形八幡神像、神宮皇后像等。

繪畫方面有圓城寺的不動明王像（黃不動）等描繪神祕的佛畫，此外神護寺與教王護國寺的兩界曼荼羅頗為著名。曼荼羅乃是密教所重視，表示大日如來的智德金剛界，同樣表示慈悲的胎藏界佛教世界，顯現整然有

---

❸　從一棵樹雕成一體的佛像雕刻法。

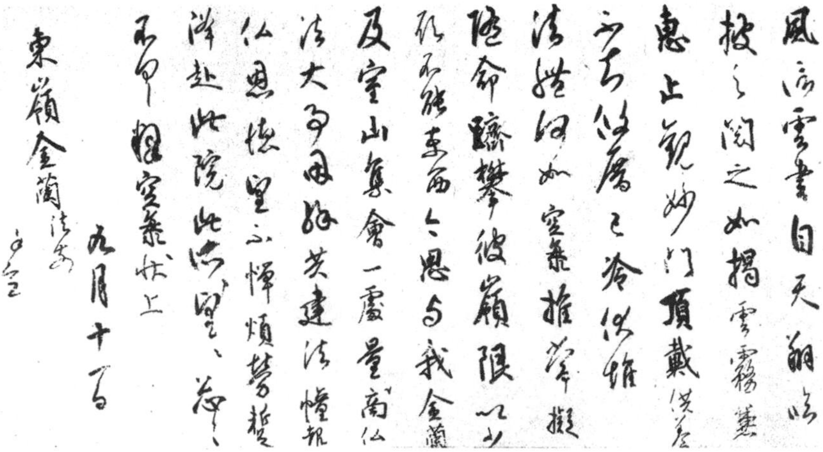

圖 3-3　空海的書法作品

序的構圖。

　　書道則流行唐風（中國式），嵯峨天皇、空海、橘逸勢等書法家輩出（稱之為三筆）。

第四章
貴族政治與國風文化

概　論

　　從十四世紀初年起，繁榮已極的古代國家，已日趨衰落。平安初期，雖大膽的實行改革，以維護律令體制，但已無法掩蓋其衰敗之相。

　　平安中期又稱藤原時代，即以攝政、關白為中心，藤原氏極盡奢華的年代。藤原氏多方排除異己，獨攬大權，於天皇幼少時為攝政，天皇既長，則任關白，萬機獨斷之風已成，遂開始施行「攝關政治」。支持攝關政治的經濟基礎乃在莊園。但莊園過分擴大，貴族、寺院擁有大量的土地，土地公有制度因而崩潰。由於公民不堪重負，流浪他「國」，以公地公民為基礎的租稅制度遂亦瓦解。有財有勢的地方豪族更為得勢，反抗中央，且相互鬥爭，於是產生了武士。

第一節　攝關政治

一、藤原氏的崛起

　　九世紀初，桓武天皇與嵯峨天皇壓制貴族，掌握強大的權力。但不久藤原氏尤其北家與天皇家相結合而逐漸得勢❶。

圖 4-1　火燒應天門

　　北家的藤原冬嗣獲得嵯峨天皇的深厚信任，與皇室締結姻戚關係。其子藤原良房因功而確立了北家的優勢❷。

　　858 年，年幼的清和天皇即位，藤原良房以天皇外祖父身分任攝政，並乘 866 年的應天門之亂❸，翦除伴、紀兩氏勢力。良房死，清和天皇擬乘機親政，卻受制於良房養子藤原基經。受到基經支持而即位的光孝天皇，於 884 年，任命基經為關白。

　　基經死後，沒有藤原氏為外戚的宇多天皇，不置攝政、關白，重用菅原道真，但在藤原氏的策劃下，道真被逐出政界。

二、攝關政治

　　當天皇年幼時，輔政者稱攝政；天皇成人之後，攝政者稱關白。十世紀後半到十一世紀是攝政、關白居於政權最高官位主政的時期，稱之為「攝關政治」。攝政、關白的家世稱之為攝關家。攝政、關白由藤原氏之中居最高官位者出任，兼任藤原氏的「氏長者」，統率全體的氏，掌握絕大的

---

❶　藤原不比等有四子，稱「藤原四家」，均為朝廷重臣，尤以藤原房前的北家勢力發展為最。

❷　北家的藤原良房威迫皇太子的冊封，強行擁立外孫即位（清和天皇）。自以太政大臣與外戚的雙重身分獨攬大權。

❸　應天門失火事件，原為藤原氏所策劃，蓋為了排除異己，利用朝臣之間的傾軋（大納言——太政官次官伴氏與左大臣源氏不和）製造火燒應天門事件。即先假藉伴氏之手打擊源氏，續又誣陷伴氏世家貴族，為其獨攬大權清除障礙。

權力。

十世紀前半，醍醐、村上天皇親政，締造了「延喜、天曆之治」盛世。但親政之間，藤原忠平任攝政、關白，居太政官之上而掌握實權。村上天皇死後，左大臣源高明被降調（969 年安和之變），藤原氏北家勢力屹立不動，其後常設攝政與關白，其地位幾為藤原忠平的子孫所獨占。

攝關家內部，經常因攝政、關白的地位相爭，至十世紀末藤原道長時始結束。道長送四個女兒進宮為皇后、皇太子妃，長達三十年，擁有很大的權勢。後一條、後朱雀、後冷泉三代天皇均為道長的外孫，繼道長之後的藤原賴通，為三任天皇五十年的攝政、關白，使攝關家的勢力如日中天。

當時的貴族社會，結婚的男子，大體與妻子的雙親同居，或另築新居。夫受妻子父親庇護，孩子則受母方的養育，重視母方的「緣」。攝政、關白以最親近的外戚身分親近天皇，於是利用天皇的最高權威，掌握大權。攝政、關白參與人事任免，因此中下級的貴族，遂與攝關家結交，而隸屬於上級貴族，升遷遂決定於家世與外戚的關係。其中中下級貴族當然會奉承攝關家，要求國司等職位❹。

在攝關政治之下的政治運作，雖採取天皇透過太政官，指揮中央與地方官員，全國統一支配的形態。但地方的政治均委任國司，朝廷甚少積極參與國政。

中央政府之無力亦反映到地方。攝關時代設立「知行國」制度❺，皇族與上級貴族可從特定「國」中收取一定年限的地租。獲得「知行國」的人，大都派心腹出任國司，以收取利益。國司多不赴任，僅在京都收取「得份」，稱為「遙任」。因此，國司一職變成酬勞報功的肥缺，捐獻財物以取得官職的，稱為「成功」，延長任期的，叫做「重任」，賣官鬻爵之風甚盛。

---

❹　國司官職屬於肥缺。

❺　知行國是賜與特定的皇族、公卿與寺社等領地，擁有「國」的行政權，並取得一定期間內徵收租稅的制度。但知行國司，大多是遙任。

　　實任國司者，如親赴當地履任，則稱「受領」，他們與攝關政權上流貴族對抗，其後成為支持「院政」的支柱。但這些實任國司，只是想用盡方法榨取財物，以飽私囊，民眾常因不堪壓榨，群赴京城，訴諸於朝廷。各地百姓，甚至不受郡司統率，自行組織，與國司對抗，反抗莊園領主增課地租。

三、國際關係的變化

　　894 年，被任命為遣唐大使的菅原道真，建議停止派遣。蓋唐朝於八世紀內亂之後，日趨衰退，因此沒有冒險繼續與之交涉的必要，遣唐使至此遂正式停止。

　　907 年，東亞政治與文化中心的唐朝滅亡，中國在五代各王朝之後，由宋朝完成統一。日本無意與宋朝訂定正式邦交，透過來到九州博多的宋朝商人，輸入書籍、陶瓷器等工藝品、藥品等。此外，取得朝廷許可赴宋的僧侶，與大陸之間的交流亦頗頻繁。

　　中國東北部，自奈良時代與日本有深交的渤海，於十世紀前半，被遼所滅亡。約同時，朝鮮半島高麗興起，不久滅亡新羅，統一半島，但日本仍無意與之建交。

第二節　國風文化

一、國文學的發達

　　日本自七世紀之後，積極吸收大陸的優秀文物與思想，但自九世紀到十世紀，日本與中國大陸的關係遽變，產生以貴族社會為中心建立適合日本風土與日本人情、嗜好的優雅而洗練的文化。自十至十一世紀的文化，具有日本本土「國風（日本）化」的特色，而稱之為國風文化。

　　文化的國風化象徵，乃是假名文字的發達❻。平安時期，日本人在直接使用漢字過程中，不斷地改造、簡化，逐漸形成「假名字母」，為和歌、散文、小說開拓了嶄新的途徑。平假名（草體字母）與片假名（正楷字母）的字形❼，於十一世紀大略已完成，並廣泛使用，結果日本人特有的感情與感覺能靈活完整的表達，促進了國文學的發達❽。

　　首先是和歌的盛行，905 年，紀貫之編纂最早的勅撰和歌集《古今和歌集》。其纖細而技巧的歌風，被稱為古今調，長久為和歌的典範。

　　貴族則在官方場合一仍舊慣只使用漢字撰寫文章，但與純粹的漢文大相逕庭，而具有和風（日本式）的特色。

　　另一方面，假名除了和歌之外，沒有正式使用，但廣泛使用於日常生活，於是產生了優秀的文學作品。紫式部的《源氏物語》是以宮廷貴族生活為題材的巨著，與同為描寫宮廷生活體驗、隨筆風格的清少納言的《枕草子》，同為國（日本）文學最高的傑作。紀貫之用假名撰寫的《土佐日記》，是藉由奉仕宮廷的女性之口吻進行書寫，亦屬富有纖細感情之作。

圖 4-2　清少納言

---

❻　九世紀，簡化萬葉假名草書體的平假名，以及取漢字偏旁（一部分）的片假名，已開始作為表音文字而使用。

❼　片假名的「片」，即字劃不完整之意。片假名主要源自寺院等學習的場地翻譯漢文時，在行間、欄外註記音訓之用，有如注音符號。

❽　日本人雖未創造自己的文字，但從機能形態上，根本改變了漢字，使其成為表音的文字，便於表達日本語言。這種改變對日本民族而言，也是一種創造，充分顯示其吸收外來文化的特殊性。

二、貴族生活

住宅是開放的日本式寢殿造，其上為疊 (tatami) 與圍座的生活。飲食生活較簡素，受佛教影響，不用獸肉，調理亦不用油，每日以二餐為準。

十至十五歲男性舉行成年戴冠儀式，女性舉行女子成人服裳的儀式。男性得以官職而奉仕朝廷。他們多住在左京，攝關家則在京中擁有好幾棟大邸宅，除了參拜大和的長谷寺等近郊寺社之外，甚少離開京城外出。

貴族多擔心命運與吉凶，企望祈禱以避免災厄，致力招福，日常的活動亦多設限❾。不能得到企望的現世榮華富貴時必然大失所望，這也是他們唯有信仰倚恃來世的淨土教之原因。

三、淨土教信仰

攝關時代的佛教，以天台、真言兩宗居壓倒性優勢，蓋其能符合貴族透過祈禱而求現世利益的願望。另一方面，「神佛習合」亦有進展❿，且產生結合佛與日本固有諸神的本地垂迹說⓫。

祭祀冤魂與疫神，以避免疾病、饑荒等災難的御靈信仰傳播⓬，強調來世的幸福，以逃脫現世不安的淨土教頗為流行。淨土教信仰阿彌陀佛，是企求來世往生極樂淨土之教。十世紀中葉，空也在京城的市場說教。源信著《往生要集》，說之以念佛往生之教，淨土教的信仰遂由貴族廣傳到庶民之間。

---

❾　基於中國傳來的陰陽五行說陰陽道影響很大，所有天體現象與曆法均認為與吉凶有關，因此行動受到當天吉凶的限制。如遇有變異，即行占卜，以決定行止。

❿　折衷日本固有信仰與佛教信仰的融合，參閱第三章註㉜。

⓫　這是認為神以暫時假佛之形而出現於今世（化身）的思想，其後認定天照大神為大日如來的化身。

⓬　起初是作為追悼早良親王，九世紀後轉而為對政治失敗者的信仰（祭禮）。

這種信仰依據末法思想而更為強化⓭。在盜賊與暴力日益增多，災難頻繁的世態，與佛教說教的末法之世的世態人情，益增人們於來世得以救贖的願望。於是競相出版一些信以為喜得往生的傳記《日本往生極樂記》以及不少上人的往生傳⓮。

四、美術與工藝

藝術方面，長久以來都是盛行唐風，到了這一時期，出現以國風為主流的趨向。

自九世紀至十世紀間，一改過去專以模仿唐風美術，漸有描繪日本風景與生活的作品，畫風亦傾向於日本式，稱之為「大和繪」，以與「唐繪」區別。「大和繪」的特色是溫和的色彩與柔和的水墨描繪。作品大抵以「拉窗（障子）繪」與「屏風繪」為主。

隨著淨土教的流行，與之相關的建築、美術作品不少。藤原道長所建造壯觀的法成寺，實以阿彌陀堂為中心的大寺，其子藤原賴通建立的平等院鳳凰堂，乃是阿彌陀堂的代表性遺構。製造本尊阿彌陀如來像的佛師定朝，完成一種取代原來「一木造」的「寄木造」手法⓯，以應末法思想為背景的佛像的大量需要。貴族的住宅都是「白木造」、檜皮葺的「寢殿造」樣式。建物內部的隔扇與屏風，取代了唐畫而改為日本風物的題材，描寫平滑順暢的線條與高雅彩色的大和繪。

屋內的家具多用日本獨特發展的泥金畫手法⓰，在華麗之中蘊涵莊重

⓭　末法思想乃是佛法變遷與世相推移有關的一種預言，基於佛隔世而遠離，教法逐漸衰微之說，有正、象、末三個時世。末法之世已無修行得正果之人，佛法全衰滅的時期。以當時（1052 年）為進入末法之世的年代。

⓮　上人指智德兼備之僧。

⓯　與一木造從一棵樹雕成一體的佛像技法不同，寄木造乃是將佛像的身體分成幾個部分，分別雕刻再合成的技法。

的風趣。書道亦不同於前代的唐朝樣式，成為表現優美線條的日本樣式。

<h1 style="text-align:center">第三節　莊園與武士</h1>

一、國司支配地方

十世紀初，譽為天皇親政的理想時代「延喜、天曆之治」，其實也是律令體制開始崩潰的時代。政府於 902 年頒布法令，禁止違法的土地所有，屬行班田制，志在重建律令制。但戶籍、計帳制度已崩潰，「班田收授法」已無法實施，徵收租、調、庸以維持國家財政已不可能。

面臨困境的政府，唯有改變政策使國司負責定額的徵稅，而以委任一國內的統制作為回報。過去在中央政府監督之下由國司擔當行政，至於租稅的徵收、搬運以及文書的撰寫等實務則由郡司充當，但由於大幅改變而使國司在地方政治的運作上發揮了很大的作用。

二、莊園的發達

自奈良時代允許墾田私有之後，土地公有制乃逐漸崩潰，至平安時代，「班田收授法」已無法實行。既承認私墾田地的私有權，盛行地方豪族的大規模開墾，圈圍空地的大土地占有日顯，因而有莊園的形成❶。

另一方面，地方豪族為了確保土地所有權以及「不輸」、「不入」的特權❶，競相捐獻莊園土地給權門世家，以便獲得政治上的庇護和經濟利益

---

❶　以漆描寫紋樣，再敷上金銀等金屬粉作成圖樣的漆器技法。平安時代以降尤其發達，海外亦聲名遠播。

❶　莊園（莊）原是指貴族與寺社在其開墾的土地上設置住宅或倉庫，加上其周圍的墾田而成。初期莊園為貴族與寺社自行開墾的土地與收買的墾田，通常役使附近的農民耕作，因此與「捐獻地系統莊園」不同，稱為墾田地莊園。

的保障。權門貴族便以領主或領家的身分❶，掌握莊園的所有權。原來的莊園主則成為領主所委任的「莊官」，實質上掌握莊園的經營權。如單靠「領家」之力仍不足以對抗國司，則分出所得的一部分土地，奉獻給攝關家或院等更有權勢的人，奉之為「本家」，以為保護。中央的高層貴族，遂可在地方上不勞而獲，取得許多莊園（「捐獻地莊園」）。

開發領主成為下司等莊官，較前更進一步推動領地的私人統制。如此的莊園稱為「捐獻地系莊園」，至十一世紀中葉已廣泛推廣到各地❷。

莊園係由王公貴族或寺院直接經營繳稅。旋因「不輸不入權莊園」增多，不僅影響國家的稅收，且形成一個脫離政府權力控制，獨自成為經濟體的莊園制。

政府雖一再頒布「整理莊園令」，沒收證據不足的莊園，禁止莊園的新設，但仍無濟於事，莊園逐漸集中於大貴族之手。多數莊園都占有一大片土地，或聚集各地的田地成一莊園。

日本的封建莊園制度，尤其後期莊園，大都透過由下而上的層層捐獻而形成，莊園的土地領有權經歷了一個不斷上移集中的過程，出現莊園土地領有權的細分。每個莊園都有從最下級莊官到中央權門、寺社的多層分割，使土地領有形成複雜而混亂。

這種具有多元領有、重疊分割特點的莊園之建立和發展，成為日本封建專制統治延續的物質基礎，也是孕育新的統治階級武士的搖籃，導致貴族公卿執政的中央集權崩潰，為武士執政的武家政治之確立和發展奠基。

---

❶ 莊主利用其地位和權力，得朝廷同意獲得不納租賦特權，稱為「不輸地」。後來，這些莊園又獲得拒絕國司派遣的官吏進入莊園干預莊園事務的「不入」權。

❶ 領家有名義上的所有權，實權還是由豪族掌握，稱為「莊官」。「莊官」是實際經營莊園的「領主」。

❷ 領家、本家之中，擁有實質統制權者為本所。畿內及其近郊，產生很多有力寺社受農民的捐贈而成立的小規模寺社領莊園。

三、武士的崛起

在反對藤原氏專權的鬥爭中，新興武士開始登上政治舞臺。武士的形成實與以天皇為首的中央集權制瓦解和莊園制的發展有關。

大化革新以來所實行的徵兵制，隨著中央集權制的衰落而日趨鬆弛。八世紀後半一度改行「健兒制」，徵集郡司、豪強和富家子弟入伍。服兵役成為貴族獨享的特權，但軍隊素質亦因而一落千丈，武備逐漸廢弛。後因莊園的普遍建立，莊園之間的矛盾和鬥爭日增。莊園領主為擴大領地，經常強行派遣莊民到別人的領地去墾田，開拓新的莊園。被侵占的領主為了抵禦，乃組織一部分莊民加以武裝，彼此訴諸於武力。寺院與神社的莊園亦為了自衛而組織「僧兵」。

莊園武裝力量的建立，對地方統治構成威脅。國司與郡司為了維護地方秩序，保護自身的利益，遂亦著手組織武裝。所組織的武裝力量，大多是當地的富豪，稱為郎黨（郎從）。

武士勢力，從十一世紀初期開始逐漸形成了超越莊園範圍的地區性武裝集團。無數分散的武士聚集在最強大的豪強貴族旗幟下，接受統一指揮。由是出現了武士團。

武士團的組織通常是按照宗族和主從關係而組織[21]。其首領稱為「惣領」，下屬稱「庶子」。武士團的宗族關係極為牢固，一旦發生戰爭，一門即在惣領的指揮下團結起來參加戰鬥。

不久這些武士組成聯盟，尤其邊境地方，以任期結束後仍留任國司的

---

[21] 主從關係乃是主人和從者之間的關係。主人從其宗族子弟（家之子）和非宗族子弟（「郎黨」或「郎從」）出身子弟中挑選出有能力的人作為從者。從者必須效忠主人，盡軍務及其他義務（稱為奉公）；主人則給予從者土地或其他經濟利益及權利的保護（御恩）。武士團即是以宗族結合的基礎之上的橫向連繫和主從結合基礎上的縱向關係為前提，訂立嚴格的規制和實施主從制支配的軍事武裝團體。

子孫為主力，成長為大武士團。其中東國（關東地方）因產良馬，逐漸形成具有機動力的武士團。

很早即在東國紮根的桓武平氏之中，平將門以下總為根據地，不斷地與他族爭鬥，復與國司對立，於 939 年興亂。將門攻陷常陸、下野、上野的國府，占領東國的大半，自稱新皇，卻被同為東國武士的平貞盛、藤原秀鄉等討滅。

同時，原為伊予國司的藤原純友，率領瀨戶內海的海賊作亂，攻陷伊予的國府與大宰府，不久卻被清和源氏之祖源經基所征討。東西雖歸平靖，但經過了亂事，朝廷的軍事力量明顯降低，地方武士的組織更為強化。

深悉地方武士實力的朝廷與貴族，聘任其為侍 (samurai)，充當九世紀末組成的「瀧口武士」，為宮中警備，或充當貴族身邊與都市警衛。又選地方武士為「國」之兵 (tuwamono)，在國司之下組織，並任命為追捕使、押領使，以分擔治安維持的工作。

四、源氏的崛起

十一世紀，開發領主企求私領的擴大與保護，從屬於土著的貴族，以伸張其勢力，而成長為地方武士團❷。武士團的首領成了武士團主君的郎從，大武士團的首領稱為「武士的棟樑」。大武士團大抵都是皇族或名門貴族出身，其中勢力最大的是清和源氏與桓武平氏❸，皆與中央貴族的血統有淵源。

在陸奧，豪族安部氏的勢力強大，與國司相爭，源賴信之子賴義為與源義家同率東國武士，與安部氏爭鬥，得出羽豪族清原氏之助，滅亡安部

---

❷ 在邊境後進地區，由於莊園領主與國司的勢力較弱，因此多能成立大武士團。全國各地亦都有中小武士團。

❸ 桓武平氏賜姓「平」 (Taira)，在邊境東國奠定基礎。清和源氏賜姓「源」 (Minamoto)，主要勢力在近畿一帶。

氏。其後在陸奧、出羽兩國得勢的清原氏發生內訌，陸奧守（地方首長）的源義家介入，協助藤原（清原）清衡加以平定。此後奧羽地方長期在清衡子孫的支配下。

另一方面，透過這些戰役，源氏加強其與東國武士團之間的主從關係，鞏固其武家首領的地位。

第二編

中　世

圖說：源賴朝的弟弟源義經途經五條橋，在橋上與武藏坊弁慶決鬥，源義經在決鬥中獲勝，贏得弁慶的效忠，弁慶遂成為義經的家臣。

第五章
武家政權的成立

概　論

　　十一世紀末，由於攝關政治的衰微、天皇親政與地方武士的自立，出現「院政」，即由已退位的「上皇」代替天皇親政。貴族內部發生對立，平氏得寵，耽於榮華，不久為源氏所滅。源賴朝遂建立武家政治。設置「守護」、「地頭」，取得全國警備權、土地管理權以及徵稅權。

　　鎌倉幕府自 1192 年，源賴朝任征夷大將軍，即建立幕府體制。鎌倉幕府成為武家政治的中心。鎌倉幕府的設立乃武家取代貴族政權而創立獨自政權，具有深遠的歷史意義。

　　鎌倉幕府是以土地為媒介，結合將軍與御家人的主從關係（封建關係）為中心。但不能視為自古代社會轉到封建社會，蓋政權結構本身仍殘留古代的性格。京都以前存在著以「院」為中心的貴族、寺社等古代政權，其經濟基礎——莊園與國衙領，屹立不動。可見鎌倉幕府尚未能完全統制全日本，公武兩種政權相對立，為鎌倉時代的一大特色。但由於在全國設置守護與地頭，以及承久之亂（1221 年）的勝利，鎌倉幕府的勢力乃逐漸壓倒貴族政權。

　　鎌倉幕府敉平承久之亂，取代了貴族政權。擔任守護與地頭者，多為源賴朝的附從「御家人」❶，因此，雙方之間成立封建的主從關係。武家

政治實自封建制度的建立開始。

　　源賴朝死後，有力御家人之一的北條氏執權，掌握政治大權，實行執權政治，至泰時、時賴，達到鼎盛時期。其後逐漸捨棄原有的合議形式，趨向於北條氏的獨裁。

　　十三世紀後半期，蒙古軍二度襲日，對於日本政治、經濟、社會有很大的影響。尤其御家人之間貧富的差距愈顯，以均等的御家人為基礎的鎌倉幕府體制開始崩潰。在此次戰爭過程中，幕府雖能加強對非御家人的控制，北條氏亦利用此一危機，確立其獨裁權。

　　從文化方面言，武家政治的開始，表示日本固有文化的復活。外來的隋唐文化完全是貴族文化。這種傳統的貴族文化雖仍占主流地位，但日本固有的樸素剛健的文化因素，卻蘊藏在農村庶民之間。在農村中養精蓄銳的武士興起，他們一方面力行日本的固有文化，一方面學習承繼古代的貴族文化，逐漸創造了新的文化。

第一節　院政與平氏政權

一、院政的開始

　　白河天皇仿照後三條天皇親政，於 1086 年突將皇位讓與年幼的堀河天皇，自為上皇（院）而開創院廳，一邊監護天皇，一邊掌握政治實權，開創了院政之路❷。上皇拉攏、歡迎斷然整頓莊園的國司（受領），在院的御所（皇宮）組織北面武士❸，收源平的武士為親信，加強院的權力，終於

❶　武士社會裡，一般稱從者為「家人」，鎌倉幕府由於表示對將軍的敬意，而稱之為「御家人」，其後御家人成為表示武士身分的名稱。

❷　院原指上皇居住之所，其後則指上皇本身，女院則是上皇的后妃等，與上皇享受同等待遇的場所。

在堀河天皇死後，正式施行院政。

院政原來始自企圖使自己的子孫繼承皇位，由上皇專制行使政治實權的政治形態，在白河上皇之後，鳥羽上皇、後白河上皇，約有百年連續不斷的採行院政。攝關家亟欲挽救其衰退之勢，乃與院相勾結。院政有院廳發出文書的院廳下文，以及傳達上皇命令的院宣，逐漸對一般國政具有政治效力。

三上皇虔誠的信仰佛教，成為出家的法皇，建造了大寺院與堂塔、佛像，舉辦盛大的法會，屢次參拜熊野與高野的佛寺。同時在京都郊外的白河與鳥羽，建造離宮，為了籌措費用，賣官鬻爵之風甚盛，政治紊亂益甚。

二、院政時期的社會

上皇的周圍集合一批富裕國司與后妃、乳母等院近臣，假藉上皇之力，爭取收益豐富的國司（官職）之任命。此際，知行國制度與院本身自行掌握的院分國的制度推廣，公領變成院與知行國主、國司的私領，構成院政的經濟基礎。

院政的另一經濟基礎是大量的捐獻莊園。尤其鳥羽上皇時代，不僅院的周邊有集中的莊園捐贈土地，有力莊園向貴族與大寺院的捐獻增加，享有不輸、不入之權的莊園日增，不入之權的內容，甚至擴大到排除警察權，而強化了莊園的獨立性。

大寺院亦擁有許多的莊園，以下級僧侶為僧兵而組織兵團，與國司相爭，或高抬神木與神輿，向朝廷「強訴」❹。畏懼神佛之威的貴族，無法

---

❸　警衛太上皇的親衛隊。

❹　興福寺的僧兵稱為奈良法師，捐獻春日神社神木的榊楊桐木，湧進京都「強訴」，延曆寺的僧兵稱為山法師，抬舉日吉神社的神輿強訴。指稱興福寺、延曆寺為南都、北嶺。倡言鎮護國家的大寺院這種不依法而訴諸實力抗爭的作法，實為院政時期社會的特色。

與大寺院勢力抗衡，乃利用武士充當警衛鎮壓，招致武士進向中央政界的後果。

各地的武士紛紛建造「館舍」❺，以加強宗族與地域的關連，其中尤其以奧羽地方陸奧平泉為根據地的藤原清衡勢力最大。奧州藤原氏三代前後百年，以黃金、馬等產品之豐富，並引進京都文化，培育獨自的文化而欣欣向榮。

院政時期，私人的土地所有制普及，院與大寺社、武士形成獨自的權力，權力遂廣泛的分化，於是有以實力推動社會的風潮。

三、平氏政權之興亡

1. 保元、平治之亂

作為武家首領的源氏，擴張其勢力於東國，在東國武士團之中，捐獻土地給源義家，以要求保護者日益增多，朝廷於倉惶中急加禁止。義家之後，由於內訌，勢力驟衰。代之而起的是，桓武平氏之中，以伊勢、伊賀為地盤的伊勢平氏。其中尤以平正盛，討滅出雲叛軍源義家之子源義親，正盛之子忠盛平定瀨戶內海的海賊有功，得到鳥羽上皇的信任，以武士作為院近臣而受重用。但伸張平氏勢力的則是忠盛之子平清盛。

1156 年，鳥羽法皇（上皇）死後，曾經為了皇位繼承而與法皇處於對立的崇德上皇，企圖奪回皇權。對此繼鳥羽法皇立場的後白河天皇，動員平清盛與源義朝等武士，發動先發制人的攻擊得勝。結果，崇德上皇被流放到讚岐（保元之亂）。

其後，實施院政的後白河上皇近臣間產生對立，1159 年，藤原信賴與源義朝結合，舉兵征討藤原通憲（清盛與黨），但被武力強勢的平清盛所滅

---

❺　這是武藝練習之場，也是防禦設施的一種城堡，同時具有農業經營骨幹的機能。這種建物乃是「寢殿造」加以簡化者。

（平治之亂）。

2.平氏政權

平治之亂後，清盛以武力支持後白河上皇而晉升，　對蓮華王院的營造有功，於 1167 年升任太政大臣。其子平重盛亦晉升高官，其威勢如日中天。平氏之所以能迎接全盛時代，實因各地武士團的成長。清盛將其一部分武士任命為莊園與公領的統制者——地頭，成功的將從畿內經瀨戶內海到九州西國一帶的武士組成「家人」。

圖 5–1　平清盛

另一方面，清盛將其女兒德子送進高倉天皇的中宮（與皇后同格），及至其子安德即位，即成為外戚。其經濟基礎乃是占全國約一半的「知行國」以及五百多所莊園，平氏政權顯然與攝關家相似，雖屬武士，卻具有強烈的貴族性格。

平氏自忠盛以來，傾力於日宋貿易，日本與高麗、宋朝之間的商船往來轉趨活潑，至十二世紀，當宋朝被北方女真人所建立的金朝壓迫而淪為南宋後，仍盛行通商。清盛順應此一趨勢，修築攝津的大輪田泊港（現在的神戶），以謀瀨戶內海的安全，同時極力招徠宋商人以推動貿易。

清盛積極推行對外政策的結果，宋船攜來許多珍寶、宋錢和書籍，對此後日本文化與經濟有很大影響，貿易利潤則是平氏政權的重要經濟基礎。

平氏推行官職獨占以擴大其統治勢力，卻受到被排擠的舊勢力強烈的反彈。尤其與後白河法皇近臣的對立加深，1177 年藤原成親等，在京都郊外的鹿谷，密謀打倒平氏失敗。

平清盛因領地歸屬問題，與攝關家、法皇發生爭執，因而發動軍事政變，進逼京都，監禁後白河法皇於鳥羽殿，脅迫上皇停止院政，並剝奪關

白以下多數近臣貴族的官職。以高壓手段，一手包辦所有國家機構，掌握政界的主導權（1179 年）。至此，清盛權力集中似已成功，但這種高壓手段，反而促使院與貴族、寺社、源氏等反對勢力的集結，導致平氏的沒落。

四、院政時期的文化

貴族文化進入此一時期後，採納了新抬頭的武士與庶民及其背後的地方文化，產生新鮮而豐富的因素。在不屬寺院的聖人與上人的民間傳教者努力下，淨土教思想廣泛傳播到全國。奧州藤原氏所建設平泉的中尊寺金色堂，與地方豪族所建阿彌陀堂與淨土教美術的傑作甚多。

搜集印度、中國、日本千餘則故事的《今昔物語集》，巧妙描寫武士與庶民的生活；描述將門之亂的《將門記》，描寫前九年戰役的《陸奧話記》等初期的戰記物語，均足顯示此一時代的文學對於地方動向與武士、庶民的關心。

第二節　鎌倉幕府的成立

一、武士階層的抬頭

平清盛監禁後白河法皇，直至 1180 年，始擁立其孫為安德天皇。在地方武士團與中央貴族、大寺院之中，開始對平氏專制政治不滿。看到此一情勢的後白河法皇，乃與皇子以仁王及畿內有勢力的源賴政，號召諸國武士，打倒平氏。

園城寺與興福寺的僧兵起而響應，被流放到伊豆的源賴朝與信濃的源義仲等各地武士團亦先後響應，內亂遂擴大到全國，紛爭長達五年之久。

平氏一度遷都到福原京，不久又遷回京都，加強畿內的統制，與叛軍對決。但由於畿內、西國為中心的饑荒以及清盛之死，平氏勢力驟衰。

1183 年，平氏在北陸敗於義仲，遂擁安德天皇流亡到西國。不久復受義經等軍的攻擊，經過幾次戰役，最終於 1185 年在長門壇之浦 (Dannoura) 決戰敗亡❻。

　　平清盛建立的平氏政權，是從天皇制貴族政治向幕府制度的武家政治過渡的政權形態。平氏政權實顯示武士階層作為政權基礎的萌芽，成為以後長達七百年之久的武家幕府統治的前奏。

二、鎌倉幕府的成立

　　在反平氏勢力中，東國武士團集結於源氏嫡系的賴朝之下，成為最大的勢力。賴朝於舉兵後不久，以相模的鎌倉為根據地，致力確立主從關係，統制關東莊園與公領，保障御家人的領地支配。1183 年，在平氏逃離京城之後，與京都的後白河法皇交涉，取得東國統治權。翌年，賴朝在鎌倉建立行政機關——公文所，與司法機關——問注所 (Montyujo)，分別掌管財務、庶務和御家人領地的訴訟，鎌倉政權初具規模。

　　1185 年，平氏滅亡後，法皇為了牽制日趨強大的賴朝，命其胞弟義經追討賴朝❼。賴朝乃進逼京都壓迫法皇，取得在諸國任命守護、地頭，以

圖 5-2　源賴朝

----

❻　壇之浦決戰是源平生死之戰，平氏敗戰，連同其所挾持的安德天皇與象徵皇位正統的神器（玉劍）均沉沒海中。

❼　賴朝在壇之浦決戰中取勝，功在其弟義經，但他不僅未予重賞，反而沒收其莊園，甚至禁止其返回故里。

及統治諸國之權，由是得以掌握各地軍事、警察、徵稅和土地官吏的重要權力。並推薦親鎌倉的十名公卿，參與朝政，甚至派遣京都守護，監視朝廷的活動。在九州大宰府設置「鎮西奉行」，管轄九州的御家人。旋又親自率軍征服奧州（東北）地方。至此，其勢力乃擴及於全國，確立了武家政權鎌倉幕府的地位。

1190 年，賴朝晉升為右近衛大將，1192 年，後白河法皇死後，被任命為「征夷大將軍」❽。至此，日本史上第一個武士政權鎌倉幕府正式成立。

鎌倉的中央機關有統制御家人的侍所 (Samuraidokoro)，掌管一般政務與財政的政所 (Mandokoro)，司裁判事務的問注所，由京都招聘的下級貴族為主的親信輔佐將軍賴朝❾。

地方則置守護與地頭。守護是幕府委派到各地的地方官，負有鎮壓叛逆、指揮御家人，輪流守護京都皇宮、管轄寺社等行政事務❿。地頭是幕府安插在莊園的官吏，掌管莊園的土地管理、徵收租稅、維持治安⓫。

---

❽ 所謂幕府，原是指出征中的將軍，鋪裝帳幕（帳蓬）在其中裁決軍務，日本則用之於近衛大將與征夷大將軍的中國式稱呼，引申為武士首長所建立的政權。征夷大將軍原是征討蝦夷的臨時職位的將軍，自賴朝被任命以後，逐漸成為意指武士統率者地位的官職。

❾ 侍所的長官為東國御家人和田義盛，公文所（其後擴充，改稱政所）長官為大江廣元，問注所長官為三善康信，均為貴族出身。

❿ 守護以「大犯三條」等為其任務。所謂大犯三條，乃是授予東國的御家人，擔當天皇、院御所警備的京都大番役的催促、叛徒、殺人犯的逮捕，均屬維持守護職務中最重要的任務。京都守護因其與朝廷的關係而受重視，其後改稱「六波羅探題」，統轄西國的御家人。此外，九州設置鎮西奉行，統制此一地域的御家人，並掌握大宰府的實權。

⓫ 地頭在平氏政權下亦有一部分設有此一官職，但沒有一定的待遇，只是依據各地的慣例，賴朝乃將其職務明確化，並將其任免權從國司與莊園領主改隸到幕府之手。

三、幕府初期的政治

　　幕府統治的根基是將軍與御家人之間的主從關係。所謂御家人，大多是與賴朝有主從關係的地方豪強。彼此間的主從關係是以封建道德的「忠」、「信」為基礎。將軍為「主人」，對御家人要守「信」，保障世襲領地統制，財產不受侵犯，或按戰功賜予領地。領受這種恩惠的御家人，對將軍盡「忠」，戰時盡軍役的責任，平時則服京都大番役等❶，無條件服從將軍（從者奉公）。這種透過土地的賜予，主人與從者以賜恩與奉公的關係相結合的制度稱為封建制度❸。鎌倉幕府即是基於這種封建制度而成立的政權。經守護、地頭的設置，日本始成為封建制度的國家。

　　幕府與朝廷之間的關係，依新制的朝廷法令與宣旨規定❹，朝廷與幕府具有統治者的共通性。幕府透過守護、地頭維持全國的治安，處置不納地租的地頭，一方面協助朝廷的統治，並統制莊園與公領。但因京都的朝廷與貴族、大寺社為中心的莊園領主勢力猶存，無論政治或經濟，仍具二元統治的特徵。朝廷尚有任命國司，統轄全國一般行政之權，仍以貴族、大寺社作為國司與莊園領主，掌握多數土地的收益，其下亦多不屬幕府統制的武士。

　　鎌倉幕府的經濟來源主要依靠將軍自身擁有的「知行國」、皇室賜與原屬平氏所有的五百餘所莊園的將軍領地（關東御領），以及幕府任命御家人擔任地頭的莊園。領地均由將軍的御家人管理，將軍實際上就是一個最大的莊園領主。莊園制仍然是鎌倉幕府的經濟基礎。

---

❶　鎌倉番役乃是東國的御家人擔負幕府警護之責任。

❸　日本的封建制度乃是經由土地的授予，主從之間的賜恩與奉公關係的統治階級內部的法秩序而形成。

❹　宣旨即傳達天皇之命的公文書。

第三節　武士的社會

一、北條氏的抬頭

　　幕府政治在優秀領導者賴朝的將軍獨裁體制下運作自如，但賴朝死後，年幼的賴家（賴朝長子）缺乏統馭御家人的才能和權威，且用人不當，引起關東武士的不滿。同時在有力御家人之間，為了政治主導權發生激烈的紛爭，很多御家人因而滅亡。在其中伸張勢力的是伊豆官吏出身的北條氏。

　　1203 年，賴朝之妻北條政子之父北條時政，廢將軍賴家，擁立其弟實朝，掌握幕府實權。時政的官位稱為執權❶，旋由其子義時繼承。義時滅亡「侍所」長官和田義盛，身兼兩職（任政所與侍所長官），集幕府軍政大權於一身。此後，執權一職均由北條氏世襲。

二、承久之亂

　　京都的朝廷，面臨幕府的成立與勢力的擴大，於是有朝廷政治改革之舉。其中心乃是後鳥羽上皇。上皇將分散的廣大皇室領地莊園掌握在手中，同時新設「西面武士」❶，以增強軍事力，強化院政，以與幕府對決。1219 年，義時嗾使源賴家遺子公曉為父報仇，殺死源實朝，然後再以其殺害將軍罪名處決公曉。至此，源賴朝的子孫全被消滅，幕府迎接攝關家或皇族幼子為傀儡將軍，實權則操在北條氏一族之手，形成執權政治體制的北條氏專權。

　　1221 年，後鳥羽上皇拉攏畿內、西國的武士、大寺院的僧兵、一部分

---

❶　意即取代將軍掌握政治權力。

❶　駐於「院宮」之西部，負責警衛太上皇之院宮。

反北條氏勢力的東國武士，舉
兵追討北條義時。但一反上皇
的期待，大多數東國武士卻集
結於北條氏之下。幕府派軍攻
擊京都，北條氏獲得壓倒性的
勝利（承久之亂）。

圖 5-3　後鳥羽上皇

　　亂後，幕府介入皇位的繼
承，同時新設六波羅探題於京
都，充當朝廷的監視、京都內
外的警備，以及西國的統轄，
並沒收支持上皇的貴族、武士
的領地三千餘所，任命有戰功
的御家人為地頭。幕府的勢力由是滲透到畿內、西國的莊園、公領，此後
朝廷雖仍有很長一段時間實施院政，但因此次亂事，朝廷與幕府之間二元
的統治狀況產生變化，幕府立於優勢，於是開始干涉皇位的繼承與朝廷的
政治❼。

三、執權政治

　　承久之亂後的幕府，在第三代執權北條泰時的指導下，進入鼎盛時期。
泰時設置輔佐執權的連署，任命有力北條氏充當，接著選擇有力御家人與
擅長政務的十一人為「評定眾」，以與執權、連署共掌幕府最高政務與裁判
任務，實施合議制政治。

　　1232 年，泰時制定「御成敗式目」（「貞永式目」）五十一條傳示御家

❼　幕府在京都設置「六波羅探題」，監視朝廷，並管理近畿、西國一帶的行政與司
　　法。此後，皇位的繼承需得幕府的同意，連制定年號亦無權自專。

人。「式目」乃是基於賴朝以來的先例、稱為「道理」的武士社會的常規、道德，訂定守護與地頭的任務與權限，明確規定公平裁判御家人之間、解決御家人與莊園領主之間紛爭的基準，成為武家最早有體系的法典❸。

這與以幕府的勢力範圍為對象的「法式條目」同樣，在朝廷支配下尚有律令系統的「公家法」，莊園領主之下「本所法」，均各有其效力。但隨著幕府勢力的發展，注重公平裁判的「武家法」日益推廣，「公家法」與「本所法」所及的土地，「武家法」亦逐漸發揮其效力。

合議制的採用與「式目」的制定，確立泰時執權政治隆盛的政策，為其孫北條時賴所繼承。時賴在評定眾會議下，新設「引付 (hikituke)」，任命「引付眾」，專司御家人相關的訴訟，致力確立迅速而公正的裁判制度。

另一方面，時賴又將前將軍藤原賴經遣返京都，擁立年幼的賴嗣為將軍。1247 年，滅亡三浦泰村，鞏固北條氏的地位。同時要求朝廷刷新政治，改革制度，後嵯峨上皇遂亦設置評定眾，幕府由是增強其對朝廷內部的影響力。不久幕府迎接了取代藤原將軍的皇族（親王）將軍，執權政治在時賴之下乃更強化，同時加強北條氏的獨裁體制。

基於「評定眾」的合議，以決定重要政務，裁決訴訟這種執權政治的基本性格，到時宗時發生顯著的變化。時賴執政時，已在評定之外，於其私邸開會商議重要政務。至時宗時，則由北條氏、評定眾及得宗（北條氏的「總領」）的直屬武士等合議，實行集體統治，實質上剝奪了評定眾的權限，評定眾的地位遂有名無實。

在得宗集權專制的過程中，得宗的「被官」（直屬武士）與一般御家人形成尖銳的對立。1285 年，協助執權時賴剿滅三浦氏有功的御家人首領安達泰盛興亂被殲滅❹，數年後，平安達氏有功的平賴綱亦被殺，此後成為

---

❸　就內容與羅列方式而言，此一法典並不完備。它屬於武家的法典，但比起「律令」來，「法式條目」的規模較小，文句較平易，頗能表現一種不拘形式的武士精神。

❹　安達氏為有力御家人，且為得宗家外戚（其女嫁時宗為妻）。此次亂事代表當時御

貞時的獨裁。得宗家一方面消除異己，一方面獨占要職，總攬幕政，同時掌握諸「國」守護，以圖全國性的統制。其後由於幕府內鬥，得宗家的專制愈形強化，執權政治全被否定，幕府的機關當更有名無實。專制政治的強化，產生新的不滿與反抗，幕府政治日益動搖。

四、御家人的社會結構

御家人武士階層可分為以下三種：一是名主、地主階層；二是統屬第一階層，而居莊官地位的領主層；三是承繼前代私營田領主，擁有廣大領地的豪族領主階層。一般而言，御家人概屬第二階層，畿內西國亦有屬第一階層的。第三階層則是將第二階層加以組織，為幕府成立的主力，以東國的有力御家人居多。

御家人大都在農村經營領地，組織武士團。就御家人的繼承制度而言，諸子均有繼承領地與財產之權，嫡子則繼承一家領地的最主要部分，並統制全族，同時代表族人承擔對幕府的義務。總領對庶子的統制，主要是軍事統率權與領地處分權，而武士團的同族結合則稱為總領制。

御家人的生活主要靠領地，但由於繼承分割而有愈分愈細的傾向。御家人之中，隨著貨幣經濟的發達，買賣或典當領地者日增。幕府乃於 1240 年，禁止御家人出售領地，1267 年，頒令禁止讓與他人領地，以防止御家人領地減少。到了 1297 年，頒發「德政令」，使御家人得以無償取回數十年前所變賣、典當的土地。但此一政令只能救急於一時，反而招致經濟的混亂，以及幕府威信的喪失。甚至對御家人的金融融通之路亦被斷絕，且又無法防止御家人的增加，御家人體制的基礎乃日益危殆，因此，一年後即被廢止。

幕府採取一種透過總領統制族人，以支配武士的政策，但武士的族人

家人勢力的泰時，與代表新抬頭的直屬家臣平賴綱的衝突，稱之為「霜月騷動」。

結合形態亦有變化，御家人體制從此發生動搖。蓋庶子既能獨立擁有領地，於是逐漸脫離總領而獨立行動。當蒙古襲日時，即允許九州御家人的庶子獨負警衛任務。不僅如此，守護與管領「國」內御家人之間的關係，亦超越其基本職權——軍事指揮統率關係，而產生實質上的統治關係，違反了幕府原有的體制，御家人體制因而發生動搖，雖有得宗的專制政治以為肆應，終究無法防止其崩潰。

五、武士與土地的統制

企圖自行擴大統治權的武士，常為了年貢的徵收，境界的爭執，與莊園、公領、領地近鄰的武士發生糾紛。尤其承久之亂以後，畿內、西國地方很多被任命為地頭，東國出身的武士，亦在各地擁有新的領地，因此為了統治權問題紛爭擴大。幕府不得不致力於確立公正裁判制度，以資因應。

此一時期的武士仍承接開發領主的系統，擴大其領地。他們選擇接近河川的高地建「館舍」，周圍挖堀渠道而居。館的周邊設置不需地租與徭役的直營地，使用「下人」與領地內的農民耕作[20]。同時進行荒野的開發，自任地頭管理土地，向農民徵收地租，向國衙與莊園領主繳納稅賦，並取得加徵米作為固定收入。他們原則上分給同族子弟領地分割繼承[21]，各自在宗族的血緣統制下，擁宗家（本家）為首，而服從其命令。

武士的生活極為樸素，為了自我防衛，必須武藝兼備，時常作各種武藝訓練。從他們日常生活之中所產生的「武家之學習」或「兵士(Tuwamono) 之道」、「弓馬之道」等道德，是以重武勇，對主人的獻身，尊重一門、一家的榮譽精神，知恥的態度等為特徵，成為後世武士道的起源。

---

[20] 下人 (genin) 是身分低的人（賤民）。

[21] 當時的家族制度，女性的地位較高，繼承之際，享有與男性同等分配財產之權，甚至有女性任御家人或地頭之例，結婚形態亦以出嫁方式為多。

第四節 蒙古襲日與幕府的衰退

一、蒙古襲日

在鎌倉幕府之下，日宋間並未建立正式邦交，但平氏政權積極海外通交後，與宋之間的僧侶、商人往來極盛，日本被編入以宋為中心的東亞通商圈內。

十三世紀初，蒙古高原出現了成吉思汗，統一蒙古民族，征服中亞到南俄的廣大地方。繼承者更遠征歐洲，滅亡金國，建設跨越歐亞兩大陸的大帝國。成吉斯汗之孫忽必烈，為了統治中國，遷都到大都（北京），定國號為元，並使高麗服屬，對日本屢次強制要求朝貢。

幕府的執權北條時宗加以拒絕，元朝乃派遣包含高麗軍在內約三萬軍隊，於 1274 年，攻擊對馬、壹岐，登陸九州北部的博多灣。早就有警戒的幕府，動員九州地方擁有領地的御家人應戰。面對元軍的集團戰與優異的武器，以一對一戰術為主的日軍陷於苦戰，但元軍的損害亦大。適遇暴風

圖 5-4 蒙古襲日

雨，元軍被迫撤兵（文永之役）。

　　其後幕府仍作再度來襲的防備，在博多灣岸九州北部要地，加強御家人警備的「異國警固番役」❷。滅亡南宋的元朝，企圖再度征服日本，於1281年，派遣大軍進逼九州北部。但在博多灣登陸被阻，其間適又發生暴風雨，軍勢大損，再度敗退（弘安之役）。兩次元軍襲日，稱之為蒙古來襲（元寇）。

　　元軍再度襲擊日本失敗，原因固應歸諸被元朝征服的高麗與南宋人的抵抗❷，但在幕府統制下，九州地方武士的善戰亦有關。

　　元朝後來仍有征服日本的計畫，幕府始終未鬆懈警戒態勢，依然動員九州地方的御家人防範。除御家人之外，亦從朝廷取得動員全國莊園、公領武士之權，並以蒙古襲日為契機，加強西國一帶的幕府勢力。尤其九州的博多，派遣北條氏為鎮西探題，充當九州地方的政務與司法以及御家人的指揮。

二、社會的變動

1. 莊園的變質

　　蒙古襲日前後，農業日益發達。近畿與西日本一帶麥的「復作」（一年兩次收穫）普及。肥料所使用的是山野的草木，並利用鐵製農具與牛馬進行農耕。

　　莊園與公領的中心地與交通要地，寺社的門前等，有叫賣產品的定期市，每月三次的市（三齋市）亦多。地方市場則多當地特產品的買賣，且出現從中央運來紡織品與工藝品的小販。

---

❷　在博多灣沿岸構築石造防壘（石壘）。

❷　高麗經過三十餘年的抵抗始服屬於蒙古，此後仍不斷有抗爭。忽必烈利用高麗與日本交涉，攻擊日本，高麗對元朝繼續抵抗，當成為遠征日本的障礙。舊南宋勢力與越南亦有抵抗的趨向，這也是第三次侵攻日本不得不放棄的主因。

京都、奈良、鎌倉等中心都市，有專門處理高級品的手工業者與商人
的聚合，除定期市之外，有常設的零售店。這些工商業者，早在平安時代
後期，已結成同業者團體的「座」，他們成為奉仕天皇家的御用商人，或依
賴貴族、大寺院的保護者權威，取得販賣與製造的特權。

連結偏遠地區的商業交易亦盛，各地的港埠與大河川沿岸的交通要地，
以商品的轉運與委託販賣或運搬為業的「問丸」發達❷。買賣的手段，已
使用貨幣以代替米等實物，但主要使用輸自中國的宋錢。偏遠地區間的交
易則使用期票作為金錢代用的匯票。

莊園的一部分有地租繳現。對於莊園領主與地頭的壓迫，農民展開集
體的訴訟，集團逃亡之例增多。

2.惡黨的產生

隨著社會與經濟的變動，鎌倉時代中期、末期，政治上的大問題，是
「惡黨」（地方上不屬御家人的新興武士）對幕府及莊園領主的反抗。

中小御家人日趨沒落，另一方面，卻產生能掌握經濟情勢的轉變而擴
大勢力的武士。尤其近畿地方，與莊園領主對抗的地頭與非御家人的新興
武士，訴諸武力拒絕繳納地租，抵拒莊園領主。

惡黨的行動乃在破壞莊園制這一既有的秩序，也是對於基本上承認此
一秩序，並以御家人體制為基礎的幕府權力的反抗。惡黨的發生，本身就
是莊園制變質所產生社會變動的反映。

惡黨的特性因地域而異，在莊園領主統制衰退的邊境地區，出現御家
人階層內部總領與庶子之間的對立，結合庶子階層為中心的小領主階層，
成為對總領的對抗——幕府統治體制的反抗勢力。在畿內為中心的先進地
區，卻出現出身新興名主的在地小領主階層的結合。他們以同族血緣結合
為中心，形成一種含有御家人與非御家人地緣的結合，超越莊園範圍而活

---

❷　起初從事水上運輸的仲介業，旋兼年貢米的保管與販賣等，發展為批發商。

動。他們行動的特徵乃在以武力組織，從事暴力行動，反抗莊園領主，這與一些以有力名主為中心的農民階層的抗租，有密切關連。幕府當然嚴厲加以取締，但到了鎌倉末期，惡黨更為猖獗。

三、幕府的衰亡

在生產與流通經濟顯著的發達與社會的大變動之中，幕府面臨很多困難。幕府雖取得了對元戰爭的勝利，但戰爭卻對日本產生相當深刻的影響。不僅戰時及戰後，為了防範再度來襲而加強軍備，耗資巨大，造成幕府沉重的財政負擔，但最嚴重的是，幕府無法充分給予御家人恩賞。蓋已不可能像過去亂平之後賜與有功武士土地，由是必然動搖由「奉公」取得「恩賞」的御家人制度的基礎。喪失御家人信賴的結果，出現了脫離幕府的領主與破產的御家人。在不斷地「分割繼承」中，領地日益細分，加上被捲入貨幣經濟發展的漩渦中而日益貧窮❷。

第五節　鎌倉文化

一、鎌倉文化的特色

鎌倉時代雖武家政治取代貴族政治，但貴族（公家）文化仍未立即衰落。呈現傳統的公家文化與新興「武家」文化的對立。

著重情緒的、形式的貴族文化，仍以京都、奈良為中心，保持固有的傳統，但已喪失其創造性。武家文化則顯現堅強的積極性，具有創造新文化的氣魄。產生新文化的背景之一是，地方出身的武士樸素而實質的風氣影響文學與美術相當大。另一是往來日宋間的僧侶、商人，加上因蒙古侵入中

---

❷　隨著此一趨勢，女性的地位開始有下降之勢。賦與女性的財產日少。

國而亡命來日的僧侶，帶來南宋與元朝文化，注入新的文化氣息。

在創造文化的過程中，武士與民眾扮演了積極的角色，新佛教與神道之興起以及藝文作品之對象無不以武士與民眾為主體。

二、鎌倉新佛教

武士勢力提升，貴族勢力驟衰，在在反映在文學與佛教上。貴族佛教式微，產生與貴族佛教迥異的民間佛教信仰。

法然是開創新宗派的先驅，他創立「專修唸佛」的淨土宗，認為末世並無救贖之道❷，只需口誦阿彌陀佛，即可往生極樂淨土。這種教義為那些沒有造佛建寺財力的貧困民眾或無暇學習的庶民開拓一條往生之路（大眾化佛教）。此宗極適於當時社會民心，因此不分貴賤，信徒畢集。

法然門下親鸞，親自深入各地農村，與民眾接觸，這種否定階級差別，提倡萬民平等福音的教義乃更加深化。他倡導「惡人正機說」，推動淨土教到農民與武士，形成淨土真宗（一向宗）。這種新宗教最大的意義乃在自覺信仰的自由與脫離國家而獨立。因此受到與國家權力勾結的舊佛教團非難，且遭受彈壓❷。但地方武士與庶民的信仰卻反而更為廣泛。

當時在關東擁有很大勢力的是禪宗。禪宗乃是十二世紀末渡宋的天臺僧榮西，傳到日本。榮西亦精於密教的祈禱，接受公家與幕府有力者皈依，被尊為臨濟宗的鼻祖。禪宗是以坐禪自我鍛鍊，接近釋迦的境地，其「自力」主知與武士的克己精神有相通之處，武士多信仰，因此，幾乎成為武家的佛教。其後更因宋元名僧來日，臨濟宗的禪學更為發達。在與幕府加強連結的禪宗之中，唯有道元深居山中開拓曹洞宗，堅持專心坐禪。學自榮西弟子的道元，更渡南宋學禪，專述坐禪之教❷。幕府重視臨濟宗，於

---

❷　參閱第四章註❸。

❷　法然與其弟子親鸞都被流放到土佐、越後等地。

❷　臨濟宗、曹洞宗之名，實來自中國宗派開祖而來。臨濟宗於坐禪之中，一一解決

鎌倉先後建築建長寺、圓閣寺等大寺。

　　大約同時，以古來的法華信仰為中心，創了新的救援之路的是日蓮。
起初，學習天台宗的日蓮，選擇《法華經》為釋迦的正教，以唱題目（南
無妙法蓮華經）而得救。以鎌倉為中心，激烈的攻擊其他宗派，預言國難
之將至❷，以推進其布教，因而受到幕府的迫害，但以關東的武士階層與
工商業者為中心而推廣。

　　受新佛教競起的刺激，舊佛教亦有革新運動。鎌倉時代之初，法相宗
的貞慶與華嚴宗的高弁，注重戒律，傾全力於南都佛教的復興。

三、中世學術與文藝

　　自平安時代末期以來，公家的學術已成為一家的世業，學術內容僵化
而沒有新的發展，唯有鑽研《日本書紀》、《萬葉集》與《源氏物語》等古
典註釋研究而已。及至鎌倉時代末期，禪僧傳入宋學，始注入新的活力。
社會的變動與末法思想，促使沒落的貴族文化出現多樣性。

　　文學的世界亦開始出現新的氣象。出生於武士家的西行，出家周遊諸
國，歌詠清新的秀歌，留有歌集《山家集》。《方丈記》作者鴨長明，倡說
人間與社會轉變，所有一切都是空。承久之亂前夕，探索歷史的原理，試
對歷史作有道理解釋的《愚管抄》（慈圓著），展現對當時淨土往生心願的
佛教思想。

　　和歌的領域裡，勅撰《新古今和歌集》，承襲平安時代的傳統，頗具技
巧表現的匠心，顯現觀念之美。這種作風在貴族之間廣泛的流傳，誕生了

　　師父所提示的問題，以達領悟為主要目標，曹洞宗則是專心致志於坐禪（只管打
　　坐）以體驗領悟的境地。
❷　日蓮宗教義仍含許多舊佛教的因素，具有鎮護國家的意涵，倡言政治應遵行「正
　　法」（《法華經》教義），否則將受外來的侵略，猛烈抨擊不遵正法的幕府，後因蒙
　　古襲日，預言言中，傳教愈熱心，卻觸怒幕府而被流放。

許多優秀的歌人。

此一時代的文學之中，最具特色的是以戰爭為題材生動描寫武士的「戰記物語」。其中以平氏興亡為主題的《平家物語》最膾炙人口❸。

貴族之間，由於對過去的懷古與尊重，研究朝廷的儀式、先例的「有職故實」之學與古典的研究盛行❸。此一時代末期，傳來宋朝朱熹所建立的儒學——宋學（朱子學）。其中大義名分論的影響甚大，且為後醍醐天皇為中心的倒幕運動之理論根據。

四、藝　術

在藝術領域，興起了新的變革。其契機是源平爭亂而燒毀的奈良諸寺的復興。作品仍多沿襲平安時代的風格，具有武士社會特有的作風，但受到宋文化的影響，有寫實遒勁的樣式。

鎌倉時期的建築、雕刻、繪畫等藝術，是佛教創新和復興的充分體現。建築方面，淨土宗僧重源仰賴捐贈資金，周遊各地，成為化緣上人，重建東大寺南大門。此時採用的是「大佛樣」的建築樣式，具有豪放、雄偉的特色。至鎌倉中期，從大陸傳來禪宗樣式（唐樣）。組合纖細的建築材料，顯示整然有序的美麗為其特色，使用於圓覺寺舍利殿等禪寺的建築。又有從大陸傳來新樣式構築法的一部分，加上平安時代以來日本柔軟之美為特色而滲入日本式的折衷樣式。

隨著奈良諸寺的復興，奈良佛師（做佛像的師傅）運慶等，開始製造肖像雕刻。承繼奈良時代雕刻的傳統，創造新時代精神的強力寫實性，表現豐富人情味的特色。

繪畫亦相當高超。平安時代末期，為畫卷、肖像畫的全盛時期。題材

---

❸　這是以源平二氏的興亡為主題，注入武家的剛毅人生觀和佛家的無常厭世觀，以漢字、佛語、假名混雜的文體所敘述。

❸　自古以來，有關朝廷與武家的禮儀、典故、官職、法令規章。

擴及寺社緣起、高僧傳記以及武士與庶民等各階級的生活。

　　書道方面，此一時代傳來的是宋元的書風，以平安時代以來的「和樣」（日本式）為基礎，採用宋朝強勁的書法，創始「青蓮院流」。

　　至於工藝，因武士的需求，甲冑與刀劍等武器的製造更為精緻。受到宋元的強烈影響，各地陶器的生產頗為發展，尾張的瀨戶燒尤為著名。

第六章
武家社會的成長

概　論

　　皇室原欲乘鎌倉幕府衰微之際，收回政權，一時奏效，進入建武中興。但不久復歸失敗，成為南北對立五十餘年的時代。經過這一時代，足利尊氏任將軍，奠定室町幕府的基礎，成為征夷將軍第二個武家政治時代。但室町幕府與鎌倉幕府不同，蓋其基礎薄弱，自始即苦於地方上守護大名的叛亂。

　　鎌倉時代的守護，經過南北朝的動亂，其政治、經濟地位均已提高，其領地則已成為將軍具有全部領主權的封祿之地。幕府的基礎即建立在這些守護大名的勢力均衡之上。一旦有事，幕府地位即發生動搖。

　　經南北朝動亂，戰國紛爭過程，公家與寺社等舊公家政權的經濟、社會基礎莊園領地，受到守護大名以下武士的侵蝕，鄉村制的展開，農民、土豪階層的反抗，已徹底的崩潰。室町幕府亦在激烈的下剋上（以下犯上）風潮中，逐漸喪失其權威，及至應仁之亂一起，幕府政權日趨衰微，地方上群雄並起，遂成為戰國爭亂之世。

第一節　室町幕府的成立

一、鎌倉幕府的滅亡

幕府擁立的後嵯峨天皇，執掌院政長達二十數年，公家和武家的關係極為和諧，為鎌倉時代最安定的公家政權。但後嵯峨天皇崩逝後，幕府對皇位繼承未表示意見，皇統遂分成繼承後深草上皇系的持明院統與繼承龜山天皇系的大覺寺統兩派，互爭皇位不已。幕府屢執調停之勞，結果，採取兩統輪替繼承皇位的方式（兩統迭立）作為因應。但雙方鬥爭不絕，皇室與公家分成數派，展開一連串激烈的抗爭。

大覺寺統的後醍醐天皇，為了鞏固皇位，廢止院政，實施天皇親政。積極推動政治改革，進行倒幕計畫，但因消息洩露而失敗（1324 年）。1331 年再度陰謀舉兵，事洩，後醍醐天皇被捕，於翌年被放逐到隱岐。幕府改擁持明院統的光嚴院即皇位。

但後醍醐天皇的皇子護良親王與反幕武士團楠正成串連，集結惡黨蠭起，與幕府軍對抗。不久後醍醐天皇亦從隱岐脫逃，各地響應天皇號召的勤皇軍漸起。幕府軍派遣御家人足利高氏迎戰，足利卻陣前倒戈，攻擊六波羅探題，攻陷鎌倉。享祚一百五十年的鎌倉幕府終歸滅亡（1333 年）。

二、建武新政

1333 年，鎌倉陷落後，後醍醐天皇立即回到京都，廢止鎌倉幕府所擁立的光嚴天皇，嗣又廢止院政，恢復攝關以前的政治形態。翌年，改年號為建武（建武新政）❶。

---

❶　天皇為了顯示其權威，計畫建造大內裡（皇居），企圖發行銅錢、紙幣，以籌措建

天皇親政下，否定幕府，廢止院政、攝政、關白，企圖實施天皇的專制。首先訂定法令，規定所有土地所有權的確認，必須以天皇的諭旨為條件。但現實上，僅依靠天皇之力似乎無法統治，於是在中央設置記錄所（裁判），雜訴決斷所等，並在諸國併設國司與守護。在東北、關東地方則置陸奧將軍府、鎌倉將軍府。由此官制觀之，實含有極濃厚的公家與武家兩種官制的折衷色彩。

天皇中心的新政策，由於無視於過去武士社會的慣例，引起多數武士的不滿與抵抗，且急就章的政治機構與內部複雜人際關係的對立，招致政務的停滯與社會的混亂。

在此情況下，出身源氏名門的足利尊氏，意圖密謀起事，重建武家政權。1335 年，乘北條高時之子時行叛亂占領鎌倉之際，領軍進逼關東，公然反叛新政權。旋即占領京都。翌年年底，後醍醐天皇被迫讓位，建武新政僅三年即告終。

三、南北朝的動亂

1336 年，壓制京都的足利尊氏，擁立持明院統的光明天皇，在開創幕府的目的下，發表政治方針「建武式目」❷。後醍醐天皇遂逃出京都，占據吉野山中，主張正統皇位。至此，吉野的南朝（大覺寺統）與京都的北朝（持明院統）對立，開始此後約六十年南北朝的動亂。其實京都的北朝朝廷，在足利氏新建的武家政權——室町幕府嚴密控制下，僅擁有極有限的警察和裁判權。因此，南北朝的對立，實際上可說是志在恢復王朝政權的吉野朝廷，與室町政權的抗爭。

設經費。

❷ 此一式目據說是仿自聖德太子的憲法十七條。與其說是施政大綱，毋寧說是足利尊氏表明心跡於天下的宣言。此由其後來沿襲鎌倉幕府時代的法令「御成敗式目」即可窺知。

圖 6-1　足利尊氏

南朝方面，在動亂初期，因楠木正成等戰死而陷於不利，但以北畠親房為中心，在東北、關東、九州等地建立據點，繼續抵抗。北朝方面，1338 年，足利尊氏被任命為征夷大將軍，與弟足利直義分掌政務。但支持漸進派直義的勢力，與尊氏的執事（總管）高師直為中心的急進派勢力對立轉趨激烈，復因皇位繼承問題糾葛，終於 1350 年發生武力衝突。抗爭在足利直義敗死之後仍然繼續不斷，足利尊氏派（幕府）、舊直義派與南朝勢力的三者爭鬥不斷，達十年之久。動亂之所以長久而遍及全國的原因，主要是因為鎌倉時代後期開始的「惣領制」解體。蓋武家社會本家與分家各自獨立，家中由嫡子繼承全部的領地，庶子從屬於嫡子的單獨繼承成為常態。這種變化，引起各地武士團內部的分裂與對立，一方袒護北朝，則另一方就支持南朝，動亂遂更擴大。

倚恃天險之地吉野為根據地的南朝，依靠紀伊熊野的水師，反抗興福寺的大和土豪，雖一度壓倒幕府軍，但南朝本身軍力終究侷限於一隅，在新田義貞等人戰死後，南朝形勢遽衰。最後在幕府權力的統一與強化之下宣告結束。

四、室町幕府的成立

1336 年，後醍醐天皇的新政宣告結束。足利尊氏制定「建武式目」，揭示施政的根本方針，開始了足利尊氏建立的室町幕府統治❸。

---

❸　足利幕府即室町幕府。足利尊氏初於京都高倉設政廳。至 1378 年，第三代將軍足

　　室町幕府的組織，基本上仿照鎌倉幕府的官制，略加變化而成。中央設立政所、侍所和問注所等，分別由足利尊氏家族擔任長官。不設執權，而改設「執事」，輔佐將軍處理政務，但無實權❹。

　　地方上，在鎌倉設關東管領，東北、九州等地設探題。並委任守護大名控制各地軍政大權。足利氏正是依靠這種同族的聯合，以鞏固其統治。足利尊氏特別重視鎌倉幕府基礎的關東，使其子足利基氏為鎌倉「公方」❺，開創鎌倉府，統制東國。此後鎌倉公方為基氏的子孫所繼承，輔佐鎌倉公方的關東管領由上杉所世襲。鎌倉府的組織與幕府大略相同，權限亦大，儼然小幕府，因此常與京都的幕府發生衝突。

　　南北朝之亂，在足利尊氏之孫足利義滿就任第三代將軍時，逐漸平靜，幕府迎接了安定的時代。義滿於 1392 年，與南朝交涉，實現了南北朝的合併，成功的終結了內亂。義滿又將全國工商業中心，政權的所在地京都的市政權，課賦諸國「段錢」等❻，過去一向為朝廷保持的權限，收於幕府的管轄之下，確立了全國性統一政權的幕府。

　　義滿以將軍之名，首次晉升為太政大臣，在出家之後，亦在幕後發號施令。義滿極力壓抑在動亂之中增強勢力的守

圖6-2　足利義滿

　　利義滿在京都室町建造豪華的「花之御所」為邸宅和官廳，稱為「室町殿」，故有室町幕府之稱。

❹　室町幕府與鎌倉幕府比較，前者將軍大權在握，政事均親自裁決，不像後者，自北條氏執權以來，將軍都是徒擁虛名。

❺　亦稱關東公方，「公方」有時代表幕府或鎌倉府的首長。

❻　依田地每段（一段為十畝，等於九點九一七公畝）課賦的地租。

護，並滅亡山名氏、大內氏等「外樣」的有力守護，致力削減其勢力❼。

　　管領由足利氏同宗的細川、斯波、畠山三氏（三管領）交替任命。京都內外的警備與刑事裁判的侍所長官，亦由赤松等四氏（四職）包辦。這些有力守護在京都決定重要政務，負責幕政的運作。一般的守護、領國亦由「守護代」統治，本身則在京城，出仕幕府為原則。

　　幕府盡力養成支持將軍權力的軍事力，將自古即為足利氏的家臣、守護、有力地方武士集合，編成所謂「奉公眾」的直轄軍。直轄軍通常駐紮京都護衛將軍，或被委任為分散諸國的將軍直轄領「御料所」❽，盡其作為牽制守護的任務。

　　幕府的財政則依靠直轄領的收入，守護的分攤、對地頭、御家人課賦的稅收。此外，徵收京都兼營高利貸的土倉、酒屋課稅，在交通樞要之地設置「關所」、「關卡」❾，徵收關錢（過路費）、津料（港務捐）。對於在幕府保護下，經營金融活動的京都五山的僧侶課稅。日明間的貿易利益亦為幕府的財源。

第二節　室町幕府的衰退與庶民的抬頭

一、幕府的動搖

　　義滿之後繼任的將軍足利義持的時代，將軍與有力守護的勢力保持均衡，處於安定局面。但第六代將軍足利義教，企圖加強將軍權力，實行專制政治。1438 年義教派軍關東，征討反抗幕府的鎌倉公方足利持氏（翌年滅之）。其後彈壓有力守護，於 1441 年，有力守護之一的赤松滿祐殺害義

---

❼　「外樣」是指不屬將軍同族的諸侯（旁系諸侯）。
❽　這是幕府散布在各地的直轄領地、莊園。屬於政所奉行管理，大多在畿內。
❾　關所，設置於樞要路口或國境，檢查通行人貨，以防止逃亡或侵入之關卡。

圖 6-3　應仁之亂

教。同年，赤松氏被幕府軍所討伐，此後，將軍的權威大為動搖。

　　隨著將軍權力的衰微，有力守護家與將軍家相繼發生內訌。首先是畠山、斯波兩管領家發生家督之爭❿，接著幕府本身亦因第八代將軍足利義教之弟義視，與義政之妻日野富子所推舉足利義尚之間發生家督之爭。當時為爭取幕府實權而相爭的細川勝元與山名持豐，介入家督之爭，對立加劇，1467 年，終於揭開了戰國時代的序幕（應仁之亂）。

　　守護大名各自分成細川（東軍）與山名（西軍）兩軍而戰⓫，主戰場京都被燒成廢墟。應仁之亂於 1477 年因戰爭疲弊的兩軍達成和議而結束，守護大名多數亦撤回領國，但各地的爭亂不斷而擴及於全國。由於此次爭亂，有力守護在京都參與幕政的幕府體制崩潰，同時莊園制亦解體。

　　守護大名在京都不斷爭戰之際，守護大名的領地，守護代（代理守護）

---

❿　由於開始單獨繼承，嫡子的立場較之庶子立於絕對優勢，因此其地位之爭遂日多。
　　尤其大名決定家督，不僅父親，連將軍與家臣的意向亦有很大的影響力，家督之
　　爭日益複雜化。

⓫　1467 年 5 月，東軍占據將軍邸宅，先後擁立義政、義尚，翌年 11 月，西軍乃勸
　　誘義親，分別成立了東西二個幕府。

與有力國人伸張勢力，逐漸掌握領國統制的實權。地方的國人，在此一混亂之中為了維護自己的權益，常結成「國人一揆」。1485 年，南山城地方迫使分成兩派相爭的畠山氏之軍撤出「國」外的山城「國一揆」，得到山城居民的支持，有八年間實現了「一揆」的自治。這種以下屬之力，壓制上級勢力的現象為此一時代的特徵，稱之為「下剋上」（以下犯上）。1488 年所發生的加賀一向一揆正是這種現象的一種。這次一揆，由於本願寺蓮如的布教而廣及於近畿、東海、北陸的淨土真宗本願寺派的勢力（加賀的門徒）與國人結合，打倒守護，此後，一揆實質上統制本願寺的領國長達一世紀之久。

二、惣村的形成與土一揆

鎌倉後期，在近畿地方，莊園與鄉（公領）內部產生幾個自然村，在南北朝動亂之中，逐漸推廣到各地。室町幕府的統治和連年戰亂，引起民眾的反抗（一揆）。這種反抗從商業比較發達的近畿地方開始，從一個自然村發展到幾個村，甚至逐漸超越郡的界限，形成「惣村」的聯合組織。

惣村除了自古為有力農民的「名主」之外，加上新成長的小農民為成員，透過村的神社祭禮，農業的共同作業、對外來入侵的自衛，加強村民的結合。如此構成惣村的村民，稱之為惣百姓。惣村依從寄合 (Yoriai) 村民會議的決定，由乙名 (Otona) 指導。村民訂定規約「村法」。惣村不僅要確保農業生產所必要的山林與原野等共同利用地（入會地），同時亦管理灌溉用水。

以強烈合作意識結合的惣村農民，為了對抗不法莊官的壓制剝削，提出水災、乾旱之際減免地租的要求，大舉向莊園領主提出告訴（結夥伸冤），集體放棄耕作，逃亡到其他領地或山林（逃散，Tyōsan），行使實力抵抗。

以惣村的結合為基礎的「土一揆」（農民起義），要求德政，襲擊京都的土倉、酒屋。此時，農村深受土倉高利貸剝削，因此受害的德政一揆立

刻推向近畿地方與其周邊地帶，各地展開實力抗拒，進行放棄債務、索回土地運動（私德政）⓬。

　　1441 年，有數萬起義農民占據京都，幕府終於接受要求，發布「德政令」⓭。此後「土一揆」屢次高舉德政的口號，在各地蠭起，幕府亦濫發「德政令」。

三、農工商的發達

　　此一時期農業的最大特色，乃是與民眾的生活結合，提高土地生產的集約化、多角化的歷程。水稻的品種改良有進展，已有早稻、中稻、晚稻品種的普及。肥料的進步，促使每一單位面積產量增加。水車的普及，溝渠的擴充，促成灌溉設施的進步。農村盛行經濟作物的種植，地方產業頗盛。

　　由於農業與手工業的發達，產品增加，促進商品化，交易擴大。農村臨時出現的市集，定期市集次數日增，每個地方都有固定的市集日，每月六次的「六齋市」更為普遍。社寺及通衢大道的常設市場，更是中世都市的搖籃。京都等大都市，已設有零售店，且出現京都的稻米市場、淀的魚市，以及出售特定商品的市場。

　　商業發達的原因之一是貨幣的流通，農民多以貨幣繳納年貢。隨著偏遠地區交易擴大，盛行匯兌之利用。此時幕府仍無力鑄造銅錢，因此，輸入宋錢與明錢（永樂通寶）。隨著貨幣需要日增，粗劣的私鑄錢亦可流通。貨幣的流通使市場交易活絡，且使農民改用銅錢繳納年貢。但因劣質的外幣與粗劣私鑄錢的流通，造成劣幣驅逐良幣的現象，交易欠缺靈活。幕府與戰國大名乃決定良幣與劣幣混合比率，或禁止一定的惡錢流通，發布

⓬　幾乎全部的土一揆都是要求德政而蜂起，因而稱為德政一揆。1429 年的播磨土一揆，甚至提出驅逐守護赤松氏家臣的政治要求。

⓭　農民為了歸還債務，賣掉土地問題，因此要求幕府頒發「德政令」，將所欠債務一筆勾消。

「撰錢令」❹，但並未收到效果。

　　貨幣經濟的發達促進了金融業者的活動。當時酒屋等富裕的工商業者，多兼土倉（典當）業，幕府保護、統制這些土倉、酒屋，同時徵收營業稅。

　　地方產業日盛，偏遠地區的交易亦轉趨活潑，海陸交通路線發達❺，迴船的往來頻繁，許多地方都市益趨繁榮。

四、對外關係

　　室町幕府確立期的十四世紀後半到十五世紀之間，東亞世界的情勢大變。南北朝動亂之時，以對馬、壹岐、肥前松浦地方的居民為中心的海賊集團——倭寇❻，襲擊朝鮮半島與中國大陸沿岸。倭寇虜獲朝鮮半島沿岸的人，奪取米與大豆等糧食。被倭寇所困的高麗，遣使要求禁止倭寇，但因日本處於內亂而未回應。

　　中國大陸，1368 年，朱元璋（太祖洪武帝）排除元的統治，建立漢民族王朝明。明朝企圖恢復以中國為中心的傳統國際秩序，向近鄰諸國要求通交。元軍襲日之後，日本與元朝之間沒有正式外交關係，只有民間的商船往來。重視對明貿易的足利義滿，於 1401 年，採納博多商人之策，鎮壓倭寇，同時派遣使節到明朝，開始建交。

　　但以明為中心的國際秩序所進行日明貿易，乃是日本國王向明朝皇帝朝貢與賜贈的方式（朝貢貿易）❼。1403 年，義滿再度遣使明朝，不僅自

---

❹　禁止一定量的劣幣。

❺　注目到交通、運輸問題的幕府、寺社、公卿等，紛紛在水陸交通的樞要之地設置關卡，徵收關錢（過路費）、津料（港務捐），成為交通的障礙。

❻　與十四世紀活躍的前期倭寇相對照，此一時期的倭寇稱為後期倭寇。後期倭寇多屬中國人的走私貿易。他們做的是日本的銀與中國生絲的交易，同時以海賊身分在廣大的地域橫行。

稱「日本國王源道義」，且用明朝年號。這是聖
德太子以來，日本平等外交政策的一大轉變。

日明貿易由於第四代將軍義持反對朝貢貿
易的方式而中斷，至第六代將軍義教始又重開。
日明恢復通交後，開始實施「勘合貿易」❸。
勘合貿易最初是由幕府、大名、社寺等策劃，
實際上則由經營典當業的「土倉」及堺、博多
兩地商人所包辦。

十五世紀後半，隨著幕府的衰退，貿易的
實權逐漸操在與堺商人聯結的細川氏以及與博
多商人勾結的大內氏之手。細川氏與大內氏競
爭激烈，於 1523 年在寧波發生衝突。此役獲勝

圖 6-4　勘合貿易的船旗

的大內氏獨占貿易利益，至十六世紀中葉，大內氏滅亡，勘合貿易亦斷絕。
與此同時倭寇活動再度復活，一直延續到豐臣秀吉禁制為止。

1392 年，因擊退倭寇而聲名大噪的武將李成桂推翻了高麗，建立朝鮮
王朝。朝鮮亦向日本要求通交，取締倭寇，足利義滿應允，遂又重締兩國
邦交。日朝貿易與日明的貿易不同，並非只限於幕府，而是自始即有守護、
國人、商人等參與。朝鮮則是透過對馬宗氏進行統制貿易。然而在 1510 年
發生三浦之亂後❸，日朝貿易逐漸衰微。

---

❶ 義滿對明採取卑屈的態度，以朝貢形式打開貿易之門。朝貢形式的貿易住宿費、
　運搬費均由明朝負擔，日本方面的利益極為龐大，尤其攜回大量的銅錢，對於日
　本貨幣流通有很大的助益。

❶ 勘合貿易是十年一貢，每次限定船三艘，船員三百人，使用「勘合符」以資區別
　公私船。對日貿易時，將「日」字和「本」字裁開，一半叫「勘合符」，另一半叫
　「勘合底簿」，日明各執一半。貿易船攜帶這種勘合符到對方，與當地的底簿核
　對，以資確認。

　　琉球方面，北山、中山、南山等三地方勢力鼎足而爭，1429 年，中山王的尚巴志統一了三山，建立了琉球王國。琉球與明、日本締結國交，同時盛行海外貿易。琉球船隻遠至南方的爪哇島、蘇門答臘、中南半島，擴大其行動範圍，在東南亞諸國間的轉口貿易甚為活躍，因此王國的首都首里外港那霸，遂成為重要的國際港，琉球王國亦大為繁榮。

第三節　室町文化

一、室町文化的特色

　　室町時代產生了以南北朝的動亂為背景的南北朝文化，接著是分成前期的北山文化（足利義滿時代），與後期的東山文化（足利義政時代）。

　　北山文化具有傳統的公家文化與新興的武家文化相融合的特徵；東山文化則是公家文化、武家文化、新興庶民文化與宋文化相融合的複合文化。

　　室町時代由於商人與手工業興起，公卿勢力日趨沒落，這種社會的一大變遷，反映在文化方面。隨著社會地位的提高，庶民成了文化的創造者，產生了具有特色的庶民文化。

　　中央文化與地方文化進行融合，日益洗練調和之中，逐漸形成一種日本固有的文化。今日代表日本傳統文化的「能」(Nō)、狂言、插花等，多是在此一時代確立。

二、北山文化

　　第三代將軍足利義滿於京都北山建造壯麗的山莊（北山殿）金閣的樣

---

❶　住居三浦的日本人享有種種特權，後因特權日漸縮小，感到不滿的日本人乃起而暴動，但被鎮壓。

圖 6–5 金閣寺

式,乃是傳統的「寢殿造」樣式與禪宗寺院的禪宗樣式的折衷,頗能代表時代的特徵,因此稱此一時代的文化為北山文化。

　　如同北山邸金閣寺是折衷宮殿式建築與唐朝式建築,北山文化亦企圖折衷貴族傳統文化與中國文化。

　　鎌倉時代,武家社會的上層廣為流傳的臨濟宗,在夢窗疏石受將軍足利尊氏皈依以來,在幕府的保護之下,大為繁榮。義滿的時代大致已完成仿效宋的五山、十剎之制❷。五山的禪僧多是從中國的渡來僧與自中國回來的留學僧,他們不僅傳習禪,同時帶回禪的精神具體化的水墨畫及建築、庭園樣式等。

　　「能」亦是代表北山文化的藝能。能樂是民間文藝創作中最有成就的一種,以其使用假面具(能面),以歌謠、舞蹈伴奏,配以謠曲的演出,具有戲劇性的效果。

---

❷　京都五山為天龍、相國、建仁、東福、萬壽五寺,鎌倉五山則是建長、圓覺、壽福、淨智、淨妙諸寺。十剎為僅次於五山的官寺。幕府設置僧錄,任命住職官吏官寺。

　　繪畫方面，宋元的水墨畫非常盛行，名家輩出。

三、東山文化

　　東山文化的藝術性融入生活之中，作為新的獨自的文化而扎根。足利義政於應仁之亂後，在京都的東山建造山莊，仿照義滿建造銀閣❷。此一時期的文化以東山山莊為象徵，稱之為東山文化。

　　此一文化基於禪的簡樸精神以及傳統文化的幽玄精神為基調。在銀閣下層東求堂同仁齋所見書院造❷，成為近代和式住宅的原型。書院造的住宅與禪宗樣式的寺院，常建造一種蘊涵禪的精神的庭園，表現閑寂幽玄的情趣。組合岩石與碎石的象徵性創造出的自然──枯山水❷，以龍安寺、大德寺大仙院等庭園稱著。

　　此一時代的繪畫別開生面，除了承續畫卷、肖像畫之外，宋元兩朝傳來的水墨畫大放異彩。水墨畫運用單一墨色，以簡單遒勁的筆調，描繪山水自然之美。這種特色實與禪的境地一致。相國寺的如拙，拓展水墨畫藝術的領域，雪舟的水墨畫技術則擺脫了中國畫法，創造了超越禪畫，真正體現日本精神，具有民族風格的日本式水墨畫傑作。大和畫則有土佐光信鞏固了土佐派的基礎，復興日本的風景畫。狩野正信、元信父子，吸取傳統大和畫的手法於水墨畫裡，開創了狩野派新畫法。

　　雕刻因「能」的隆盛而製作「能面」（演能劇的假面），工藝則有後藤祐乘的傑作，泥金畫的技術有長足的進步。

---

❷　銀閣的建築樣式為書院造，這是從僧人的書房形式轉變而來，帶有濃郁的自然氣息，將廣闊的自然界壓縮在有限空間的庭園中。並以象徵方式，用寥寥幾棵樹與石，暗示整個大自然的景象。

❷　書院造是以寢殿造為母胎，將突出於走廊前面搭蓋明亮窗的小室作為書齋，具有這種形式的整體建築，稱之為書院造。

❷　枯山水，不用樹木或泉水，即能象徵性的表現出自然的景緻。

代表日本傳統文化的茶道、花道的基礎，亦創造於此一時代。村田珠光主張茶與禪精神的統一，創造了在茶室求心靈寧靜的「侘茶」（幽靜的茶會）。插花亦在鋪蓆子的房間壁龕裝飾插花樣式，製造裝飾壁龕間的花木觀賞形式。花道最初是講究造花，稱為「立花」，旋即著重花的自然之美，稱之為「生花」(ikebana)。

圖 6-6　能面

另一方面，在政治、經濟方面喪失力量的公家，成為傳統文化的舵手，專注於學問以及古典的研究。據神道思想撰寫的《日本書紀》研究有進展，吉田兼俱基於反本地垂迹說❷❹，完成了以神道為中心的統合儒學、佛教的唯一神道。

四、文化之普及

鎌倉時期開始形成的武家文化，隨著社會經濟的發展，逐漸普及到各地，成為大眾文化。文化的大眾化與地方化是武家文化的主要特點。

鎌倉末期貴族間即已流行連歌❷❺，由於受到武士與大眾的喜好而發展為「聯句」，並脫離和歌而獨立。今日在各地舉行的盂蘭盆會舞❷❻，亦從此一時代轉盛。

由於應仁之亂，京都荒廢，公家乃依靠地方的戰國大名，紛紛到地方。地方的武士亦對中央有強烈的憧憬，而積極的迎接。尤其因日明貿易得到繁

---

❷❹　佛陀（菩薩）為了濟度眾生，以分身出現（垂迹），本源的佛則為「本地」。

❷❺　連歌乃是將和歌分成上句與下句，在座的人承接合為一首的娛樂遊戲。

❷❻　納涼舞蹈大會。在祭典、正月、盆祭（7月）等，都市與農村，有獨具匠心的種種裝飾品，穿著華麗的服飾跳舞的風流，這種風流與念佛舞踊結合，逐漸形成「盂蘭盆會舞」。這些民眾藝能，乃是多數人的共同活動，享樂為其特色。

榮的大內氏城下町山口，集合眾多文化人，舉辦儒學與和歌等古典的講義與書籍的出版。肥後的菊池氏與薩摩的島津氏，亦招聘學者開辦儒學講義。

關東自十五世紀中葉，關東管領上杉憲實再興足利學校。此地有來自全國各地的禪僧、武士，授予高度教育，且搜集大量書籍。

五、新佛教的發展

天台宗、真言宗等舊佛教，由於朝廷、幕府的沒落與莊園的崩潰，勢力日衰。反之，新佛教各宗派，得到武士、農民、工商業者的信仰，而推廣到都市與農村。

鎌倉時代以來，佛教新宗派興起，教團漸趨成熟，但無思想上的進展。新佛教多為世俗的權勢所糾纏，趨向於形式主義和名利主義。受幕府保護的臨濟宗，實具有第二個貴族佛教的性格。

足利尊氏立願仿效奈良時代國分寺「一國一寺一塔」之制，於諸國建造安國寺。禪宗的五山，由於保護者（幕府）衰退而衰微。相對之下，尋求自由活動而到地方傳教的禪宗諸派，則受到地方武士與民眾的支持而推廣到各地。

起初，以東國為基礎而發展的日蓮宗（法華宗），不久就擴展到京都。尤其第六代將軍足利義教時，出現僧侶日親的傳教，頗具戰鬥性，屢與其他宗派激烈的論爭，因而常受迫害。在京都積蓄財富的工商業者則多日蓮宗的信徒。淨土真宗（一向宗）除農民之外，也有許多在各地移動的商人、手工業者信仰。

第四節 戰國諸侯的登場

一、群雄割據

室町後期，大名之間混戰激烈，尤其應仁之亂，影響最大。此一亂事加速室町幕府的衰亡，促進了社會的解體。各地守護代與家臣逐漸抬頭，取代主君掌權，分家庶子亦取代本家「惣領」，「下剋上」的風氣極為盛行。這種優勝劣敗的激烈鬥爭，前後持續了一百多年，此一時代稱之為戰國時代（1467 至 1573 年）。

十六世紀前半，近畿地方為了室町幕府的主導權而發生以細川氏為中心的內部權力鬥爭，結果，足利將軍的實權轉到管領細川氏手中。不久，細川氏的實權則轉到部將三好氏之手，而三好氏卻又為部下松永所奪。諸國守護大名的實權，先後轉到守護代或老臣之手，而後者的實權又為其部下所奪取，各地紛紛產生「下剋上」的現象。

各地有實力的武士，均以自己的力量製造領國（分國），誕生了自行割據的地方權力，這就是戰國大名。

二、戰國諸侯的分國統制

戰國大名的崛起，有三種情況：一是在近畿、北陸、東海等社會經濟較發達的地區，守護大名的家臣、守護代等，憑藉武力與權謀，在戰亂中取代主君。二是關東、東北、九州等後進地區，由守護大名乘戰亂之機宣告獨立，逐漸轉化為戰國大名。三是從商賈等發展而來。

戰國大名通常未經幕府任命，領地分散的守護大名，大都倚恃自己的實力，獨立於幕府統制之外，把自己控制的地方稱為「分國」，實行獨裁的專制統治。

　　戰國時代的群雄，對領地內的施政極為重視。他們彼此瓜分他人的領地，或採合縱連橫之策，奪取主君的領地，或用奇襲、誘殺手段，擴大勢力。為了安內攘外，痛感充實內政的必要，因此注重民政，嚴馭部下，並各自立法──「家法」、「國法」，以加強統制家臣團。其中亦有制定領國支配的基本法──分國法（家法）❷⁷。這些法典，與繼承「幕府法」、「守護法」的法典，吸收同為「國人一揆」規約的法，具有中世法集大成的性格。此外，「喧嘩兩成敗法」等❷⁸，具有戰國大名新權力的性格。

　　戰國大名常實施新征服土地的檢地。由於這種檢地使農民耕作的土地面積與年貢量登錄在檢地帳，加強大名對農民的直接支配。

　　戰國大名需要大量物資生產，調度武器，因此乃提拔有力工商業者，以統制領國內的工商業者。於是建設大的城堡與城下町，開發礦山、興辦河川的治水、灌溉等事業。

　　戰國大名為了使城下町為中心具有領國連貫性的經濟圈，整頓領國內的客棧與驛馬（車）等交通制度，廢止「關所」，開設市場，致力商業交易的順暢。城下則聚集主要的家臣與工商業者，逐漸成為領國的政治、經濟、文化中心，形成城下町。

三、工商業的發展

　　戰國時代，由於農村手工業與商品經濟的發達，農村市場與町（市鎮）驟增。不僅大寺社，地方的中小寺院門前町亦日趨繁榮。尤其淨土真宗勢

---

❷⁷　分國法的名稱各異，內容亦紛繁，其中以大內氏的「壁書」為最早。其內容從有關日常生活的訓辭，到軍事條規，均包羅在內。其規定則以「國主」權力的絕對性為依歸。分國的國主兼有往日守護及國司的權力，對家臣的統制極為嚴密。不僅嚴禁通婚、通信，私自結黨，連婚姻及「家督」的決定，均需國主許可。

❷⁸　「喧嘩兩成敗法」規定打架雙方都要處罰，其目的乃在禁止以私鬥（喧嘩）的方式解決家臣間的紛爭，將所有紛爭委諸於大名的裁判，以實現領國的和平。

力強的地域，以寺院、道場為中心，在各地建設寺內町，聚集眾多門徒的工商業者。

這些市場與町，以自由的商業交易為原則，多屬不設販賣座席（市座）與市場稅的「樂市」、「樂座」❷，或為了促進商品流通興盛，自行新設樂市。

偏遠地區的商業亦轉趨活潑，港町與客棧町繁榮。這些都市之中，有的由富裕的工商業者自行組織自治團體而施政，形成和平自由的都市。以日明貿易根據地而興盛的堺與博多，以及攝津的平野、伊勢的桑名為代表。尤其堺由三十六人的「會合眾」，博多由十二人的「年行司」，施行豪商合議制的市政運作，顯示自治都市的性格。

另一方面，古來的政治都市京都，亦誕生了以富裕的工商業者町眾為中心的都市民眾自治團體。與惣村同樣，町各自訂定獨自的町法，以守護住民的生活與營業活動。更有進者，集合町而組成町組，町與町組，在町眾中選出「月行事」❸，推動自治工作。應仁之亂時燒毀的京都，亦由町眾復興，祇園祭亦以町為母體的町眾祭典而再興。

戰國大名普遍重視金銀礦產的開採。銅的開採已從露天發展到挖掘坑道方式。甚至從礦石中提煉黃金。金銀銅礦的開採，為鑄造金屬貨幣提供了前提條件。

---

❷　座是工商業者的行會組織形式，樂即自由之意。戰國大名推行廢除座的特權，免除非座商人的市場稅、營業稅，實行自由營業的政策。

❸　按月輪值的幹部。

第三編

近　世

圖說：葛飾應為「三曲合奏圖」。葛飾應為是江戶時代著名浮世繪師葛飾北齋的女兒，也是一位優秀的浮世繪師。三曲合奏指的是三味線、箏、胡弓三種樂器，是江戶時代常見的演奏組成。

第七章

統一政權的成立

概　論

　　十六世紀是歐洲各國的海外發展，引起世界史上劃時代意義的時期，日本史上也是一個大的轉變時期。此一時期，歐洲人航抵日本，傳來優秀的武器、新宗教基督教與科學知識。日本國內，經過戰國時代，莊園制度消滅，形成以鄉村制為競爭的新的封建權力。趁此趨勢，織田信長利用外來武器與宗教，暫時完成統一，開闢和平之道。繼織田之後完成統一的是豐臣秀吉。秀吉設置「檢地」於全國，建立農民支配的體制，施行「刀狩」，以加強身分制度，並廢止「關所」，統一貨幣，開啟了全國的商品流通之道，確立了集權的封建統治體制。

第一節　歐洲文化的傳入

一、西力東漸

　　日本戰國時代期間（十五世紀後半至十六世紀），經過文藝復興與宗教改革，進到近代社會的歐洲諸國，為了與伊斯蘭教對抗，企圖傳播基督教，擴大海外貿易，向世界擴展。結果，世界各地區乃進入以歐洲為中心的廣

泛交流的大航海時代。

　　居於先鋒的是伊比利半島 (Iberian Peninsula) 的王國西班牙與葡萄牙。在美洲大陸擴展殖民地的西班牙，於十六世紀中葉，橫斷太平洋，進窺東亞，占領菲律賓群島，以馬尼拉為據點。葡萄牙則以印度西海岸為根據地，向東亞擴張，在澳門設立據點。

　　當時東亞地區，明朝採取海禁政策，禁止私人貿易，但無法徹底阻止東南沿海地區人民出海貿易，而日本、朝鮮、琉球、安南（越南）等國，也超越國界，進行廣泛的轉口貿易。歐洲人參與轉口貿易，作為世界貿易的一環。

二、南蠻貿易與基督教

　　1543 年，乘載葡萄牙人的倭寇船❶，漂流到九州南方的種子島。這是最早來到日本的歐洲人。島主向其購買「鐵砲」（長槍），命家臣學習使用法與製造法。此後，葡萄牙人經常航抵九州各港，與日本進行交易。西班牙人亦於 1584 年航抵肥前的平戶，開始與日本進行貿易。當時日本稱呼葡萄牙人與西班牙人為「南蠻人」❷，這種貿易稱為南蠻貿易。

　　南蠻人帶來明朝的生絲、鐵砲（步槍）、火藥，與日本十六世紀中葉開始盛產的銀作為交換。長槍在戰國大名之間逐漸成為新銳武器而普及，足輕長槍隊的登場❸，改變了過去以騎馬戰為中心的戰法❹，亦使防禦施設

---

❶ 所謂倭寇，似指日本人，其實大部分是中國人。

❷ 根據中國的華夷思想，泛稱居住南方的「野蠻人」為南蠻。室町時期，日本稱東南亞地區的人為南蠻，其後則統稱經由東南亞來到日本的葡萄牙、西班牙人為南蠻人，由歐洲輸入的物品，則稱之為「南蠻物」。南蠻式衣服和器具，被視為是珍品，連武將亦把「南蠻斗笠」和「南蠻鐵」視為吉祥的武器。

❸ 步卒是最下級的武士。

❹ 長篠城之戰（1575 年），使用數千自製鐵砲的織田獲勝，成為日本軍事史上的一

圖 7-1　南蠻貿易

的城堡結構發生變化。

　　南蠻貿易實與傳教士的傳教活動是一體的。1549 年，志在日本傳教的耶穌會傳教士沙比爾 (Francisco de Xavier) 從印度的果阿 (Goa) 抵達鹿兒島，受到大內義隆等大名的保護而開始傳教❺。不到三年，受洗入教的日本人已達千人。其中有受洗禮的大名，因而稱他們為「吉利支丹大名」❻。1582 年，受耶穌會傳教士的勸導，選拔了四名少年，組成遣歐使節團，訪問羅馬教皇（天正遣歐使節）❼，改變了日本人的世界觀。

　　其後，傳教士相繼到日本，建造南蠻寺（教堂）與教會學校、神學校，致力傳教。葡萄牙船進入傳教的大名領地的港口，大名希望進行貿易，因而保護傳教士的傳教活動。

　　大事。

❺　當時歐洲有宗教改革，新教的活動甚盛，天主教為了挽救教勢，多注重亞洲傳教的修道會，其中之一是耶穌會。

❻　「基督徒」一字的葡萄牙語 cristão 音譯「吉利支丹」，亦寫成「切支丹」。大名大友義鎮、有馬晴信、大村純忠等最先受洗信教，成為天主教徒。

❼　三名大名，採納耶穌會傳教士的建議，派遣少年使節到羅馬訪問。遣歐使節歸國時，受豐臣秀吉接見。他們從歐洲帶回小提琴、風琴等西洋樂器，活字印刷機、《世界地圖冊》等，使日本人感佩，改變其對「世界」的傳統觀念。

三、歐洲文化的傳入

　　自十六世紀中葉以後，過去與日本完全沒有接觸的西洋文化直接傳入日本，開始了日歐文化的直接交流。日本人透過對歐洲文化的直接接觸，擴大了眼界，也為日本的民族文化輸進一股新鮮的血液，對變革階段的日本文化有很大的影響。

　　傳教士除了傳來天文學、醫學、地理學等實用的學問之外，同時傳授油畫與銅版畫的技法，於是有日本人受西畫影響所畫的南蠻屏風。

　　當時傳教士翻譯宗教書籍與字典，已使用金屬製的活字印刷術❽。此一文化因江戶幕府的鎖國政策而中斷，但今日尚殘留不少葡萄牙文名詞❾。

第二節　織豐政權

一、織田信長的霸業

　　戰國大名的長期混戰，到十六世紀中葉，出現了新的統一趨勢。強大的戰國大名開始爭奪稱霸全國的權力，其中最早抱持統一全國的野心而付諸實行的是尾張的織田信長。

　　織田信長於 1560 年打敗今川義元（桶狹間之戰），1567 年，滅亡美濃的齋藤氏，進駐岐阜城，使用「天下布武」之印，明示其以武力統一天下的意志。翌年擁立被逐出畿內的足利義昭任將軍，開始踏上統一天下的第

❽　活字印刷術亦由傳教士傳來。傳入日本的途徑有二，一是經由朝鮮（豐臣秀吉之侵朝戰爭），另一是 1590 年遣歐使節返日之際，同行的耶穌會傳教士攜回的「吉利支丹版」活字印刷機，可使用日本字與羅馬字印刷。

❾　當代日文中，有五百多個外來語，如麵包 (Pão)、蛋糕 (Castela)、鈕釦 (Botān) 等即是。

一步。

1570 年，信長在姉川之戰，擊破近江的
淺井氏與越前的朝倉氏，翌年，燒毀比叡山
延曆寺，迫使強大的宗教團體屈服。 1573
年，把亟欲恢復將軍權力而持敵對態度的將
軍義昭逐出京都。1575 年的三河長篠戰役，
使用大量的步槍，戰勝以騎馬隊為主的武田
勝賴軍。翌年，於琵琶湖畔建造巍峨的安土
城，作為控制近畿地區的根據地，以圖實現
稱霸全日本的宏願。

圖 7-2　織田信長

信長的最大敵人，乃是以石山（大阪）本願寺為頂點，全國各地的淨
土真宗寺院與寺內町為根據地，反抗信長統制的「一向一揆」❿。信長於
1574 年，滅亡伊勢長島的一向宗暴動，翌年平定越前的一向宗民變，1580
年終於迫使石山本願寺屈服。

信長組成強大的軍事力，以其優異的指揮，壓倒其他戰國大名，且恢
復了傳統的政治、經濟秩序與權威。志在創造新統治體制的信長，以武力
迫使繁榮的自治都市堺（大阪南部）屈服，收為直轄領，控制經濟力強大
的畿內，同時頒布「安土城下町樂市令」⓫，認定工商業者的自由營業活
動，訂定都市政策。

信長壓制京都，收近畿、東海、北陸地方於其統制下，正在完成其統
一大業之際，卻在征討毛利氏途中，在京都本能寺，遭遇家臣明智光秀的
背叛，被迫自殺（1882 年）。信長的統一制霸事業乃功虧一簣。

---

❿　一向宗信徒所發起的暴動。

⓫　免除城下町商業上的稅賦令。

二、豐臣秀吉統一天下

　　繼信長之後完成天下統一的是豐臣秀吉。出生於尾張地方武士之家的秀吉，於 1582 年在山城的山崎戰役擊敗叛將明智光秀。翌年，於賤岳打敗信長的重臣柴田勝家，確立其繼承者的地位。同年，在水陸交通樞紐的石山本願寺遺跡建造宏偉的大阪城。1584 年，於尾張的小牧、長久手之戰，與織田信雄、德川家康交戰，旋即締訂和約。

　　秀吉於 1585 年，征服長宗我部元親，平定四國。受朝廷任命為關白，翌年晉升太政大臣，賜豐臣之姓。任關白的秀吉，自稱受天皇委任統治日本，命令全國戰國大名停戰，強制領地的確定須委諸秀吉裁定。1587 年，征討九州最大勢力的島津義久，平定整個九州地方。1590 年，消滅小田原的北條氏勢力，並使伊達政宗等東北地方的大名服屬，完成全國統一大業。

　　秀吉步上信長繼承者之路，卻不僅只是倚恃軍事的征服，1588 年，在京都修築聚樂第，歡宴後陽成天皇藉機逼迫大名向天皇與秀吉效忠，巧妙利用傳統的統治權，以造成新的統一國家。

　　豐臣政權的經濟基礎乃在龐大的直轄領，佐渡等主要礦山均劃歸直轄，並鑄造天正大金幣等貨幣。再者，將京都、大阪、堺、伏見、長崎等重要都市，列為直轄，置豪商於其統制之下，充分運用經濟力於政治軍事層面。

　　豐臣政權因秀吉的獨裁特著，中央政府的組織並不完整。以心腹家臣為五奉行，分掌政務，有力大名為五大老，以合議重要政務的制度，乃是秀吉晚年

圖 7-3　豐臣秀吉

的事。

　　豐臣政權所訂中心政策為檢地與刀狩。秀吉於新獲領地陸續施行檢地，這一連串的檢地稱為太閤檢地❷。這種制度乃是依土地面積，訂定新的基準，統一為町、段、畝、步，將過去紛亂的度量統一，依據各領地調查耕地、家屋的面積、等級，作為繳稅的依據。結果確立了全國生產力以米穀產量換算的「石高」（米穀收穫量）制。太閤檢地是在莊園制之下，整頓一塊土地有幾個所有權重複的狀態，檢地帳則分清實際耕作的農民耕地，以及家屋的登錄（一地一耕作者），即以法律認定農民的耕地所有權，但負有相應於自己擁有米穀收穫量的年貢繳交義務。

　　透過丈量土地，使耕作者直接與領主發生關係，取消地方豪強的土地所有權，形成封建的自耕農。以自耕農居住區域劃定村莊，選定隸屬地方行政管轄的村吏，形成封建統治的村落制度。

　　秀吉完成統一天下之後，於 1591 年，命全國的大名提出領國的檢地帳，確定所有大名的米穀總收穫量，完成大名依其領地米穀收穫量負相應軍役的體制。

　　刀狩是在確定農民的身分目的下，沒收農民的武器。在莊園制下的農民都持有刀劍武器，這些武器在農民起義與一向宗暴動中，均發揮了相當的威力。為了防止「一揆」，使農民專心於農業，於 1588 年發出「刀狩令」，要求各地大名沒收農民所持武器，以免釀成暴亂，荒蕪田地。

　　續又於 1591 年，發出「人掃令」(*Hitobarai Rei*)，禁止武士轉為町人、百姓，或百姓轉為商人、工人。翌年，關白豐臣秀次，為了確保朝鮮出兵的人員，徹底執行前年的「人掃令」，依武家奉公人（武士）、町人、百姓的職業別，確定戶數、人數，舉行全國戶口調查。結果，確定了各種身分，因此「人掃令」又稱之為「身分統制令」。經由檢地、「刀狩令」、「人掃令」

---

❷　太閤是對於以前任過關白之人的尊稱。太閤檢地是丈量土地，整頓土地所有權。

的政策，確定了依據「兵士」（武士）、町人、百姓的職業身分，完成兵農分離的制度。

　　此外，免除工商業者的地租，得以享受其他特權，同時廢除關卡，推進對外貿易，設立金座、銀座，鑄造各種貨幣，促進商業的發展。

三、秀吉的對外擴張政策

1.日葡貿易

　　十六世紀中葉，葡人開始與日本進行貿易，日本的主要輸入品是中國出產的生絲、砂糖、鹿皮與藥材。主要輸出物品是銀、砂金、銅、鐵等及其加工品。輸出入物品種類的順位因時代而異，到十七世紀中葉為止，主要品目並無變動。其中尤以中國出產的生絲為輸入物資的大宗，以其屬於無法自給物資，而據有較廣泛的市場。日明間的直接貿易，由於明朝的海禁而中斷，葡萄牙人遂在澳門設基地，居中日轉運貿易的主要地位。

　　戰國時代，日本國內尚無法集中商業資源，有組織的推動海外貿易。葡萄牙人則不僅在東南亞的軍事力足以維持統制，且其航海技術卓越，因此，確立了澳門與北九州各港，尤其長崎之間的貿易路線，壟斷中日間生

圖 7–4　朱印船

絲貿易之利❸。

　　這種情形到了十六世紀後半期有了改變。1584 年，在菲律賓馬尼拉擁有根據地的西班牙船，漂流到平戶。領主松浦氏憤葡萄牙貿易為長崎所占，對耶穌會素懷不滿，有意開放貿易路線。適逢遠赴菲律賓的日本人與西班牙人發生爭執，秀吉乃於 1591 年要求菲律賓入貢，甚至有遠征計畫，遂使通商受阻❹。菲律賓遠征計畫因出兵朝鮮而未實現，但日菲使節往來頻繁，其間且允許西班牙傳教士來日本傳教。於是引起葡、西兩國傳教士間的對立，加上秀吉後來採取鎮壓基督教政策，南蠻貿易中斷，而「朱印船」貿易則日益繁盛❺。

　　幕府的初期外交，所採取的方針是禁止基督教，但獎勵和平貿易。日本人陸續向海外擴展，前往呂宋、東京 (Tonkin)、安南、柬埔寨、泰國等地的商船不少。

2. 日本人的海外移民

　　十六世紀中葉，盛極一時的後期倭寇，雖遭遇戰國諸侯與秀吉的壓制而消沉一時，但未消滅。承倭寇遺緒的商人以及堺、博多等地的商人，自十六世紀中葉，已向南洋各地擴展。其後，南海與菲律賓諸島，海賊橫行，但多為中國人與歐洲人，日本人較少。

　　朱印船貿易盛行之後，日本人移住海外的人數驟增。有的由於貿易的需要而滯居海外，有的在海外被雇用為士兵、船員等，亦有因禁教令而被放逐的，因而在南洋各地都有日本人的踪跡。在大都市中，日本人聚居在特定的地區，獨自形成一特殊地區，稱為「日本町」❻。

---

❸　葡萄牙人在廣東購得的生絲，在長崎可以原價四至五倍價格出售。

❹　秀吉自日商原田孫七邸得知菲律賓情形，有出兵菲島之意，乃先派原田赴菲，與西班牙總督談判。西班牙對日本動向頗有戒意。

❺　秀吉以「朱印狀」給予特定商人，以別於一般商人，且保護其特權。持有「朱印狀」的商船，稱為「朱印船」。

　　在西班牙人到達呂宋之前，該地已有日本人與中國人的住居。其後日人來者更多。呂宋的西班牙政府，鼓勵日菲貿易，因此，呂宋與平戶之間，船隻往返日多。十六世紀末年，在馬尼拉及其東北岸潘加司南等地❶，已有日僑兩千多人。

　　朱印船曾溯湄公河至金邊 (Phnom Penh)。當地日僑曾參加柬埔寨的內亂。交趾（法屬安南）亦為朱印船出入的地區。廣南的外港蜆港 (Tourane) 與會安 (Faifo) 均有日本町。暹邏的日本町，在當時國都阿瑜陀耶 (Ayuthia) 南部，距曼谷八十公里處。1604 年，有馬晴信與加藤清正均遣家臣移居該地。日僑選舉「町長」，有很大勢力。1619 年，暹邏發生內亂，各區日本町長糾集八千餘日僑，參加內戰。町長山田長政擁立僭王有功，拜顯官❶。山田死後，日僑被逐出暹邏。1633 年，暹邏報復葡萄牙人封鎖麥納姆河，並捕葡船。暹邏人得日人之助，擊敗葡船。此後，日人又恢復其在暹邏的商業。

　　此外，麻六甲群島、澳門，以及安南東京一帶，都有日僑的踪跡❶。

3. 對外擴張

　　秀吉起初承認基督教的傳教，但於平定九州之際，知悉基督教大名大村純忠將長崎捐給基督教教會之後，即將大名改信基督教改成許可制，旋又發出傳教士驅逐令，驅逐傳教士於國外。復於 1585 年，發布「海賊取締令」，禁止倭寇行動，加強海上控制，同時獎勵京都、堺、長崎、博多的豪商，繼續與南洋貿易。

---

❶　在交趾、柬埔寨、暹邏、菲律賓，均有這種「日本町」。在日本町裡，擁戴日本人頭目，實行自治。

❶　Pangasinan，亦稱「日本港」(Puerto del Japoon)。

❶　長政擁立僭王布拉薩孫格有功，任太守，賜邑加封，頗得勢。

❶　參閱鄭學稼《日本史》（臺北，黎明文化事業股份有限公司，1977 年）（三）頁365。

　　十六世紀後半。以中國為中心的東亞傳統國際秩序，由於明朝的國力衰退而發生變化。統一日本全國的秀吉，在此一情勢之下，志在建立以日本為中心的新國際秩序，乃向果阿的葡萄牙政廳、馬尼拉的西班牙政廳、高山國（臺灣）要求服屬與朝貢。

　　1587 年，秀吉透過對馬的宗氏，向朝鮮要求朝貢以及出兵明朝作為先導的要求❷。及至朝鮮拒絕，秀吉乃於肥前的名護屋築造大本營，於 1592 年，派兵十五萬餘侵略朝鮮（文祿之役）。登陸釜山的日軍，乘長槍的威力占領漢城、平壤等地，但遇到朝鮮李舜臣所率水軍的反擊、朝鮮義兵的抵抗，以及明朝援軍的夾擊，戰局逐漸轉為不利。當地日軍擅自與明朝休戰，秀吉則要求與明朝進行媾和，但採取強硬的姿勢，交涉終告破裂❷。

　　1597 年，秀吉再度派遣十四萬餘軍隊，進攻朝鮮（慶長之役）。日軍自始即陷於苦戰，翌年 8 月秀吉病死，乃撤兵。前後七年的朝鮮戰役，迫使朝鮮民眾捲入戰火，造成許多的犧牲。日本國內亦因龐大的軍費以及濫用兵力的結果，成為豐臣政權衰退的主因。

第三節　安土、桃山文化

一、安土、桃山文化

1.文化的特色

　　織田、豐臣政權時期，由於其城堡所在地的地名，而稱為安土、桃山時代，此一文化稱為安土、桃山文化❷。此一時代戰國爭亂已趨緩，在強

---

❷　秀吉為了制服明朝，須假道朝鮮，先期企圖驅使朝鮮臣服，遭朝鮮拒絕。

❷　始自 1593 年的和談，急於實現和議的武將的自我判斷，沒有把秀吉要求明朝投降與割讓朝鮮南部的條件傳達給明朝。結果，明朝於 1596 年派遣使者，封秀吉為日本國王，許其朝貢，但雙方條件差距過大而決裂。

調財富與權力的統一政權之下，產生了開放的、充滿新鮮而豪華的文化。充分反映新興統治者的大名，及因戰爭、貿易而累積財富的豪商氣質及財力。過去擔當文化角色的寺院勢力，被信長與秀吉削弱，在文化層面上，佛教色彩趨於薄弱，創造了很多現實富有力感的繪畫與雕刻。安土、桃山文化與前代以佛教為中心的宗教文化以及融合佛教文化、貴族文化、武家文化有顯著的不同，其最大的特點乃是具有濃厚的人間中心的現實性。另一特色則是葡萄牙人來航以後，與西歐文化接觸，造成多彩多元的文化。

2.造形文化

中古時代的城廓（城堡），大多屬於領主館舍擴建為防禦工程的「平城」，或為戰鬥目的而利用天險所建的「山城」，及至大名領國形成以後，隨著戰術的變化，已將兩者混合為一，建造兼有堅固防禦作用，以及外表宏偉狀觀的大城堡。此一時代的城堡是在平地建造多層天守閣（城樓）的「本丸」（城堡的中心部分）與石牆㉓，圍上土壘與濠溝的複數城廓(kuruwa)㉔。城池規模擴大，備有幾道廣而深的濠溝與高聳的石牆。本城之外尚有兩層外廓。以往寺院建築大多仿照中國的建築樣式，天守閣卻為出自日人創意，屬於純日本式獨特的多層樓閣建築。不僅具有領袖的權威象徵，且是建築、雕刻、繪畫、工藝美術與庭園等造形藝術的總匯。這種具有向四方誇示封建王侯威儀與武力的城堡建築，取代了寺院建築，成為

㉒ 秀吉於晚年建造伏見城，居住於此。後來此城荒廢，江戶時代在此處種植桃花，因此稱此地為桃山。依照日本文化史的分期，安土、桃山文化，是指從戰國時代以後至江戶初期的文化。

㉓ 天守閣原係為了軍事上的需要而設，旋加上居住設備，注意外形的美觀，成為城主權力的象徵。

㉔ 中世的城堡，很多是作為戰時防禦的山城，此一時代的城堡則考慮到領國統制的便利，由山城改為建立在小山丘之上的平山城或建築於平地的平城，具有軍事設施以及城主的館邸、政廳雙重的機能。

此一時代建築的主流。規模最大的城堡建築是織田信長的安土城❷❺、豐臣秀吉的大阪城，與其晚年所建的伏見城。

城堡之外，住宅建築亦頗發達。前代的「書院造」流傳下來，並且集其大成。內部的屏風與「障壁畫」有金碧輝煌的繪畫，色彩鮮麗、線條遒勁有力。障壁畫的中心是狩野永德，融合室町時代盛行的水墨畫與日本古來的大和畫，以豐富的色彩與強力的線條，雄大的構圖，集新裝飾畫之大成。

雕刻方面，佛像雕刻已衰退，格窗雕刻轉盛，施以泥金畫的家具與建物的五金裝飾，均有裝飾性強烈的作品。雕刻手法多用透雕，浮雕，設計極為自由。

二、藝　能

能（樂）的盛況一如前代，流行於武士與商人之間。以《平家物語》為基礎的「平曲」衰微之後，代之而起的是淨瑠璃（一種詞曲）❷❻。自琉球傳入的「蛇皮線」（樂器），經過改良成為「三味線」（三弦琴）。淨瑠璃配合傀儡戲的傳統技術與三弦琴的伴奏，成為日本獨特的樂劇。

室町末期以來，武士與町人盛行喫茶和茶會之風。由喫茶發展成茶道，實為日本特有的風物。茶道是培育文化修養的手段。這時代的武將、巨賈經常舉辦「茶會」。京都、大阪、堺、博多等都市的富裕商人，成為此一時代的文化舵手。堺的千利休訂定「茶之湯」的儀禮❷❼，確立了茶道。因茶道的流行，茶器受到重視，製陶方法亦頗進步。朝鮮戰役的結果，朝鮮的陶工被帶到日本，從事陶瓷業，尤以「薩摩燒」、「有田燒」、「荻燒」等為著。

---

❷❺　信長建造的安土城，有「天守」七層，自二層以上，柱上塗漆或金，紙門與牆壁上，則繪彩色畫。此外，姬路、廣島、大阪、岡山等地，亦建有雄偉的城堡。

❷❻　淨瑠璃一詞，係由《淨瑠璃姬物語》而來，這是始自室町中葉，至安土、桃山時代盛極一時，而由小野阿通所編寫牛若九與淨瑠璃姬兩人之間的戀愛故事。

❷❼　千利休把喝茶提高到藝術水準，集茶道之大成，有「茶聖」之稱。

第八章
幕藩體制的確立

概　論

　　德川家康承繼織田信長、豐臣秀吉之遺業，完成統一，確立封建統制的幕藩體制。家康開創的江戶幕府，悉以源賴朝的鎌倉幕府為藍本。但其統治機構與實力，則遠勝於鎌倉幕府。家康等三代將軍奠定了幕府鞏固的基礎，不但強有力的統制全國的大名，且控制朝廷與寺社勢力。幕藩體制乃是將軍、大名、旗本、御家人、公卿、寺社等封建領主，集結於幕府與各藩的權力機構，並確立封建的身分制度，將社會分成統治階級武士與被統治階級農工商。

　　江戶幕府在政治上建立封建統治體制，經濟上亦相當發達。農業方面，由於領主的獎勵，治水與灌溉設備相當完備，農具、肥料的改良、新田的開發、農民的自立化，生產驟增。復因武士聚居城下町，「交替參觀」制度的實施，促進了商業、都市與交通的發達。在政治上採取集權體制，經濟上自然形成全國性的市場。

　　自十六世紀中葉傳來的基督教，以及「南蠻貿易」，對於日本文化、經濟有不少影響，隨著封建制度之確立與鞏固，幕府對基督教與海外貿易的負面影響——反封建因素，開始有了戒心。第三代將軍家光時，即以禁教為藉口，實施鎖國政策，其內容卻是幕府壟斷海外貿易。

在長期的和平時代滋潤之下，不僅產業興起，經濟發達，文化亦普及於社會各階層。國民文化的興隆至為顯著。加以幕府的獎勵，儒學益趨發達。尤其值得一提的是學問已脫離了中古的宗教性格，萌生合理的、實證的精神。

第一節　江戶幕府的成立

一、德川家康的霸業

與織田信長結盟，在東海地方建立威勢的德川家康，於豐臣政權統治下，在北條氏滅亡後，被移封到關東，成為擁有二百五十萬石領地的大名（1590 年）。居於五大老之首的家康，在秀吉死後地位蒸蒸日上。

一心維護豐臣政權的文治派石田三成（五奉行之一），於 1600 年 9 月，策動毛利輝元，宇喜田秀家等西部大名舉兵（西軍），與德川家康統率的東軍❶，在關原會戰❷，西軍全線潰敗，東軍獲勝。由此，德川家康開始了稱霸全國的大業。

家康獲得關鍵性的勝利之後，處分西軍諸大名❸。1603 年，為了取得對大名發號施

圖 8-1　德川家康

❶　原從屬秀吉的德川家康，得豐臣氏強權派加藤清正、福島正則等之助所組成。

❷　關原為日本有名的「三關」之一，地勢險要，為兵家必爭之地。

❸　家康廢絕石田派大名共九十一家，沒收領地共六百四十二萬石，除了一部分增封東軍將士之外，一部分收歸己有，改成直轄地。家康在戰前已是擁有二百五十萬石領地的大名，戰後更增至三百萬石，約占全國領地的六分之一，從此成為擁有超過秀吉實力的統治者。

令的正當性，獲朝廷頒授征夷大將軍，在江戶開創幕府，正式宣示江戶（德川）時代的開幕。

家康命令全國的大名，修建江戶城與市街的建造，復以「國」為單位，製作「鄉帳」❹，明示其為全國的統治者。

但不服家康的秀吉之子豐臣秀賴，依然盤據大阪城，名目上仍繼承秀吉以來的地位。於是 1605 年，為了顯示將軍職為世襲，家康親辭將軍職，逕傳將軍職給其子德川秀忠。家康引退到駿府，但仍以「大御所」❺之尊，在幕後操縱實權。

旋以豐臣氏建立京都方廣寺的鐘銘為藉口❻，於 1614 至 1615 年，發動兩次大阪之役（冬之陣、夏之陣）加以滅亡。至此，德川家康建立的江戶幕府，名副其實的成為號令全國的權力機構。

二、幕藩的統治機構

幕府的職制至第三代將軍家光之時已整備。家光修訂「武家諸法度」，整頓對大名的統制和民眾在政治、經濟各方面的制度❼，形成日本封建社

---

❹ 依郡為單位記載每村的米穀收穫量，彙整成一國單位的帳簿（鄉帳），在慶長年間之後，均已實施。

❺ 指隱退的將軍居住之所，亦指隱退的將軍。

❻ 家康假藉寺的鐘銘有「國家安康」、「君臣豐樂」之句，誣指為豐臣為君，斬殺家康，才能國安，而進攻大阪城，討伐豐臣氏。1614 年，家康親自指揮進攻大阪城，但因城池堅固，久攻不下。年底議和（大阪冬之陣）。翌年 4 月，又以豐臣氏企圖再戰為由，再度進攻大阪城，陷之，消滅豐臣氏（大阪夏之陣）。

❼ 與將軍締結主從關係的一萬石以上的武士稱為大名（諸侯），大名依其與將軍的親疏關係，而分為親藩、譜代、外樣三種。親藩為三家（尾張、紀伊、水戶）等德川氏一族的大名，譜代則是自始即隸屬於德川氏的家臣，外樣乃是關原戰以後服屬於德川氏的大名。在配置這些大名之際，大體依據親藩與譜代配置於軍事要地、政治重心地帶和經濟富庶之地，外樣則盡量安置於偏遠地區。

會所特有的專制統治體制（幕藩體制）。它不僅是江戶時代的政治組織機構和封建統治制度，同時也是日本封建社會的經濟形態。

幕藩體制是幕府及藩的兩級統治❽。起初是由「年寄」(tosiyori) 為幕政中樞重臣，旋由老中統轄政務。臨時的最高職位大老，可代行將軍職權，加入只有決定重要事項的合議。輔佐老中監督旗本❾的若年寄❿，監督大名的「大目付」，監察旗本的「目付」之外，有寺社奉行⓫、町奉行、勘定奉行（三奉行），分別執掌各自的職責。這些官職原則上由數名旗本充任，依月份輪流處理政務。簡略的訴訟則由主管專決，跨越管理職的事項，則於評定所中由老中、三奉行合議裁決。

中央與地方官職，均由譜代大名中選任，其餘則由旗本、御家人中遴選，外樣大名全被摒除在外。

地方組織，以京都所司代較為重要，其主要職務是施行朝廷的統制及西國大名的監視。重要都市大阪、駿府，則設置城代與町奉行，伏見、長崎、佐渡、日光則設置奉行（遠國奉行）。直轄領則是在關東、飛驒、美濃派遣「郡代」，其他則是「代官」⓬，由勘定奉行統轄。

同時實施巧妙而徹底的諸侯統制方策，控制諸大名。大名初期賜與領內的有力武士領地，進行領內綜括性統治，有力武士編入家臣團，集中居住於城下町，任命家老與奉行等管理職，分擔藩政。

關原戰後，實行領地的更替，即將旗本、譜代大名與親族分布於關東地方，將淵源疏遠的外樣大名移置於奧羽、四國、九州等邊境地區或非軍事、

---

❽　藩是江戶時代大名支配的領地及其統治下機構。

❾　將軍直屬家臣領地未滿一萬石，但能直接參謁將軍者為旗本，不能參謁者為御家人。

❿　一般政務皆由老中執掌，老中同時擔負控制天皇、大名之責。政策由老中合議決定，執行則按月輪流司掌。若年寄受老中指揮，統制幕府家臣。

⓫　分掌政務，擔任各部門主管的官職。

⓬　統轄幕府直轄地，司年貢徵收及其他民政者。

經濟地區。且巧妙的安排親疏大小不等的大名相間，以收互相牽制之效。

　　幕府的財政收入除了四百萬石（十七世紀末）直轄領（幕領）的年貢之外，尚有佐渡、伊豆、但馬生野等地主要礦山的收入。江戶、京都、大阪、長崎、堺等重要都市則屬直轄，同時統制工商業者，並掌握鑄造貨幣之權。幕府的軍事力除了將軍直屬家臣團旗本、御家人之外，尚有諸大名負擔的軍役，實力強大。

　　江戶幕府的中央官制有幾項特色，除了強大的獨裁權之外，最主要的是以軍事編制為基本，行政與司法不分，施行政治權力合議、輪流制，且施行嚴格的警察政治。

三、幕藩體制

　　幕府於「大阪冬之陣」後不久，即 1615 年，發布「一國一城令」，規定各國（藩）大名只准留下一個城池，其餘均須拆毀。家康死後，第二代將軍德川秀忠，於 1617 年頒發大名、公家、寺社，領地的確認文書，明示全國土地領有者的地位。1619 年，將福島正則依據「武家諸法度」加以改易❸，迫使大名遵守法度，以展示將軍對外樣大名的處分之權。秀忠於 1623 年，亦仿家康前例，讓將軍職給德川家光，自任大御所，鞏固幕府權力的基礎。

　　1632 年，秀忠死後，第三代將軍德川家光亦處分肥後的外樣大名加藤氏，將九州編入將軍權力所及之地。復於 1634 年，率領三十餘萬軍勢晉京，藉以課賦大名軍役，宣示軍事指揮權。此外，大名需依照米穀收成總量，常備一定數量的兵馬，戰時依將軍命令出征，平時負擔江戶城及公共工程的修築工作。

---

❸　一遇大名發生變故，即實施「改易」（沒收領地），或除封，或減封，以加強幕府的地位。

　　德川家光於 1635 年發布新的「武家諸法度」，嚴格命令諸大名遵守。其中規定大名的「交替參觀」義務，強制大名的妻子居住江戶。至此，將軍與諸大名的主從關係已確立。這種擁有強力領主權的將軍與大名（幕府與藩）統治人民的支配體制，稱之為幕藩體制。

四、對朝廷與寺社的控制

　　德川家康於 1611 年，擁立後水尾天皇之際，也展現了武家可以控制天皇讓位、即位與否的權力。1615 年制定「禁中並公家諸法度」（「公家諸法度」），對天皇、朝廷實施嚴屬的約束和控制❶，完全剝奪了天皇的統治權力。

　　幕府派遣京都所司代監視朝廷，展示攝家（關白與三公）擁有統制朝廷的主導權，透過「武家傳奏」從中操作❶。幕府為了防止天皇與朝廷擅權，或被其他大名所利用，採取限制天皇與公家的生活、行動的體制❶。1620 年，於德川秀忠之女和子（東福門院）入後水尾天皇後宮之際，剝奪朝廷僅有的權限（官位、改元、改曆）。

　　1629 年，身體不適的後水尾天皇，以紫衣事件為口實❶，不求幕府同

---

❶　依據此一法度，幕府有權干涉天皇的行動，干預朝廷的任官敘位。天皇僅有按「本朝先規」，決定年號的權力。

❶　「武家傳奏」指的是由公家選出二人，接受幕府的俸祿。他們成為朝廷與幕府間的窗口，一邊與京都所司代連絡，一邊傳遞幕府的指示給朝廷。

❶　「禁裡御料」（天皇領）、公家領、門跡領等，控制在必要的最小限度。天皇的行幸以慶安年間為最後，一直到幕末原則上都未被幕府所承認，公家從京都到醍醐或吉野賞花，亦須透過「武家傳奏」先行提出申請獲准。

❶　紫衣是賜與德高望重僧侶榮譽之衣，賜與權長久以來屬於朝廷。但幕府卻在「禁中並公家諸法度」中規定，紫衣勅許必先得幕府的允許。但後水尾天皇卻為了彌補財源短缺，在未得幕府許可下，賜與紫衣（1627 年）。幕府責其違反「法度」而加以追究，強行奪回數十名僧侶的紫衣，宣示天皇勅許之無效，並對於提出抗

意而突然讓位。幕府由於接任的天皇為將軍秀忠之孫明正天皇，不得不追認，但仍嚴命攝家與武家嚴厲的壓制朝廷。至此確立了家康以來統制朝廷的基本架構，並一直維持到幕末。

　　幕府由於皇子與王府（宮家）、攝家子弟入寺的「門跡寺院」為佛教諸宗的本山❽，視之為朝廷一員而加以統制。

　　為了加強對宗教的控制，頒布「諸宗諸本山法度」，規定寺院須以學問為主，嚴禁各寺院妄立異說，聚集徒黨，圖謀不軌。此外又發布「寺院法度」，確立本寺與末寺制度（本末制度）❾，依宗派保障本山、本寺的地位，同時規定佛寺絕不受幕府以外的任何命令，佛寺遂成為幕府的御用機關，置於寺社奉行管制之下。僧侶在權力庇護下日趨墮落，喪失其文化、精神開導的角色。

圖 8-2　踏繪

議的大德寺澤庵處以流罪。不啻明示幕府的法度優先於天皇的勅許。

❽　「門跡寺院」指繼承祖師法統，統領一門的寺院。

❾　除了中世繼續傳來的佛教諸宗派之外，十七世紀後半，南明僧侶隱元隆琦渡海來日，傳授禪宗一派的黃檗宗。

　　幕府於島原之亂後❷，為了根絕基督教教徒，尤其對信徒多的九州北部，加強執行在島原之亂以前即已實施的踏繪 (ebumi, fumie)❷，設置「寺請」（寺檀）制度❷，強制改信佛教，對基督教施以嚴格的管制。但不屬佛教的神道、修驗道等，卻認定其為準佛教而容許其信仰。

第二節　經濟發展與町人的抬頭

一、農村經濟

1.農村生活

　　農業是封建制度的基本產業，封建統治階級（幕府及諸藩）為了增加財政收入，無不努力勸農，促進農業增產，採取扶植小農和獎勵開墾的政策。農民亦積極從事勞動並致力改進生產技術，農業生產獲得顯著的發展。

　　日本農業是以人工灌溉的稻作農業為主，水利條件成為耕田好壞的關鍵。江戶初期，全國耕地面積共約一百六十三萬町步❷，江戶中期已達到二百九十七萬町步，成為日本農業史上空前絕後的大規模開發新田的輝煌時期❷。

　　由於發明了鋒利的備中鍬深耕水田和旱地的碎土，且普遍使用踏車、千齒脫粒器等高效能的農具，農業技術相當發達。

　　農業以小規模直系家族勞動為基礎，在狹窄耕地細心的投下集約人力

---

❷　1637 年，由於城主對領民的苛政，彈壓基督教徒，引起教徒的起義。

❷　迫令民眾在聖母瑪莉亞肖像上腳踏，以辨別其是否為基督教徒。

❷　庶民須由檀那寺證明其為非基督教徒而是檀那信徒（信徒證明）的制度。

❷　計算田園山林面積的單位。每町為十段，約九十九點一七公畝（每畝為一百平方公尺）。

❷　年貢自 1598 年的一千八百五十石，遞增為 1832 年的三千零四十萬石。

的小經營方式。但農業技術較前進步。稻米隨各地氣溫的變化，進行品種改良，新農具的發明，提高了脫穀率。耕作法的改良與肥料的使用，增加單位面積的產量。

兩季耕作的範圍擴大，在本田之外，在旱田與新田中栽培各種作物，經濟作物的種植甚為普遍。棉等商品作物生產發達的地方有新的栽培技術與講述農業技術的農書。

養蠶業盛行於近畿地方並擴及於東部。原依靠輸入的生絲，至幕府末期，已轉為輸出。

2.農民的統制

構成近世社會的最大要素是村與百姓。村是百姓的家屋所構成的聚落，也是由田園的耕地與山林、海濱等所包含廣泛領域的小社會（共同體）。基於農業生產所構成的幕府體制，最重要的基礎乃在百姓的小規模經營以及生活與共的自治組織。因豐臣政權實施的兵農分離政策與檢地，村莊始能施行全國性的直接控制，而惣村（村莊的共同體結合）與鄉村則被分割。

村莊大多以農業為主，亦有漁村與山村、鄉町等小都市。村莊的米穀收成量、家數的大小與地域差異很大，每一個村莊均有其不同的個性，但亦有共同的特徵。

村民大部分是農民，其構成分子是「村役人」❷、「本百姓」（自耕農）與「水吞百姓」（佃農、貧農）等。

村內有幾個階層。農村之中，登錄在檢地帳，持有田園、家屋，而擔負年貢、徭役，參加村莊政治的自耕農為村的構成分子。但亦有村內沒有田園，只做佃耕，或從事日工的貧窮佃農，與本百姓處於主從隸屬關係的「名子」、「被官」等的存在。自耕農是一村的中堅階層，擔負地租的義務，

---

❷ 在「代官」之下，擔任各村民政的里幹事。

負責「入會地」的共同利用，水源與山野的管理，治安與防災等的自主性
管理。經費均由村民共同負擔。

村政的運作係基於「村法」，違反者處以「村八分」的制裁❷。幕府與
諸藩、旗本，依靠這種自治，實現年貢、徭役的分配與徵收。如此的機制
稱之為「村請制」。村民編成數戶為五人組❷，共同負有繳納年貢與防止犯
罪等連帶責任。

此外尚有本家與分家的血緣序列，或漁村的「網元」與「網子」經營
的階層區分❷。村設有寺院與神社（鎮守），成為村人相互間的結合與信仰
的場所。

幕府為了確保農民的年貢徵收，盡力設法維護百姓身分與農耕，盡量
避免捲入貨幣經濟，於 1643 年發布「田地永世買賣禁令」。1673 年，為了
防止分割繼承導致田園過分的細分，發出「分地限制令」，並禁止任意栽種
木棉、菜種等商品作物（田園任意工作之禁）。

3. 社會階級統制

近世社會實以身分秩序為基礎。武士獨占政治與軍事的優惠，享有稱
姓（苗字）、帶刀等格外的優遇與各種特權。以將軍為頂點，大名、旗本、
御家人構成統治階級，強制性依據對主人的忠誠與上下關係作嚴格的區分。
天皇家與公家、上層的僧侶、神職，亦享有與武士同等的統治者身分。被
統治者是以農業為中心，有從事林業、漁業的百姓，手工業者的工人，經
商的商人為中心的都市商人等。這種身分制度稱之為士農工商。

此外，一般的僧侶與神職，儒學者、醫生、演藝等職業，亦依居處區
別形成身分制度。其中居於下位的是「長吏」(Kawata) 的「非人」(hijin)。
長吏與百姓同樣從事農業，製造皮革與稻草（麥桿）等手工業，卻被迫從

---

❷　根據「村法」(muraokite)，處於全村絕交的一種懲罰制度。

❷　「五人組」源於律令制度的「五保」，這是集合鄰近的五戶農家組織而成。

❷　「網元」指自有船舶、魚網，而雇用多數漁夫（網子）營漁業者。亦稱網主。

事死牛馬的處理，擔當行刑的工作，在江戶幕府的身分統制之下，稱為穢多 (Eta)。亦有由於貧困與刑罰而淪為「非人」，專門從事村莊與街坊的看守人與清道夫、乞丐。長吏與非人的居住地域與衣服、髮形，須與其他身分的人有所區別，成為一般人鄙視的對象。

這些身分，均依據武士的主從制，百姓的村、町人的町、工人的行會等組成團體（集團）。個人則屬於家，透過家與集團，排定各自的身分為原則。武士與有力百姓、町人的家，戶主的權限很大，家的財產與家業，透過長子為子孫所繼承，戶主以外的家族被輕視。女性則從家的財產與繼承人的家督排除在外，其地位甚低。

二、工商業的發展

1.都市與交通

近世都市的中心是城下町。過去以在地領主而居住於農村的武士，由於兵農分離政策，強制移住；而商人與工商業者，得以自由營業加上得免除邸宅所課賦的年貢特權，也因此定居於城下町。

町人地又稱町方，乃是商人、手工業者所居住、營業的場所，面積雖小，但作為與全國領地連結的經濟活動中心而位居要津。町人地有多數小社會（共同體）存在。町則有與村類似的自治組織，以及商人與手工業者的營業與生產、生活之地。町雖沒有田園，但享受較百姓為輕的年貢負擔，能以貨幣支付「夫役」，從事上下水道的整備、城堡與濠溝的清掃、防火、防災等維持都市機能的工作。

江戶初期，「港町」、「客棧町」、「城下町」大興。城下町是以將軍與大名的城堡為核心，依武家地、寺社地、町人地等身分之別，區分居住的地域。城下町是地方政治、軍事中心，也是經濟、交通與文化中心。城堡與武家地占城下町面積的大部分，置有政治郡司各種設施與家臣團、足輕的家屋。寺社地則以寺院與神社為中心，集中多數的寺社，成為宗教統制的

中心。

城下町最大者是江戶。自江戶幕府成立以後，以大名、旗本等宅第為中心，發展成為一大消費都市❷。大阪是經濟都市，也是日本經濟的中心，陸上、海上與河川交通發達，因「藏屋敷」（kurayasiki，宅地、房屋）而有「天下廚房」之稱，是西日本與全國物資的集散地而繁榮的大商業都市。京都為具有一千年傳統的古都，自古以來即為天皇家與公卿居住之地，寺院與神社的本寺、本山頗多。幕府利用朝廷的權威，為了支配全國的寺社與宗教，重視京都。京都的工商業亦頗發達，並以西陣織及美術工藝品稱著。

江戶幕府在整頓前代交通的基礎上，發展新的交通事業，先後修建五條街道（交通幹線），形成以江戶為中心的陸路交通網。海上交通是物資運輸的主要渠道。重要的海路有南海路、東海路、西海路、西岸海路。1663年，江戶、京都、大阪三都的商人，組織了「町飛腳」（民間郵遞行業）同業公會，實行每月三次的定期郵遞。

2. 產　業

近世前期，幕府直接開發礦山，其中採掘、排水、精煉等技術進步，十七世紀初，日本已是當時世界屈指可數的金銀出產國。幕府與各藩亦積極開發新田，全國的耕地急遽的增廣。從十七世紀末，各地可以看到有力的都市商人投下資金開發新田。

漁業以網漁為中心的漁法改良，沿岸魚場的開發，確立了重要產業的地位。網漁自中世末以來，由攝津、和泉、紀伊等地京畿一帶的漁民開始推廣到全國。瀨戶內海的鯛與土佐的鰹等釣漁，使用網與銛等的紀伊、土佐、肥前、長門等地的捕鯨業甚盛，北海道的海產品生產亦著。自十七世紀以降，海產已在長崎貿易取代銅，成為輸向中國的主要沿岸的輸出品。

林業由於都市建設需要大量的建築資材而急速的發達，江戶中期興起

---

❷　十八世紀時，江戶的人口已超過百萬人以上。

眾多的木材批發商。尾張與秋田兩藩,有直轄的山林開採。

3.工礦業

由於貨幣的需求日益增多,幕府極為重視金銀銅礦的開採,並注意提高開採技術與品質。

十七世紀後半,金銀的生產量驟減,反之,銅的產量驟增,一方面因應遽增的貨幣需要,一方面成為長崎貿易最大的輸出品。鐵是由鐵砂採集的大風箱精煉。玉鋼商品普及於全國,加工成多樣的農具與工具,對技術的進步與生產的發展有貢獻。這些產業,成為漁村、山村,礦山村與町的生產基礎。都市商人的資本與多數的勞力均投入其中。

此一時期的工業形態,並非使用動力或機械,而是運用人力,使用工具的手工業。其中以紡織品、陶瓷器、漆器、紙張、酒類等較著。江戶初期以家族副業的家庭手工業為主,中期以後始出現批發制家庭工業。

棉從朝鮮傳來之後,木棉與原有的麻同為庶民代表性的衣料而很快的普及。大多是女性使用傳統的古式織布機勞動。

紙張是行政與經營以及情報的傳達、記錄等各方面的必需品,廉價的紙張大量的普及到庶民,對學問、文化的發展大有貢獻。紙的生產設定為專賣制,有益於藩的財政。

陶瓷器由於從朝鮮傳來的技術而普及,肥前有田在佐賀藩的保護之下,生產瓷器,成為長崎貿易的主要輸出品。在尾張藩的保護下,瀨戶與美濃等地的生產活絡,各地量產廉價的陶瓷器。

4.商　業

隨著商品經濟的發達,大阪成為全國性的商業中心而繁榮。除年貢等物資外,還集中了畿內的棉花、油類以及松前的海帶,琉球的砂糖等主要商品,運往江戶及其他地方。由於全國性商業的出現,相繼建立起信貸制度,擁有大量資金的「錢莊」,經辦存款、貸款、票據和匯兌等業務,類似後來的銀行。

　　近世初期，以堺、京都、博多、長崎等為根據地的有力商人，利用朱印船貿易以及交通體系尚未整頓時期的價格差異，運用自己的船隻與倉庫，累積巨大的財富，而被稱為初期豪商。

　　然而，隨著鎖國政策的實施，對外貿易受到限制，並且國內的水、陸交通也整備了起來，初期豪商急遽衰退。十七世紀後半，三都與城下町，獨占各地運來的商品委託與採購的批發商躍居商業流通中心。批發商依業別而組成行會同業團體❸，訂定獨自的規章，以圖獨占營業權。江戶的「十組問屋」（批發商）與大阪的「二十四組問屋」，為企圖獨占江戶與大阪間運輸的安全與流通而結成的批發商聯合組織。

　　幕府當初並不正式承認行會，至十八世紀以降，為了商品流通的統制與物價政策，決以負擔各種營業稅為條件，廣泛的公認商人的行會，允許營業獨占。

　　全國通用同樣規格的金銀貨幣，以德川家康於 1600 年設置金座、銀座大量鑄造的慶長金銀為最早。金座設置於江戶與京都，在後藤庄三郎之下，鑄造了「小判」、一分錢等計數貨幣。銀座首先設於伏見、駿府，其後遷往京都、江戶，鑄造丁銀與豆板銀等秤量貨幣。十六世紀初，在江戶與近江坂本設置銀座，其後在全國各地增設，鑄造大量的銅錢與鐵錢。十七世紀中葉，金銀錢三貨普及於全國，促進商品流通的發展。

　　但東日本以金，西日本以銀為交易中心，一直到明治以前沒有成立統一的貨幣制度。十七世紀後半開始，各藩以城下町為中心的藩經濟發達之下，「藩札」（各藩印製的紙幣）在領地內流通，亦有商人所發行的私札，彌補了三貨的不足與藩財政的貧困。

---

❸　允許營業的獨占權稱為「株」(kabu)，持有「株」的商人行會稱為同業行會（「株仲間」）。行會的主要功能乃在協定價格、統一品質、調節販賣量，以維護同業的權益，並保持對外信用。其壟斷性營業受到幕府、諸藩的保護，行會以外的營業概被禁止，唯須繳納雜稅與捐款。

農業與產業的發達，是以都市為中心連結全國的商品流通市場而形成全國市場。

第三節　幕府體制的進展

一、和平與秩序的確立

1651 年 4 月，第三代將軍家光去世，子德川家綱以十一歲沖齡繼任為第四代將軍。幕府機構既已整備，在會津藩主保科正之以及譜代大名的輔佐下，社會秩序日趨安定。在和平盛世賡續之中，重要的政治課題是治安對策。同年 7 月，發生由井正雪之亂，之後幕府放寬「末期養子之禁」❸❶，並加強取締居住江戶的浪人。

1663 年，成人的家綱，發布新的「武家諸法度」，同時頒布「殉死之禁」令，規定主人死後不得殉死，繼續對繼承的新主人「奉公」❸❷。翌年，發給所有大名「領地證書」，確認將軍的權威，並舉行幕領的檢地，以求幕府財政的安定。

由於諸藩繼續安定和平，軍事動員的負擔減輕，且以寬永年間的饑荒為轉機，各藩較能推動領內經濟的發展。諸大名起用能幹的家臣為輔佐，加強藩主的權力，整頓領內統治機構。並經由治水工程、新田開發，提高農業生產，以求財政的安定，但因交替參覲與「協助修建」等支出，各藩的財政仍未好轉。即使聘請儒學者為顧問，以刷新藩政，但效果不彰❸❸。

---

❸❶　無繼承人的大名，於臨終（末期）之際，急遽提出繼承人（養子）申請的「末期養子」，幾乎未獲認定。此時則准許五十歲以下大名的「末期養子」。

❸❷　將軍與大名，大名與家臣的關係上，明示主人之家世世代代繼續為主人，從者並非對主人個人，而應對主家奉公的主從關係。至此，已不再有下剋上的情形發生。

❸❸　岡山藩主池田光政聘請熊澤蕃山，重用之，設置藩學花畠教場。保科正之（將軍

二、元祿時代

　　自家康至第三代將軍家光，奠定了江戶幕府的基礎。初期政治均施行集權的武斷政治。但從第五代將軍綱吉起，出現元祿時代。此後幕府政治逐漸改變初期的專斷，轉為注重教化的文治政治。

　　綱吉的政治，乃在大老堀田正俊輔佐下進行。在正俊被暗殺後，由親信（側用人）柳澤吉保取代。1683 年，綱吉發布新的「武家諸法度」，將其中第一條「弓馬之道」改為「盡忠孝，重禮儀」。這是要求武士對主君的忠誠及對父祖之孝。

　　這種所謂文治主義的思考模式，乃是儒教的精義。綱吉不僅建設湯島聖堂，並任林鳳岡（信篤）為大學頭，獎勵儒學❸❹。

圖 8-3　德川綱吉

　　綱吉時代改變了對天皇、朝廷的統制方式，以鞏固其政權。在提倡禮儀以維持秩序的考量下，一改過去對天皇、朝廷的嚴苛束縛，恢復部分的朝廷儀式，增加朝廷的經費❸❺。但幕府財政卻到了轉換期。原本豐富的礦山收入，岔道礦山等的金銀產量驟減，財政收入銳減。加上明曆大火災後的江戶城與市街

家光之弟）受學於山崎闇齋，著有多種書籍。德川光圀在水戶創設彰考館，開始編纂《大日本史》，聘請自明亡命而來的朱舜水任學事。前田綱紀則招聘朱子學者木下順庵，以圖振興學問。

❸❹　綱吉將江戶上野的孔子廟與私塾，遷移到湯島，整理為學問所，由林家主宰。

❸❺　1687 年恢復了中斷二百二十年的大嘗祭，1694 年，舉辦停止近二百年的賀茂葵祭。此後朝廷的儀禮，逐漸恢復。

重建費用，及接踵而來的寺社建造費用，實為龐大的支出，招致幕府財政的破綻。

綱吉皈依佛教，致力弘揚儒學，推展文治，唯矯枉過正而流於形式。其仁慈及於禽獸，於 1685 年起二十餘年，頒發「憐愍生類令」，嚴禁殺生。庶民因觸犯而受嚴懲者不少 ❸❻。儒教主義的政治，竟變成喪失理性的專制暴政。

雖然綱吉屢次頒發「獎勵儉約令」，但晚年卻極盡奢侈之能事，廣建神社、佛寺、賞賜僧侶，以致府庫匱乏。於是實施嚴厲的貿易控制，並改良鑄幣，增加劣質貨幣的發行，導致幣值貶低，物價騰貴，經濟狀況每況愈下，且開日後任意改鑄貨幣的惡例。

1707 年，富士山火山爆發，駿河、相模等國發生降砂大災害 ❸❼，更加深財政的窘境。

三、正德時代

綱吉死後，第六代將軍德川家宣，廢止「憐愍生類令」，斥退柳澤吉保，聘請朱子學者新井白石與親信間部詮房，是為正德政治。但家宣在任僅三年餘而死，繼其後的將軍（第七代）德川家繼，僅是三歲孩童，因而幕府政治唯有繼續倚賴新井白石。

在短命、年幼將軍相繼之中，白石以為提高將軍職的地位與權威高於將軍個人的人格，設法促成將軍家繼與二歲皇女的婚約，創設閑院宮家 ❸❽，

❸❻　因殺傷狗類或鳥類，而被處死刑或流放的民眾甚多。幕府甚至建造大規模的犬屋（數萬坪至十數萬坪），收容四萬八千餘隻野狗。所需費用則是徵收附加稅抵充。

❸❼　幕府為了復興火山爆發受災地區，命令各地徵收臨時捐（定為每百石徵二兩）。結果，徵得四十九萬兩。

❸❽　當時宮家（親王家）只有三家，很多皇子、皇女出家入門跡寺院。因此幕府乃捐獻費用，破例創設閑院宮家。

加強與天皇家的結合。整理出一目瞭然的序列，訂定明確的服裝制度，以彰顯家格與身分秩序。

當朝鮮的通信使為了慶賀家宣就任將軍派使來日之際，白石認定過去的使節接待過於隆重，而改為樸素，對於朝鮮國書之中「日本國大君殿下」的字眼，亦迫使其直接改成「日本國王」，以明確代表一國權力者的地位。

白石在財政問題上，提高元祿貨幣的金含量，鑄造與以前「慶長小判」同率的「正德小判」，以壓抑物價。但經過再度的貨幣交換，反而引起經濟混亂。長崎貿易亦因金銀流出太多，於 1715 年發布「海舶互市新例」，嚴厲限制貿易額❸❾。

海上交通以幕府與諸藩的年貢米輸送為中心，以大阪與江戶為起點而整備。內陸的河川舟運，亦為物資流通的中心，開闢了「東迴航線」與「西迴航線」。至十七世紀後半，江戶商人整備了繞東與繞西線兩條海運線，完成了全國性的海上交通網。

第四節　鎖國體制

一、江戶初期的外交

1600 年，荷蘭船漂流到豐後。當時歐洲自十六世紀後半起，從西班牙獨立的荷蘭及毛織品工業發達的英國勢力抬頭，兩國先後成立東印度公司，以圖進窺亞洲。德川家康招聘航海士耶揚子 (Jon Joosten) 與領航人英國的威廉（William Adams，三浦按針）到江戶，任命為外交、貿易顧問。其後荷蘭於 1609 年，英國於 1613 年，得幕府自由貿易的許可，在肥前的

---

❸❾ 白石推算自江戶時代初期，日本保有的金有四分之一，銀有四分之一，因貿易而流出海外，因此限定清船每年三十艘，銀幣六千貫（錢一千文），荷蘭船二艘，銀幣三千貫，以防止金銀的流出。

平戶開設商館❹。家康透過朝鮮與琉球王國，與明朝交涉恢復邦交事宜，遭明朝拒絕。

家康重視對西班牙的貿易，要求與西班牙屬地墨西哥通商，1613 年，派遣家臣支倉常長到西班牙洽商與墨西哥直接貿易，但締結通商貿易的目的卻未成功。

當時葡萄牙商人，以澳門為根據地，將中國出產的生絲（白絲）運到長崎，獲得巨利。幕府於 1604 年設置「絲割符」制度❹，使「絲割符仲間」的特定商人整批輸入購買生絲，排除葡萄牙商人的利益獨占。

德川家康實現與朝鮮的媾和，於 1609 年，對馬藩宗氏與朝鮮半島締結「己酉條約」。此一條約成為近世日本與朝鮮關係的基本，在釜山設倭館，宗氏被認定其在對韓外交上的特權地位❷ 。朝鮮先後派遣了十二次使節（「通信使」）。赴日名目大多是慶賀新將軍就任。

琉球王國於 1609 年，被薩摩的島津家久所征服，置於薩摩藩的統制之下。薩摩藩亦在琉球實施檢地、刀狩之制，推動兵農分離，確立了農村統制，同時掌握通商交易權。迫使琉球王國的尚泰，即位為擁有八萬九千石俸祿的藩王，卻仍繼續以獨立國的姿態，與明、清進行朝貢貿易。琉球每於國王更位時，派遣謝恩使，將軍更替時派遣慶賀使❸。

---

❹ 荷蘭人、英國人與南蠻人有別，而稱為紅毛人。宗教亦非舊教（天主教），而是新教 (Protestant)。

❹ 堺、京都、長崎等地的商人組成行會（絲割符仲間），由行會於每年春天決定輸入的生絲價格，整批收購輸入的白絲，再配售給其他行會會員的制度。

❷ 宗氏的特權乃是對朝鮮貿易的獨占。宗氏將其貿易利潤，分給家臣而締結主從關係。對馬因無耕地之利，只能依靠貿易利潤以為彌補「知行」（采邑收入）之不足。

❸ 使節的行列，穿著異國風的服裝、髮型，旗幟、樂器，宛如「異民族」的琉球人，向幕府朝貢的形式。

二、鎖國政策

　　幕藩體制鞏固之後，開始對日本人的出國與貿易加以限制。其理由一因基督教的禁教政策，二是幕府企圖獨占貿易利益。幕府對基督教初採放任政策，其後感到基督教傳教有招致西班牙、葡萄牙侵略的危險❹，且恐信徒有二心，因於 1612 年發出「直轄領禁教令」，翌年將之擴及全國，強制信徒改信。此後幕府與各藩，對傳教士與基督教徒的迫害層出不窮。很多信徒被迫改信，但亦有一部分不屈服而殉教。

　　幕府唯恐西國的大名因貿易而富強，亟欲將貿易置於幕府的統制之下。遂於 1616 年，將西班牙船的停泊地限制於平戶與長崎，1624 年更禁止西班牙船隻來航。接著，1633 年禁止奉書船以外的日本船出國❺。1635 年，進一步禁止日本人出國航海，甚至連海外日本人歸國亦在禁止之列。

　　1639 年，幕府禁止葡萄牙船來日，旋又將荷蘭商館 （取代葡萄牙商人）遷徙到出島❻。由於中止對葡萄牙貿易與朱印船貿易，日本的對外貿易遂由荷蘭與清國獨占，但受到嚴厲的限制❼。至此，長崎遂成為日本對外開放的唯一門戶，鎖國體制於焉成立。

　　江戶幕藩體制確立的過程，正是鎖國體制的形成過程。江戶幕府是從戰國大名激烈角逐中所建立的封建政權，基於小農經濟為主體的封建領主

---

❹ 江戶幕府成立後不久，基督教徒大增 （1605 年已達七十五萬人之多）。新教國英國與荷蘭，向幕府密告，指斥葡萄牙、西班牙人之領土野心，國內佛教與儒教信徒亦對基督教加以責難，家康乃決定禁教。

❺ 奉書船指的是朱印船之外，持有老中奉書許可狀的海外渡航船。

❻ 1688 年，嚴限清船的來航為年間 （每年）七十艘。同時將長崎街上雜居的清人，限定於長崎的「唐人邸宅」區劃內。

❼ 幕府放棄恢復與清國之間的正式邦交，而決定只在長崎進行與清國船隻的私貿易。因鎖國而來航長崎的貿易船只限於荷蘭與清的船隻。

制，同時又受到歐洲文化的衝擊。因此面對小農經濟的衝擊，西南大名擴大對外貿易，增強經濟、軍事實力的潛在威脅，而斷然實行鎖國政策。

　　從 1639 年頒布最後一次「鎖國令」，到 1853 年美國強迫叩關的二百多年，日本在國際政治上完全處於孤立的狀態。這種政策在防範西方殖民勢力的滲透，穩定封建統治，發揮了作用，甚至造成相對和平的局面。但對日本社會卻也產生了相當嚴重的消極影響。不僅使國內商品喪失了海外市場，壓抑了商品經濟的發展，導致累積的商業資本與封建勢力的結合，影響最大的是阻塞了日本人對世界的瞭解，學習世界先進科學技術的途徑。長達二百多年的鎖國，致使日本處於自我封閉的狀態，延緩了社會的發展。

第五節　元祿文化

　　元祿時代政治安定，經濟發展，不僅武士與有力町人，民眾亦萌生多彩的文化。此一時期的文化稱之為元祿文化。其特色乃是承續室町、安土、桃山時代的庶民文化而發展。最顯著的特徵乃是視現世為「浮世」❽，描寫現實的文學，儒學之深研，使儒教道德沉浸到各階層。

　　元祿時代町人的經濟活動轉趨活潑，以京都、江戶、大阪為中心，商業鼎盛，豪商輩出。武士階級為封建教學所束縛，文化的創造力受阻，但町人則著重現實，標榜萬能主義，蘊育著燦爛文化的生機。

一、文　藝

　　元祿時期的文學，與古代傳統的和歌、連歌、能樂等依附統治階級貴族的文藝不同，而以新興的民眾為主流。知識之漸次普及於庶民的時代背景，實可追溯到商品經濟的發展與町人社會地位的提升。但仍受到封建身

---

❽　塵世，俗世或浮生之意。佛教生活感情出的「憂世」，或無常之世。

圖 8-4　出雲的阿國

分制度的壓抑而無法問津仕途，因此，只能傾注於官能的享受，追求「浮世」的享樂。

元祿時代町人文藝已取代了傳統文藝而普及於都市與農村，以伊原西鶴、松尾芭蕉等一些京畿的町人文藝為中心。西鶴以現實的世態與風俗為背景，描寫一方面執著於愛欲與金錢，一方面以自我的才智求生的面貌，開拓了嶄新的文學世界❹。芭蕉的作風與志在新穎奇特的輕妙滑稽俳諧 （帶滑稽趣味的和歌） 不同，他確立了具有著重幽雅、曲折，輕盈風味而富有幽邃而恬靜的蕉風俳諧，尖銳的觀察自然與人間，著有遊記《奧之細道》等名著。

戲劇方面，有淨瑠璃與歌舞伎的發達。江戶時代，淨瑠璃與木偶戲配合，形成一種以木偶扮演故事主角的木偶歌劇。武士出身的近松左衛門，以寫實的手法，描寫人生精緻奧妙之處，使淨瑠璃提升到藝術的境界。鄭成功的故事《國姓爺合戰》為其名作。

歌舞伎本為祭神時由巫女扮演的歌舞，仿照猿樂作出模擬人情百態的動作表情❺，接近戲劇形態。十七世紀初，出雲的阿國演出後開始流傳。起初是以舞蹈為主的單純表演，其後成為戲劇性的演劇。元祿時期，市川團十郎等名優輩出。

---

❹　西鶴擺脫了佛教與朱子學所倡人類欲望為邪惡的道德觀， 以銳利的寫實精神觀察，分析町人階級寄生於封建社會的兩元生活的形象，細緻的描寫商人生活的明暗而盛極一時。著有《好色一代男》、《好色一代女》等。
❺　猿樂為帶有歌舞樂曲的滑稽戲。

二、藝　術

　　江戶時代的藝術已脫離宗教而獨立，與町人
亦有連帶關係。其中最發達的是繪畫。

　　在美術的世界，產生了以京都豪商為主的洗
練華麗的美術。狩野派繪畫衰微，大和畫的土佐
派有土佐光起出任為朝廷畫師，住吉派的住吉具
慶，則為幕府的御用畫師。在狩野派喪失藝術創
造活力之後，代之以起的是俵屋宗達的裝飾畫。
這是以大和畫的典雅手法，以大膽的構圖，柔和
的線條，鮮豔的色彩，創造新的畫風。但最被庶
民喜好的是以美人、演員、相撲等為題材的浮世
繪❺。尤其菱川師宣對浮世繪樣式的創造貢獻良
多，他在江戶創作的浮世繪版畫，庶民亦能以廉
價購入而膾炙人口。

圖 8-5　菱川師宣「見返
美人圖」

　　工藝之發達頗為顯著。在尚無機械生產條件下，手工藝者全憑雙手創
製漆器、陶瓷器等精品。尾形光琳的描金畫出類拔粹。

　　日光東照宮可說是桃山式絢爛豪華造形建築的代表❺，門廊殿舍配置
在變化多端的地勢之中，裝飾精巧而華麗。名苑桂離宮的優雅恬靜之美，
散布在林泉之間❺。

---

❺　浮世原指當代民眾習俗而言，浮世繪則是以庶民的感覺，描寫市民的生活，而自
　　成一風格。
❺　東照宮的陽明門，建於 1636 年，集江戶初期工藝之精華，為江戶時代建築的代表
　　遺構。
❺　桂離宮在京都郊外，為八條都家的山莊，建於 1616 年至 1650 年之間。

三、儒學的興隆

　　儒學在幕藩體制的社會是以教學而興。朱子學的思想即是以大義名分論為基礎，重視上下的身分秩序，尊重禮節，而被幕府與各藩尊為維持封建社會的教學。

　　江戶時代的文化最重要的乃是學術的獨立。它不僅在學術內容方面，擺脫了中國學術的影響，且在學術本質方面，從宗教與文學混合狀態中建立獨自的領域。

　　過去的儒學大多由朝廷的公家學者與五山禪僧所壟斷，至江戶時代，始在幕府保護下，成為武士道德的根本，居教學思想界的主流。

　　朱子學是在鎌倉時代，由日本禪宗僧侶傳到日本，至江戶時代，始成為日本封建社會的正統教學。就客觀條件而言，江戶時代家臣間的身分結構與武家對庶民的優越性，在類型上正與儒家思想的身分結構相類似。武士與庶民的區別，以勞心、勞力為分野，武士階級內部的君臣上下關係，必須有一種超越情緒依存的客觀倫理，儒家以禮為規範的君臣道德，正契合這種需要。明確的說，江戶封建社會的結構與儒家倫理的思想結構正相脗合，這也是儒家思想所以成為江戶時代的社會倫理❺❹，而在思想界占主流地位的主要原因。

　　儒學的發達，在合理而現實的思想上，對於其他學問有很大的影響。新井白石著有《讀史餘論》，將朝廷與武家政權的推移，依階段作時代區分而展開了獨到見解的歷史評價。中江藤樹及其門生熊澤藩山等人，學習明朝的陽明學，基於知行合一的立場批判現實，具有革新性，因而受到幕府

❺❹　朱子學以「天人合一」的理論出發，注重君臣名分，以維持道義作為政教的根本，是封建社會中規定五倫的身分階級，並且推行寡欲主義的教學，成為封建獨裁統治的基本理論。因此受到江戶幕府的庇護。幕府曾於 1790 年頒布「寬政異學之令」，禁止朱子學以外的一切教學，並重行宣布朱子學為正統的封建教學。

的壓抑❺❺。

　　戰國時代，在土佐創始而由谷時中承繼的南學（海南學派），亦屬於朱子學的一派，山崎闇齋依儒教之流解釋神道，倡導垂加神道❺❻。

　　此外，尚有自朱子學衍生的古學派，創始者山鹿素行，對朱子學感到懷疑，倡言直接回歸孔孟聖賢之學。繼起的荻生徂徠，開創了從語言學觀點研究儒家經典的方法，使古學登峰造極。徂徠學一方面將個人生活從團體生活中解放出來，產生日本學（國學），一方面將自然法則從道德規範分開，強調研究自然的自由，使日本走向接受西洋科技，開闢了「洋學之路」。

四、科　學

　　自然科學方面，本草學（博物學）與農學、醫學等實用的學問發達，貝原益軒的《大和本草》（博物學）、宮崎安貞的《農業全書》有廣泛的實用價值。由於測量與商業交易的必要，和算發達，關孝和在筆算代數式的計算法與圓周率計算有優異的研究❺❼。

　　自十七世紀後半至十八世紀初，名古屋玄醫等，提倡依據中國醫書的「舊醫法」。幕府將蘭學限定於加強封建制的技術研究，因此，實用的醫學乃有顯著的發展。山脇東洋得幕府的許可，解剖人體，發表《臟志》。杉田玄白等翻譯的《解體（解剖）新書》的刊行，促成醫學研究的進展。

---

❺❺　他批判盲目接受古代中國道德秩序的儒學，但因此而被幽禁於下總古河，病死於此地。

❺❻　垂加為闇齋的外號。這是以過去的伊勢神道、唯一神道以及吉川惟足創始的吉川神道為基礎而成立，富有強烈的道德性。由於其強調神之道與天皇之德為一體，遂成為尊王論的根據。

❺❼　關氏發現筆算式的代數學，開拓了獨特的微積分學，但如同中國的數學，「和算」不能像西洋之成為自然科學、應用技術之基礎而發展，淪為一般的和算術，因祕傳而後繼無人。

第九章
幕府體制的動搖

概　論

　　在幕府採取鎖國政策，貪圖和平美夢期間，世界局勢大變。經歷工業革命的歐美資本主義國家，為了推銷商品獲取原料，紛紛向海外尋求市場。十八世紀末年起，俄英法美等國，先後抵日叩關，要求與日本通商貿易。在強大壓力之下，幕府窮於應付，最後終於放棄鎖國的祖法，實行「開國」。

　　江戶時代後半期，是幕府與諸藩一面實施各種改革，一面走向崩潰的時期。近世史的演變過程中，元祿時期被視為政治、社會、經濟與文化各方面達到封建制的顛峰，旋經正德時期至享保年間，面臨一轉變時期。這種轉變的背景正是町人的抬頭與農村的變化。

　　町人的抬頭顯現商業的發達，導致以自然經濟為基礎的封建社會崩潰。武士聚居城下町，以米穀換取貨幣，消費生活愈膨脹，經濟愈益窮困。商人卻乘著流通經濟的發達而大發其財，甚至干預幕府與大名的財政。武士的窮困促成其對農民年貢的誅求，復由於貨幣經濟之滲入農村，負擔日益沉重的農民，終於無法忍受，因而屢次起而暴動。

　　為了挽救封建制度內部的危機，幕府實行享保、寬政、天保三次改革。諸藩亦隨之從事各項變革。這類改革的特徵無非是加重農民租稅，藉以緩和財政困難，統制貨幣經濟，以圖振興產業，解決農村問題，但效果不彰。

第一節　封建社會的動搖與改革

一、封建社會的動搖

1.武士的貧乏

武士聚居城下町，大都以米易錢，從事消費，必然引起經濟拮据。自幕府、各藩以至武士，經濟日漸惡化。

江戶幕府初期財政相當充裕，但自四代將軍家綱起，由於支出增加、金銀礦山採掘量減少，儲存的金銀已告罄，至五代將軍綱吉以後，財政日益困難。幕府屢次改鑄貨幣，或加徵直轄領地內農民的賦稅，或令富商捐納「公務稅」，或獎勵節儉、減少支出，但仍無法解決財政困難問題。

各藩的財政困難，較諸幕府尤甚。蓋其不能鑄造貨幣，只有施行物產的保護獎勵，製造特產品輸出國外，或採取專賣以謀取利益。有的向幕府申請貸款，有的以貢米作保向大阪商人告借，有的借用家臣的祿米，有的加重農民賦稅，不僅增加了藩士的不滿，且引起農民的反抗。

至於旗本與御家人，由於常居大都市江戶，生活日趨豪奢，卻因收入固定而陷入窘境。因此常以祿米作抵向商人借錢，或者兼營禁制的商業或手工業，或出售武具刀劍，甚至「御家人」資格。他們因為身分限制，不能自由發揮才能，自立謀生。至此，封建社會一項重要支柱的主從關係與身分制度已開始崩潰。

2.農民的窮困

農家的耕地大都狹小，但田租負擔甚重，加以受到種種限制，生活極為困苦。

江戶時代中期以後，每當幕府與諸藩財政困窘之際，必先加徵農民的年貢。及至貨幣經濟滲透以後，自給自足的農村愈益凋敝。貧困的自耕農

出售田地而淪為佃農。但因當時不分土地大小同率課稅的租稅制度，造成耕地愈多則愈富的現象，於是豪農兼併貧農的土地，或經營商業，或投資開發新田，或營高利貸，由是加速農村的階級分化。

　　貧農頗多離開農村而走向都市，於是都市人口膨脹，農村人口減少。同時，由於農民生活困苦，養不起子女，墮胎和殺嬰的風氣盛行，因此，江戶時代後期（十八世紀後半期），日本人口幾未增加❶。復因天災荒歉頻仍，農村荒廢，享保（1716 至 1735 年）、天明（1781 至 1788 年）、天保（1830 至 1843 年）的大饑荒極為嚴重，餓殍甚多❷。各地諸侯均各自為政，禁止本藩的糧食運往他藩，復因地主和商人囤積居奇，損害更大。這時二宮尊德等出而指導開墾土地，興修水利，改良農業技術，幕府與諸藩亦致力人口對策，積穀備荒，但無甚效果。

圖 9–1　天保年間的農夫

---

❶ 十八世紀以後，日本人口維持三千萬人上下，其後約一世紀半，呈現停滯狀態。

❷ 享保、天明、天保年間的大饑荒，為日本江戶時期三大饑荒。享保饑荒集中於西日本（中國、四國地方），收成僅及常年的四分之一，飢民二百六十萬，餓死、病死者數十萬之多。天明饑荒災害地區為東北地方，津輕藩（青森縣）、南部藩（岩手縣）均有數萬乃至十數萬餓死。天保大饑荒則遍及全國，尤以東北地區災害最為嚴重。

3.一揆的破壞

農民每遇凶歉，即要求減免田賦，或團結一致以對抗官吏之剝削，或集體逃散，甚至鋌而走險，起而暴動（一揆）。幕府與諸藩均採取高壓手段對付，首倡者總是處以極刑，但農民的要求卻大多能被接受，田賦亦獲相當的減免。

百姓在全村包稅制之下❸，苦於年貢、徭役等沉重的負擔。當幕府與諸藩的統治使百姓生產與生活受到損害時，必然發生農民被迫集結蜂起，向領主提出廣泛要求，稱為百姓一揆（農民起義）。

十七世紀初，時常發生抗拒江戶幕府統治的土豪武力交相蜂起以及整村逃亡❹，屬於中世一揆的農民暴動。但十七世紀後半起，村莊的代表提出全體百姓的要求而向領主直訴的「一揆」增加❺，十七世紀末，廣泛的地域發生大規模「百姓一揆」。參加「一揆」的百姓，要求停止增徵年貢與新稅，撤廢專賣制，進而毀壞協力藩主的商人與村莊管理人的家。

幕府與諸藩有時亦承諾「一揆」所提出的部分要求，但大多以武力鎮壓，嚴懲領導者。無論鎮壓是多麼嚴苛，「百姓一揆」仍是有增無減，每遇歉收與飢饉，各地無不同時發生。1732 年，因天候不順，西日本一帶發生大量的蝗蟲與浮塵子蟲害，吃盡稻米而導致大歉收，成為全國性的饑荒（享保饑荒），民眾的生活大受打擊。翌年，江戶發生大米店被搗毀的事件。

1782 年，始於凍災的饑荒，經過翌年淺間山的火山爆發，有數年之久處於大饑荒。全國各地「百姓一揆」頻起，都市亦屢次發生搗毀暴動。

除了農民暴動之外，都市裡亦因反對高利貸、囤積居奇、米價高漲而發生搗毀米店騷動。類此民變，江戶幕府時代，已達三千八百次以上。尤其江戶後期，暴動更為頻繁，規模逐漸擴大，參加者數以萬計。

---

❸　全村承包各種地租、新田開發、無主地的耕作等制度。

❹　兵農分離之際，仍然留在村莊的有力舊武士階層稱為土豪。

❺　一揆的代表者，甚至有被奉為義民的傳說。

二、幕政改革

1.享保改革

　　十七世紀，以農業為中心在各種領域顯著發展的生產活動，其後仍然繼續擴大。三都與城下町，港灣都市的富裕商人之中，亦有向大名借貸，出現掌握諸藩經濟實權的情況。村莊亦滲透貨幣經濟，商品作物的生產與農村家內工業推廣，不僅都市有新的財富累積，農村亦然。

　　1716 年，第七代將軍德川家繼去世（八歲），家康以來的宗家（本家）絕嗣，於是由「御三家」之一的德川吉宗繼任為第八代將軍。吉宗在職二十九年間，揭櫫其對家康時代復古的幕政改革宏願❻，稱之為享保改革。

　　吉宗廢除德川綱吉以來的「親信」政治，重視譜代大名，錄用頗多能幹的官吏，並聘請荻生徂徠與室鳩巢等儒學者為侍講，將軍親自督導改革。吉宗的具體施政有三，即財政的整理，法制的整備與風氣的整頓。

　　首先是財政的整理。吉宗發布「節約令」，壓抑支出，實施依據米穀收穫量制向大名徵收每一萬石一百石的「上米」(agemai)，但以減輕交替參觀作為報酬。接著，徹底取締幕領代官的貪瀆，改訂「檢見法」❼，採納「定免法」❽，以謀提高徵收率，增徵地

圖 9-2　德川吉宗

---

❻　吉宗的政治目標乃在否定前代的文治政策，恢復幕府創業以來的「武斷政治」，因此率先示範，矯正奢侈之風，倡節儉，挽救軟弱的士風。

❼　「檢見法」為近世徵稅法的一種。在稻米收穫前，由官府派人檢查豐歉，以定年貢額的辦法。

❽　依據過去一定期間（五至二十年）的年平均收穫量作為徵收地租的稅率。

租。有鑑於西日本幕府領地盛行棉作等商品作物累積財富，企圖增收田園的地租。

另一方面，假藉商人資本，進行新田開發，獎勵稻米增產。結果幕領的收穫量增加了一成以上，地租收入亦有增加，幕府財政逐漸有了起色。此外，獎勵甘藷、砂糖、黍、朝鮮人參等的栽培，並獎勵新的產業。同時緩和漢譯洋書的輸入限制，重視實學。

其次是法制的整備。吉宗將過去幕府法令與裁判的判例集大成，制定「公事方御定書」(*Kujikata Osadamegaki*) ❾，進行基於法制的合理政治。從此幕府的裁判始有一定的準繩，此後一直沿用到幕府末年。關於刑法的內容，亦試圖改善，同時縮小連坐的範圍，減輕放逐刑。為了廣聽民意，成立訴願箱制度❿。

為了掌握發達的商品經濟，公認商人與工人的工會。1719 年，幕府拒絕再受理金銀貸借關係的訴訟，頒布一項由當事人自行解決金錢糾紛的「相對濟令」⓫。

至於風紀的整頓方面，首重武藝之獎勵，實施獵鷹，鍛鍊武士身心。對一般人民則出版康熙皇帝頒詔註釋的《六諭衍義》，廣泛的倡導民間閱讀。他以身作則，實行節儉，頒布「儉約令」。但已無法挽回社會根深蒂固的敗壞風紀。

2. 田沼時代

將軍德川吉宗之後，經過第九代將軍德川家重，到第十代將軍德川家治的時代，因家重平庸，家治體弱，幕府恢復「親信」政治。初由大岡忠

---

❾　「公事方御定書」是江戶初期最早的刑律，為後來刑法之所本。

❿　這種訴願箱（目安箱），由「評定所」設置，舉凡政治得失、官吏營私、訴訟延遲，人人均可上書申訴。

⓫　「相對濟令」自十七世紀後半以降，已頒布過好幾次。1718 年江戶町幕府所受理的民事訴訟約有三萬六千件，其中有九成是金錢債權的案件。

光掌權，家治時則由老中田沼意次攬權。田沼父子（意次與意知）總攬幕政達十數年之久。此一時代稱為田沼時代。

田沼採取重商主義經濟政策，擴大專賣制度，促進民間的經濟活動，以開闢財源。他公認行會的設立，利用商業資本，加徵賦稅。首次鑄造定量的計數銀幣，試探以金為中心的貨幣制度一體化，但因劣質，反而引起經濟的混亂。

田沼積極推動對外貿易，緩和各種限制，增進金銀的輸入。以海產輸往清國，以遏止銅的大量外流。同時假江戶與大阪商人之力，建設大規模的排水開墾事業，積極開發新田。

田沼的政策一反過去的緊縮政策，採取與商業資本結合的方略，但過分維護商業，引起中間剝削與幕政之腐敗，幕府的財政雖因新的財經政策而好轉，但幕府官員之間，卻賄賂橫行，頗遭非議。

此時消費經濟擴及全國，導致農民階層的分化，加以米價高漲，各地相繼發生搶米騷動。尤其天災頻仍，瘟疫流行，餓死者達數十萬人之眾。

天明饑荒之後，「百姓一揆」與暴動頻頻發生，1784 年，意次之子田沼意知在江戶城內被刺殺，意次的勢力遽衰，1786 年，將軍德川家治死後，意次立被罷黜。

3.寬政改革

田沼意次失勢之後，翌年（1787 年），江戶、大阪等地全國三十餘主要都市先後發生搗毀事件。其中尤以江戶為最激烈，給予幕府很大的衝擊。在江戶與大阪發生搗毀事件之際，就任老中的是白河藩主松平定信。

定信輔佐第十一代將軍家齊，著手改革幕政。他排除田沼政治，企謀復興農村，整頓頹廢的士風，重建幕府的權威。定信的改革稱為寬政改革。定信首先起用新人，整肅紀綱。命大名、旗本以下到商人，均行儉約，並採行嚴刑峻法，強調維護封建身分制度的決心。

寬政改革的另一支柱是都市政策。幕府起用豪商，對受到重創的江戶，

進行重建。首先是圖謀調節物價（米價），強行命令降價，接著對無正業者提供資金，獎勵其回歸農村（「舊里歸農令」）。治安對策則是在江戶石川島設置臨時收容所，收容流浪者，以維持治安，同時指導技術以就正業。另一方面，嚴命節約公費，並予積存（七成積存）❿，以籌措饑荒、災害時的救濟經費。為了籌應饑荒，在各地設置社倉、義倉，儲藏米穀（「圍米」）❸。

對大名、旗本獎勵節儉，為了救濟苦於財政困難的旗本、御家人，發出「棄捐令」❹，迫令米商放棄其債權。

思想方面，定朱子學為儒學的正學，聖堂學問所禁止朱子學以外教學（寬政異學之禁），進而把林家私塾的聖堂學問所改為昌平坂學問所。

對民間，致力於風俗的革新❺，發出嚴格的「出版統制令」，壓制對政治的諷刺與批判。一方面命令諸藩加強沿岸的警備，一方面卻對林子平出版《三國通覽圖說》與《海國兵談》，強調海防必要性的說法，視之為對幕政的批判而加以彈壓，並嚴厲取締紊亂風俗的出版品與出版商。

寬政改革雖一時有整頓幕政之效，但其嚴厲的統制與節約令卻引起庶民的不滿，其所企圖從商人取回經濟實權的願望未能實現，無法解決社會動搖問題。加上朝廷發生光格天皇之父閑院宮典仁親王，向幕府要求宣布太上皇尊號時，定信力加反對，甚至處罰「武家傳奏」。這一連串的爭執事件，引起定信與將軍德川家齊的對立，定信終究被迫退隱。幕府與朝廷的協調關係亦因而崩潰，但天皇的權威卻隨著尊王論之高昂，而日益提高。

4.天保改革

天明饑荒後，寬政、文化、文政時期，由於天候得天獨厚，農業生產

---

❿　這種七分公積金制度，在東京繼續實行至明治初年，當時已積存黃金一百七十萬兩。

❸　規定大名每一萬石稻米，須儲存五十石的「圍米」。

❹　幕府強令商人放棄貸給大名、旗本等的債權。

❺　為了端正風俗，禁止奢侈品的買賣、婦女的結髮、男女共浴與賭博。

相當豐盛。但天保年間（1832 至 1833 年），收穫較之往年減少一半，歉收引起全國性的米糧不足，導致嚴重的饑荒（天保饑荒）。農村與都市聚滿了窮困的人們，「百姓一揆」、搗毀事件連續不斷，幕府與諸藩卻無法採取任何有效的措施。1836 年的饑荒尤其嚴重。

大阪的饑荒影響亦大，餓死者眾。但富裕的商人卻囤積居奇，獲取暴利，大阪奉行（市長）卻未採取任何救濟之策，不顧米糧之不足而將大量的米輸往江戶。原為大阪町奉行所官吏陽明學者大塩平八郎，於 1837 年，為了救濟貧民，動員弟子與民眾，武裝蜂起，雖僅半日即被鎮壓（大塩之亂），但在大阪這一重要的直轄都市，發生由任過幕府職的武士主導的公然武力反抗，給予幕府與諸藩相當大的衝擊。影響所及，全國各地發生與大塩共鳴的百姓「一揆」，國學者生田萬，自稱大塩門弟，襲擊越後柏崎的官廳，更加造成社會不穩的情勢。

大塩之亂顯示幕藩體制已瀕臨危機。幕府為了肆應財政困難與內外的情勢，於 1841 年，家齊死後，以老中水野忠邦為中心，斷然實行天保改革。

忠邦模仿享保、寬政的改革，發出包含將軍、府邸在內的「節儉令」，禁止奢侈品與奢華的衣服，並嚴厲處罰庶民過奢的風俗。接著發布「舊里歸農之法」❿，禁止農民做活，強制將流入江戶的貧民送回農村，企圖重建因天保大饑荒而荒廢的農村。

他將物價高漲的原因歸諸於工商業行會獨占商品流通，而無法自由競爭，因此命令解散工商業行會，容許行會外的商人與新興商人自由交易，顯示幕府亟欲掌握商品流通的意圖。更有進者，幕府強制降低各種商品的價格，禁止藩營的專賣制度。另一方面，對三都的收入課賦巨額的御用金（稅金），發行劣質的貨幣獲利，導致與降低物價政策相反的結果。為了解救旗本的困窮，再度發出「棄捐令」，反而使經濟界動搖，至於生活與風俗

---

❿　獎勵農民返回農村，沒有正業者則發給補助金。

的嚴苛統制與不景氣，更使人們的不滿日增。

忠邦於 1843 年，企圖增加幕府的收入，加強權力，發出江戶、大阪周邊的農村改編為直轄領的「上地令」❼。但譜代大名與旗本由於其可能導致財政惡化而激烈的反對，忠邦乃失勢。改革的失敗顯示幕府權力的衰退。

5. 藩政改革

諸藩方面，十八世紀中葉以降，農村人口減少，田園荒廢，租稅收入減少，財政困難愈益嚴重，百姓「一揆」日多。為此，寬政時期，藩主亦出而主導，整頓綱紀，實行節約，打開財政困難，以推動諸藩的藩政改革。於是普遍的獎勵特產品的生產，將特定商品定為專賣而牟利，並設立藩學以培養人材。

諸藩大多起用有才幹的下級武士，重建財政，加強藩的權力。鹿兒島（薩摩）起用下級武士調所廣鄉，於 1827 年著手改革，首先凍結三都商人的龐大借貸，加強奄美三島（大島、得之島、喜界島）特產的黑砂糖專賣，增加與琉球王國的貿易，以重建藩的財政。島津忠義在鹿兒島建設反射爐、造船所與玻璃製造所。旋又在英國人的指揮下建設紡織工廠，其間，向長崎的外國人格魯伯 (Glover) 購買西式武器，加強軍事力。

西南雄藩之一的長州藩，亦苦於巨額的負債，為了解決財政的拮据，起用村田清風整頓。首先緩和紙、蠟等的專賣制，並由藩擔保藩士的借款分期攤還。在下關設置「越運所」，以其委託販賣收取利益。此外，擴大新田、鹽田的開發，對商船的融資。改革的重點乃在扼制商業高利貸資本，改善武士與農民的生活，促進農業商品經濟。

佐賀（肥前）藩，實施均田制，延長直轄地佃租的繳納期限，使商人地主的一部分所有地歸還給藩，以圖重建「本百姓」體制。同時進行陶瓷

---

❼ 收回幕府直轄地的措施。即將江戶十里（約四十公里）周圍，大阪五里四方的大名與旗本的領地，歸還幕府。

器的專賣，充裕藩的財政，得以籌設反射爐的大砲製作所，引進西式軍事工業，加強藩的權力。

高知（土佐）藩亦實施支出緊縮政策，務期重建財政，加強軍事力。

除了改革成功的薩摩、長州、土佐、肥前等大藩之外，宇和島藩與福井（越前）藩，以有才幹的中下級武士參加藩政核心，加深了三都商人與領地地主商人的結合，成功的加強藩的權力。由於西南雄藩能肆應這種社會變化的新動向，遂能在幕末政局發揮強大的影響力。

第二節　幕府的衰退與近代的胎動

一、工商業的發展

在享保改革獲得成果後，十八世紀後半對幕府而言是很大的轉機。村莊有一部分有力的百姓，任村「役人」（管理職），進行地主土地的分割經營（手作）⑱，將其手頭的資金貸給窮困的百姓，再將村莊內外的田地作抵押的土地廉價收購而成地主，最後則是借貸田地給佃農耕作，收取佃租。他們成為農村地域商品作物生產與流通、金融的中心，亦是地域社會運作的操盤手。這類有力百姓稱為豪農。另一方面，喪失田地的小百姓變成佃農，或為「年季奉公」或從事日（短）工的勞動者，更深一層的被捲入貨幣經濟之中。村莊自給自足的社會應有的方向大變，兼任村政的豪農與小百姓、佃農之間的對立乃愈益加深。

都市則因行會的公認與「相對濟令」的實施⑲，商人與工人的經濟活動已成長到幕府與諸藩所無法左右的地步。批發商的活動範圍擴展到全國，

---

⑱　驅使零細農民為年季奉公人所做地主經營。

⑲　參閱第九章註⑪。

其中近江、伊勢、京都出身而從事布莊、木棉、草蓆等一群大商人，兼營匯兌商，三井在三都與各地城下町都有分店。都市的批發商，與豪農合作，主導農村的商品生產與流通，供給產地的百姓資金與原料，出現了從農村家內工業組織到批發制家內工業的結構。

在三都與城下町批發市場發達，發揮了連結都市與農村經濟中心的作用。其中尤以大阪堂島的稻米市場、天滿的蔬菜市場、江戶日本橋的魚市場，神田的蔬菜市場規模最大。

二、經濟近代化

由農業生產徵收年貢而成立的幕藩體制結構，到天保時期已遇到瓶頸。由於農民放棄農地，使田園荒廢，造成北關東的常陸、下野兩國人口銳減❷⓪。

十九世紀之後，工廠制家內工業 (manufacture) 益為發達❷①。大阪周邊與尾張的棉織業，桐生、足利等北關東的絹織品業等，自天保時期已開始興起。

幕府亦於末期，在伊豆建造反射爐，在法國技師指導下，建設橫須賀鋼鐵廠。幕府與諸藩所創辦的西式工業，成為明治維新後官營工業的基礎。

第三節　江戶後期的文化

一、化成文化

文化、文政時代為中心的江戶時代後期的文化，是以江戶的繁榮為背

---

❷⓪　1846 年的人口，較之 1721 年，減少約 30%。

❷①　一部分地主與批發商，設置家內工廠，集合從農業離開的勞工，進行分業與協業的手工業（資本的）生產。

景，以生活於都市的人們為中心而推廣。江戶發展為足以與京畿並立的全國性經濟中心，以多數都市民眾為對象的町人文化迎接了興盛期。這一時代的文化稱為化成文化。其最大的特徵是都市的繁榮，商人、文人的全國性交流，出版、教育的普及與寺社參拜的流行。隨著都市生活多樣化，文化的內容亦有多樣化的演變。

　　繪畫是以庶民廣受歡迎的浮世繪為中心，十八世紀中葉的鈴木春信，創作了浮世繪版畫的彩色印刷，開創了浮世繪的黃金時代。寬政年間，描繪了很多美人畫的喜多川歌麿，描寫個性豐富的演員畫、相撲畫的東洲齋寫樂等，運用大首畫的手法，產生相當優秀的作品，受到庶民的喜愛。天保期間，流行浮世繪版畫的風景畫，葛飾北齋、歌川廣重等的畫，與民眾對旅遊的關心結合而受到歡迎 。 這些浮世繪甚至對歐洲印象派畫家莫內 (Claude Monet)、梵谷 (Vincent van Gogh) 造成影響。

圖 9–3　喜多川歌麿「寬政三美人」

圖 9–4　歌川廣重「大橋安宅驟雨」

同時，受到明朝與清朝影響的畫風，稱為「文人畫」❷，頗受知識分子喜好。十八世紀後半，池大雅及與謝蕪村集此畫風之大成。

一時中斷的南蠻人的西畫，隨著蘭學的隆盛，西畫的技法亦與油畫工具同樣經由長崎傳到日本，產生日本人的油畫作品。平賀源內等為其代表。

二、國學的發達

始於元祿時代的古典實證的研究，十八世紀進展到《古事記》、《日本書紀》的研究，發展成為研究日本古來之道的國學。

荷田春滿與其門人賀茂真淵，追求日本古代的思想，不僅西學，連儒教、佛教亦加以排斥。本居宣長將「國學」這一門學問，提升到思想的層次，著《古事記傳》，主張回歸日本古來的精神。儒學無法擺脫古有的教理，而國學則屬於新的學問，因此可以自由的研究，批判精神亦強。受到宣長影響的平田篤胤，開創了尊崇日本古有純粹信仰的復古神道，強烈批判儒教與佛教。

三、西學的發達

西洋的學術、知識的吸收與研究，在鎖國體制下極為困難，及至將軍德川吉宗放寬漢譯洋書的輸入限制，青木昆陽等開始學習荷蘭語，西學乃以蘭學而發達。

最早引進的是實用的醫學。1774 年，杉田玄白等所編譯的西洋解剖書《解體新書》，實為具有劃時代的成果。接著，大槻玄澤等名家輩出，蘭學乃在各自領域更為隆盛。玄澤的門生稻村三伯著蘭日辭典《哈爾摩和解》❷。此外平賀源內以其在長崎所學習的科學知識為基礎，進行物理學

---

❷　文人畫意指非專門畫家所繪的畫，中國的南畫大多是文人與學者所描畫，日本亦作如是解。

❷　依據荷蘭人哈爾摩 (F. Halma) 著《荷法辭典》所編纂的《荷日辭典》(1796 年印

的研究。

　　幕府於十八世紀中葉，在「天文方」❷，開始天文、測量之外的西書翻譯。十八世紀末，有高橋至時創造寬政曆。伊能忠敬實測全日本沿岸，編輯《大日本沿海輿地全圖》。

　　幕府特設「蠻書和解御用」，專門翻譯西書。大約同時，長崎通譯志筑忠雄，著《曆象新書》，介紹牛頓 (Issac Newton) 的萬有引力說與哥白尼 (Nicolaus Copernicus) 的地動說。民間對蘭學研究的關心提高。十九世紀前半，荷蘭商館醫師西勃得 (P. F. von Siebold) 在長崎郊外開設診所與鳴瀧塾，緒方洪庵在大阪開設適塾，培養了很多人材。

　　西學研究因西勃得事件❷以及蠻社之獄❷而受到壓制，但沒有直接批判幕府的外交政策或與政治運動直接牽連者，其後仍然在醫學、兵學與地理學方面得以加強其實學的研究。

　　幕府出之於維護本身的統治，進行與歐美各國的交流，接受其文化與學術，以促進近代化。幕府於開國後不久，採取一些促進西學發展的措施，如設置翻譯局（「蕃書調所」）❷，推動西學的教授與外交文書的翻譯，同時設立講武所、海軍傳習所，並派遣海外留學生，學習歐美各國的政治、法制與經濟。轉向開明政策的薩摩、長州等諸藩，亦紛紛派遣留學生到海外。

　　此外，通商港口橫濱有外國人傳教士與新聞記者群集，經由他們的介

行）。

❷　江戶幕府的官職。專司天文、曆算、測量、地誌翻譯等事。

❷　1282 年，西勃得於歸國之際，由於攜帶查禁品日本地圖，受到驅逐出境的處分，遞送地圖給他的幕府官吏，亦遭受懲罰。

❷　渡邊崋山、高野長英等西學者，因著書批判幕府的鎖國政策，而被逮捕懲處。

❷　其後發展為洋書調所、開成所，從過去偏重醫學等自然科學的西學，推廣到哲學、政治、經濟各領域。開成所在明治政府下改為開成學校，進而成為東京大學。醫學方面設置種痘所（其後為醫學所）。

紹而興起學習歐美文化之風。

四、儒學與教育

幕府依據儒學獎勵武士教育，十八世紀後半，古學派與諸學折衷立場的折衷學派，再由其中產生實證的考證學派盛行。在此情勢之中，幕府重視朱子學作為支持幕府體制，在寬政改革時期，即以朱子學為正學，創設官立的昌平坂學問所。此後很多藩亦為了教育藩士子弟，設立藩學（藩校）。藩學起初幾乎都是教授朱子學為主的儒學講義與武術，其後亦採取西學與國學，依年齡與學力，施行學級制。離開城下町的地方，亦有得到藩的支援而志在教育藩士與庶民教育的鄉學（鄉校）。

民間方面，武士、學者、商人所創辦的私塾，講授儒學、國學、西學。其中大阪的懷德堂，十八世紀初由大阪商人出資設立。寬政改革時期，中井竹山為學頭（校長），教育商人朱子學與陽明學，產生了富永仲基與山片蟠桃等異類學者。十九世紀所設立的咸宜園與吉田松陰的松下村塾，亦在幕末培養了眾多的思想家。

一般庶民的初等教育機關「寺子屋」(terakoya)，為數眾多，大都為村莊官吏、僧侶、神職人員、富裕的商人所經營，實施讀、寫、算盤等日常生活實用的教育，同時亦教導道德。亦有女性的寺子屋師匠，貝原益軒的《女大學》專門探討女性經驗的書籍，進行女子教育。

庶民教育，由於出版盛行，以都市為中心而推廣到農村，以讀、寫為中心的初等教育，普及率甚高。

五、政治社會思想的發達

十八世紀中葉，出現了批判封建社會，提出改造意見的思潮。八戶的醫師安藤昌益，著《自然真營道》，以萬人各自耕作而生活的自然之理為理想，否定武士剝奪農民的社會與身分制度。

儒學之中的尊王思想，乃是尊崇天皇為王者的思想，水戶學❷主張最勤。十八世紀中葉，竹內式部在京都向公卿倡說尊王論，被處驅逐刑，山縣大式在江戶倡導尊王論，攻擊幕政腐敗，被處死刑。但一般而言，尊王論並不否定幕府，而是倡說尊崇朝廷，以堅守幕府的權威較多❷。

基於復古主義的立場而倡導尊王論的國學者，亦站在將軍乃是受到天皇委任而授予政權的想法❸，並非志在否定幕府政治。但平田篤胤的復古神道，則滲透到各地的豪農、神職，在幕末時期內外的危機之中，加強其與政治運動的結合。

---

❷ 水戶藩編纂《大日本史》事業為中心而興起的學派，以朱子學為主軸，綜合國學、神道，倡導尊崇天皇、確立封建秩序。前期的水戶學主流，乃是主張以德而治的王道優於以力統治的霸道，即依據朱子學的大義名分為基礎的尊王斥霸；後期則是以德川齊昭為中心，偏向於藤田幽谷及其子東湖等學者的尊王攘夷論，對於幕末的思想有很大的影響。

❷ 寬政時代的高山彥九郎，在全國倡說尊王思想，賴山陽亦透過其著述而論述尊王論。

❸ 實際上指說將軍受天皇委任政務，乃在尊王攘夷論高昂之際，於 1863 年第十四代將軍德川家茂「上洛」（晉京），接受政務委任為最早。

第四編

近現代

圖説：二戰結束之後，在東京路邊販賣食物的攤位，在農地歉收的情況下，發生了嚴重的糧食不足，使得顧客雖多，但可以提供的食物卻不足。

第十章
近代國家的成立

概　論

幕府末年，國內的尊王攘夷論甚囂塵上，旋因「公武合體論」失敗，興起了尊王討幕運動。幕府處於內外夾攻中，終於崩潰，長年的武家政治遂告結束。

七百年的武家政治結束以後，在王政復古旗幟下，明治新政府一方面改革國內體制，一方面參與國際社會，即以近代國家的建設與國際地位的提高為目標，追求富國強兵、殖產興業、文明開化，積極推動近代化。繼「奉還版籍」與廢藩置縣之後，平定西南戰爭，奠定近代國家建設的基礎。新政府廢止身分制度，改革各種封建制度，致力扶植產業的政策。但其專制性格甚強，薩摩、長州等藩閥的色彩極濃。

明治時期的社會問題，初期起因於封建制度的廢除，而資本主義的發達、產業革命的進行，導致勞工運動、社會主義運動。政府臨之以懷柔與鎮壓，在「大逆事件」後❶，社會運動日益衰微。

文化方面，正如「五條誓文」所示，最高方針是開明的、進取的，以

---

❶　1910 年，志在嚴厲取締社會主義運動的桂內閣，羅織幸德秋水等二十四名無產、社會主義者，陰謀暗殺明治天皇的罪名，將之處死（有半數改判無期徒刑）的事件。

吸收西洋文化為國策。「文明開化」到處風靡,爭相聘請外籍教師、顧問。結果,學問、文藝頗有進展,但亦有僅止於西洋文明模仿之弊。

西南戰爭證明武力反抗無效,於是改向民主政爭。自由民權運動普及於全國,一致要求成立國會。政府決心制定憲法、設置國會,以壓抑此一運動。

憲法頒布以後,日本對內促進政治、經濟的近代化,對外進行修改不平等條約。日本成為立憲國家,形式上完成了政治的近代化。

修約是明治政府最大的外交課題。雖然由於過分的西化政策,一時遭受時評,修約屢遭挫折,但自明治初年以來,經過數十年艱難的交涉,終於二十世紀初年即廢除不平等條約,獲得國際上的平等地位。

日本初步決定推動「大陸政策」,與中俄兩國角逐,向亞洲大陸擴展。朝鮮為清國屬邦,日本則欲使朝鮮先脫離清的掌控,於是發動日清(甲午)戰爭,這是近代日本第一次對外戰爭。日本獲勝,取得臺灣、澎湖以及巨額的賠款。從此,日本的經濟突飛猛進,且確立了金本位制度,輕工業以紡織業為中心急速的發達,第一次產業革命告成。

日清戰爭後十年,日俄因滿洲(東三省)問題而發生武力衝突,結果,日本又獲勝。於是日本向朝鮮半島以及滿洲擴張。同時以重工業為中心的第二次產業革命完成。明治時代的後半期,確是日本國力輝煌飛躍的時代。

第一節　開國與動亂

一、開　國

1.西力東漸

在日本長達兩個多世紀的鎖國期間,世界情勢大變。歐美各國建立資本主義體制,變成近代國家。十七世紀中葉,英國等國相繼發生市民革命,

十八世紀末，美國掀起了獨立革命，不旋踵發生法國大革命。俄國開始開發西伯利亞，至十九世紀，美國進行西部開拓，進而進窺太平洋。在如此情勢之中，俄國、英國與美國船隻，先後出現於日本近海，迫使幕府面臨變更外交政策的重要抉擇。

1792 年，俄國使節拉克斯曼 (A. Laksman) 到北海道根室，送還一批漂流民，同時要求通商。面臨外國船隻進入境內要求通商的危機，幕府命令諸藩加強江戶灣與蝦夷地的海防。更於 1798 年，派遣近藤重藏等到擇捉島 (Etorofu) 探查。

1804 年，俄國使節雷薩諾夫 (Nikolai P. Rezanov) 持拉克斯曼所攜入航許可證航抵長崎。幕府對此正式使節表示冷淡，並加以驅逐，俄船乃攻擊庫頁島與擇捉島。其間，幕府增強對俄防備，於 1807 年，改松前藩與蝦夷地為直轄地，置於松前奉行支配下，使東北諸藩充當警護。翌年派遣間宮林藏到庫頁島及其沿岸探查。復於 1821 年，將蝦夷地歸還給松前藩治理，俾能加強防備。

北方的對外緊張聲中，英國軍艦費頓號 (Pheton) 侵入長崎（1808 年），令幕府倉惶不知所措❷。其後英美船隻仍經常出沒於日本近海，強行要求薪水與糧食。幕府採取提供薪水與糧食的方針，並為了避免外國船員與住民之間的衝突，於 1825 年發布「異國船驅逐令」❸，嚴命擊退外國船隻。因此發生美國商船於 1837 年遣返日本漂流民，並擬與日本交涉貿易之際被擊退的事件（莫里遜號事件）❹。

---

❷　英艦為了追逐當時敵國的荷蘭船而入侵長崎，捕獲荷蘭商館員作為人質，強行要求薪水、食糧的供應。幕府一時不知所措。至 1810 年，始命令白河、會津兩藩，負責加強江戶灣的防備。

❸　1818 年英船開進浦賀要求通商，被幕府拒絕，後來發生英國船員在九州掠奪事，幕府乃於 1825 年發布「異國船驅逐令」。

❹　對此一事件，事後（1838 年）渡邊崋山寫《慎機論》、高野長英撰《戊戌夢物語》

2.列強叩關

十八世紀末到十九世紀初，俄國與英國船隻紛紛航抵鎖國日本，欲打開日本的大門。清朝中國在鴉片戰爭中大敗於英國而被迫簽訂「南京條約」的消息傳至日本，幕府於 1842 年廢止「異國船驅逐令」，發布「薪水給與令」，允許護送失事的外國船隻並給與燃料與糧食。但 1844 年，當荷蘭國王親書致函幕府勸告日本「開國」時，缺乏世界情勢認識的幕府卻置之不理，仍然堅決維持鎖國體制。

十九世紀，美國進行產業革命，領土擴張到太平洋東海岸的加州，亟欲一改過去繞道大西洋的東方貿易，橫渡太平洋直接進行。但因需要中繼（轉運）站，乃向日本要求航海太平洋的船隻與捕鯨船的中途停泊。1846年，美國派遣東印度艦隊司令官皮德爾 (Biddle) 赴日交涉，卻被拒絕。及至 1848 年，加州發現金礦，美國西部地方急速的開拓，因而更需要日本的開國❺。

3.幕府的因應

1853 年 6 月，美國東印度艦隊司令官培里 (Matthew C. Perry) 率領四艘軍艦，開進江戶灣的浦賀，企圖使用武力逼迫日本開國。幕府在黑船大砲的威嚇下屈服，受理國書。約定明年春天來長崎再議。繼培里之後，俄國使節普提雅廷 (Euphimius Putyatin) 亦到長崎要求劃定兩國邊界和通商，幕府未置可否。

培里叩關，朝野上下，驚慌失措，政局一片混亂。幕府一反獨斷專擅的慣例，不僅向過去無權過問的朝廷報告，且亦徵詢諸侯與各界的意見，採取舉國一致的對策。但這種措施，只是提高了朝廷的權威，給與諸侯對

加以批判，卻遭受幕府的處罰（蠻社之獄）。

❺　美國在太平洋的捕鯨船，需要在東亞設立供應基地，作為避難港口。日本成了美國擴張的目標。

幕府發言的機會，成為轉變幕府政策的契機。
但開國與攘夷兩論對立，幕府躊躇不決。

　　翌年，培里依約再率七艘軍艦進入江戶
灣，以武力威迫。幕府終於屈服，於 3 月締
結「日美友好條約」❻，約定供給美國船隻
所必要的燃料與糧食，救助遇難船隻與船員，
開放港口（下田、函館）以及片面最惠國待
遇條款等特殊待遇。此後，日本與英俄荷等
國亦相繼簽訂同樣內容的條約❼，至此長達
二百年的鎖國政策於焉崩潰。

圖 10-1　培里

　　1856 年，依據「日美友好條約」，美國駐下田總領事哈里斯 (Townsend
Harris) 來日，要求締結通商條約。負責交涉的老中堀田正睦，請求朝廷勅
准，朝廷則鑑於攘夷之風氣甚強而不回應。但 1858 年，哈里斯以英法聯軍
進攻北京的舉動相威脅❽，強烈要求與日本簽訂通商條約。只因朝廷不同
意，武士極力反對，幕府不敢擅專。但剛愎自用的井伊直弼出任大老，在
沒有取得天皇勅准的情形下，於同年 6 月，簽訂了「日美友好通商條
約」❾。接著又以此一條約為準，相繼與荷、俄、英、法簽約（「安政五國
條約」）。

---

❻　此一條約，在神奈川簽訂，因而亦稱為「日美神奈川條約」。
❼　俄國的普提雅廷亦再度來航，在下田簽訂「日俄友好條約」。依約，日本開放下
　　田、函館、長崎三港，國境則劃定擇捉島以南歸日本，得撫島以北歸俄國，庫頁
　　島為兩國人雜居之地。
❽　清朝中國因亞羅號事件的結果，與英法簽訂「天津條約」。
❾　此一條約訂定開闢神奈川、長崎、新潟、兵庫諸港與江戶、大阪開市，通商港口
　　設置居留地之外，最重要的是承認領事裁判權與協定關稅的條款。這是日本不能
　　自主修正的不平等條約。此一條約較之鴉片戰爭後的中英「南京條約」更為嚴苛。

二、開港及其影響

開國後，日本在政治上飽受不平等條約之苦❿，經濟上更因協定關稅，民族工業受到嚴重的阻礙，成為西方列強商品傾銷市場和原料供應地。

近代對外貿易始於 1859 年橫濱（神奈川）、長崎、函館三港的開埠。在開國後，日本經濟很快呈現半殖民地的特徵。蓋日本不能單方面改變稅率⓫，關稅權亦操在外人之手。

自由貿易的發展，使日本國內生產過程急遽捲入商品生產之中，結果在生絲方面可見養蠶和製絲生產，製絲手工業的興起。舊有的生產過程和商品流通結構發生根本的動搖。封建的限制和低生產力，滲入生產過程，阻礙了因應急遽膨脹的需求所作商品生產。因此引起商品價格的高昂，使一般物價受到影響。美國南北戰爭爆發，引起世界棉花不足，促使日本棉花大量輸出，不僅國內棉織品原料缺乏，且因價格昂貴而大受打擊。英國的機械製棉織品遂乘機席捲了日本市場。

西方的廉價優質商品大量湧入，日本的棉紡、絲織業受挫⓬。幕府意圖統制貿易，於 1860 年，發出「五品江戶迴送令」，規定雜穀、水油、蠟、綢緞、生絲等五種物品，必須經過江戶的批發商輸出，但因內外商人的反對而作罷。

由於允許輸出金銀貨幣，使日本的金融財政遭受沉重的打擊。開國後僅半年，即已流出金幣十萬兩⓭。幕府改鑄劣質貨幣，並大量發行不兌換

---

❿　在日本的所有外國人享有治外法權，違法行為或犯罪均不受日本法律制裁而得以逍遙法外。

⓫　出口稅一律徵 5%，有利於列強掠奪大量的原材料。進口稅原為 20%，但與英法等國所簽的「改稅約書」，卻將免稅輸入品增加為十八種，稅率僅 5%。使日本稅收銳減，外商得牟暴利。

⓬　生絲大量輸出，國內生絲供給匱乏，生絲價格暴漲，生絲業嚴重萎縮。

紙幣以為防堵，反而引起物價上漲，致使經濟日趨惡化。西方列強打破日本的鎖國體制，迫使日本淪為西方列強的半殖民地。

各方對貿易的反感驟增，於是仇視外商，攘夷運動如火如荼的展開❶。

三、政局的轉變

受迫於哈里斯要求通商條約締結之際，第十三代將軍德川家定無子，發生將軍繼承問題。越前藩主松平慶永、薩摩藩主島津齊彬，推舉一橋家的德川慶喜，與另一派推舉血統較近而年幼的紀伊藩主德川慶福的譜代大名（南紀派）對立。1858 年，南紀派的領導者彥根藩主井伊直弼就任大老，壓制一橋派，強行擁立德川慶福為將軍（十四代將軍德川家茂），並在未得勅許之前即簽署通商條約。

井伊違勅簽訂條約，招致孝明天皇之怒，當亦引起一橋派大名與倡導尊王攘夷志士的抨擊。井伊直弼採取強硬手段壓制反對派公卿與大名，大肆整肅（安政大獄）❶。憤於這種嚴厲鎮壓的水戶藩志士乃於 1860 年，在江戶城櫻田門外暗殺井伊（櫻田門外之變）。

櫻田門外之變以後，幕政由老中安藤信正接任。安藤採取融合朝廷（公）與幕府（武）的公武合體政策，於是撮合孝明天皇之妹和宮下嫁將軍德川家茂。此一政治婚姻受到尊王攘夷論者的非難，安藤於 1862 年在江

---

❸　開港後日本的金銀比價是一比五，而國際的比價則一般是一比十五。因此，外國人均利用這種差額，用外國銀幣套取黃金進口，交易一次即可賺取二倍以上的純利。

❹　1860 年，哈里斯的翻譯官荷蘭人休斯肯，在江戶被薩摩的浪士殺害，翌年，品川東禪寺英國公使館受水戶藩士襲擊。1862 年，英國人在神奈川近郊的生麥，橫過自江戶回歸途中的島津久光行列時，被殺傷。同年年底，在品川建築中的英國公使館工程，被高杉晉作、井上馨、伊藤博文等襲擊燒毀，成為後來薩英戰爭的原因。

❺　德川齊昭、德川慶喜、松平慶永被處「隱居」（退職）、禁閉（軟禁），越前藩士橋本左內、長州藩士吉田松陰被捕處死。

戶城的坂下門外被水戶藩士刺殺，辭老中職。其間與朝廷、幕府雙方均有深厚關係的外樣大名薩摩藩，基於獨自的公武合體立場，由藩主島津忠義之父島津久光領銜，於 1862 年奉勅到江戶，要求改革幕政。幕府採納薩摩藩的建議，任命松平慶永為政事總裁，德川慶喜為將軍輔佐，並新設京都守護職，以會津藩主松平容保充任，從事幕政改革❻。

在下級藩士主張尊王攘夷論為主❼的長州藩，伙同急進派的公卿，說服朝廷，迫使將軍晉京實行攘夷。幕府不得已於 1863 年命令諸藩，決以 1863 年 5 月 10 日為期實行攘夷。長州藩果於當日砲轟通過下關海峽的外國船。

對於長州藩為中心的尊攘派動向，薩摩、會津兩藩於同年 8 月 18 日，與朝廷內公武合體派的公卿合謀奪取朝廷的實權，驅逐長州藩勢力以及急進派的公卿三條實美出京都。長州藩為了挽回勢力，以池田屋事件為契機❽，攻擊京都，但受挫於薩摩、會津兩藩之兵（1864 年禁門之變）。

幕府立即動員諸藩軍隊，第一次征伐長州。正在伺機給與攘夷派一擊的列強，組成以英國為首的四國（加上法國、美國、荷蘭）聯合艦隊，攻擊下關（四國艦隊下關砲擊事件）。其間長州藩的高層，彈壓攘夷派，對幕府採取恭順的態度。為此，征討長州的幕府軍在沒有交戰下即撤退。薩摩藩在前年已受到英國的報復性攻擊（生麥事件），深知攘夷之不可能。列強更於 1865 年派遣艦隊到兵庫縣施壓，取得條約的特許，翌年與幕府交涉，

---

❻　幕府採用西式的軍事制度，放寬交替參觀的條件（文久改革）。

❼　尊王思想源自尊王斥霸的儒家思想，依「垂加神道」，王道指行仁政的天皇政治，霸道指以武力為背景的幕府政治。尊王攘夷論乃是合尊王論與攘夷論的水戶學的思想，藤田東湖為中心，通商條約的違勅簽訂後，進而為反幕論，而成為現實的政治革新運動，主張此論者，稱為尊攘派。

❽　1864 年，京都守護職指揮下的近藤勇等新撰組（警備隊）的浪士（無主君浪人武士），於京都旅館池田屋刺殺尊攘派志士事件。

簽署「改稅約書」❶，擴大貿易上的不平等條件。

此後英國公使巴夏禮 (Sir Harry Parkes)，已看破幕府之無能，改而期待以天皇為中心的雄藩聯合政權。薩摩藩由於薩英戰爭的經驗，反而轉向接近英國的開明政策，西鄉隆盛、大久保利通等下級武士革新派，掌握了藩政。法國公使羅叔亞 (Léon Roches)，則始終站在支持幕府的立場，繼續在財政、軍事上加以支援。

四、倒幕運動與幕府的滅亡

1.尊王攘夷與公武合體

屈服於幕府的長州藩，既悟攘夷之不可能，高杉晉作、桂小五郎（木戶孝允）等革新派，對保守派的藩高層反彈，高杉率領奇兵隊，於 1864 年舉兵（下關），掌握藩的實權。此一革新勢力與領地內的豪農、村莊胥吏相結合，藩論亦從恭順轉到討幕，親近英國，並加強軍事力。

幕府決定對長州藩給以削減領地的處分，但藩論一變的長州藩卻置之不理。於是幕府再度宣布征討長州藩（第二次），適薩摩藩因西鄉隆盛、大久保利通等下級武士革新派主導藩政，轉向開國進取之策，採取暗中支持長州藩的態度。翌年（1866 年），經土佐藩坂本龍馬的斡旋，與長州藩締結軍事同盟（「薩長聯合密約」），反對幕府的態度益堅。

第二次長州藩征討，戰況對幕府軍不利，幕府不久即以出征大阪城的將軍家茂猝死為藉口，中止戰鬥。

就任第十五代將軍的德川慶喜，採取法國公使羅叔亞的建議，盡力重建幕政。但幕府在征討長州之後，因善後問題與薩摩藩起衝突。1867 年，薩摩與長州聯盟，決以武力討幕。土佐藩始終採取公武合體的立場，藩士後藤象二郎與坂本龍馬共謀，由前藩主山內豐信向將軍慶喜勸告「大政奉

---

❶　此一協議書，使日本稅收銳減，外商則獲取暴利。

圖 10-2　大政奉還

還」，以制倒幕派機先。慶喜從之，終於 10 月中旬，向朝廷提出 「大政奉還」的上書。

2.倒幕運動

志在武力討幕的薩長兩藩，卻與朝廷內的岩倉具視相結，於同日取得討幕密勅。討幕派策劃武力反擊，且拉攏土佐藩加入，於 12 月 9 日斷然進行倒幕，立即發出「王政復古」的號令，樹立以天皇為中心的新政府。至此，江戶幕府二百六十年以上的歷史告終。

新政府不僅廢除幕府將軍，連朝廷的攝政、關白亦加以廢止，新設總裁、議定、參與三職，除了薩摩藩以外，容納有力諸藩的代表，採取雄藩聯合的形式❷⓿。同日小皇宮會議席上，決定命令慶喜辭官位，歸還領地，慶喜不從，返回大阪城，與新政府對決。

第二節　明治維新與富國強兵

一、明治維新的歷史意義

明治維新的原動力為西南雄藩的下級武士，他們鑑於外患頻仍，國事日非，於是聯合朝廷的公卿、諸藩的上層武士和社會的中間階層，倡導尊王倒幕，迫使江戶幕府就範，達成「大政奉還」，實現王政復古。雖非純粹

---

❷⓿　薩摩藩有西鄉隆盛、大久保利通，土佐藩有後藤象二郎、福岡孝弟被任命，不久加上長州藩的木戶孝允等。

的市民革命、中產階級革命，至少是促進封建社會轉變為市民社會的一大變革，同時與世界情勢的變動，亦有密切的關係。

歐美各國早已掀起廢止君主專制政治，樹立近代議會式民主政治的運動。此一世界潮流之所趨，實為導致幕末志士奮起的一大原因。尤其十九世紀以後，與歐美的交涉日繁，加上法國等民權思想的輸進，對於懷著近代國家美夢的先覺者，發生不少影響。

歐美各國完成產業革命，成為資本主義國家，積極向東亞擴張。印度淪為英國殖民地，中國也陷入半殖民地之際，唯日本一國尚能免於列強的侵略而完全獨立，一方面固由於急速的樹立了近代國家的體制，積極推動富國強兵政策，排除外力的干涉，另一方面，當時的國際局勢，實對日本有利。

明治維新前後，歐美列強正為國內問題或與鄰國間的交涉而自顧不暇，如克里米亞戰爭 (Crimean War)、德義之統一、普法戰爭、美國南北戰爭等，使列強的對外擴張一時停滯。同時，列強由於其在印度和清國遭遇反抗的痛苦經驗，唯恐對日本施加壓力，勢必激發其強烈的排外運動，反而阻礙其貿易發展，且其擴展市場的目標多傾向於中國大陸，因此大都希望日本推行「由上而下」的革命，而不願日本有大眾革命，更希望日本能作為對抗沙俄帝國主義的前哨。最重要的，是列強的互相牽制，蓋英法俄等國彼此之間的利害關係已很明顯，不允許一國獨占有利的地位❷。

七百年的武家政治結束以後，在王政復古旗幟下，明治新政府一方面革新國內體制，一方面參加國際社會。以近代國家的建設與國際地位的提升為目標，追求富國強兵、殖產興業、文明開化，積極推動近代化。

新政府不僅廢止身分制度，改革各種封建制度，且致力推動扶植產業的政策。但其專制的性格甚強，薩摩、長州等藩閥的色彩濃厚。舊的士族

---

❷　當俄國於幕末（1861 年）企圖占領對馬時，英國即以武力示威阻之。

極為不滿，加上征韓論之爭，遂引起西南戰爭。

　　明治時期的社會問題，初期起因於封建制度的廢除，而資本主義的發達、產業革命的進行，導致勞工運動、社會主義運動的興起。政府臨之以懷柔與彈壓，社會運動日益衰微。

　　文化方面，正如「五條誓文」❷所示，最高方針是開明的、進取的，以吸收西洋文化為國策。「文明開化」到處風靡，爭相聘請外籍教師與顧問。結果，學問、文藝頗有進展，但亦有僅止於西洋文化模仿之弊。

二、明治維新的演進

1.戊辰戰爭

　　反對新政府的舊幕府，於 1868 年 1 月，擁立慶喜，反擊京都（鳥羽、伏見之役）。幕府軍戰敗，慶喜逃亡江戶。新政府視之為朝敵，派軍征討，同年 4 月占領江戶❷。復鎮壓結成奧羽越列藩同盟的東北諸藩，9 月，攻陷反政府中心的會津若松城。翌年 5 月，降服了據守函館五稜郭的舊幕臣榎本武揚，國內大體上由新政府統一。此後，倒幕維新進入以武力推翻幕府的新階段，這一連串的戰爭稱之為戊辰戰爭。

2.新政府的成立

　　由於王政復古宣言的頒布，新政府確已走上維新之路，唯其內部依然是薩摩、長州等討幕派與尾張、土佐、越前等公議政體派的對立，互不相讓。最後因討幕派的挑釁，激起德川慶喜的舉兵反抗，因而展開了朝廷和幕府間為期一年的戊辰戰爭。為了結束內戰，新政府必須結合國內各方面

---

❷　「五條誓文」的內容為：一、廣興會議，萬機決於公論。二、上下一心，盛展經綸。三、自官吏以至庶民，務使各遂其志，振奮人心。四、破除舊有之陋習，依循天地之公道。五、廣泛求知識於世界，大振皇基。

❷　當時幕府軍一萬五千人，三倍於討幕軍，但因裝備落伍，且慶喜態度軟化，復經英國駐日公使巴夏禮的斡旋，幕府與官軍會談的結果，達成不流血開城的協議。

的勢力，並取得列強各國的支持，於是在 1868 年 3 月 14 日，即計畫進攻江戶城的前一天，頒布「五條誓文」，宣示國家的基本方針，尤其採取天皇引率百官向神誓約的形式，強調天皇親政。

此一誓文是新政府的基本方針，也是幕府末年新興日本的政治綱領❷，誓文第一條所謂「廣興會議」，係指諸侯的會議，所謂「庶民」，亦非泛指人民大眾❷。

「五條誓文」成為新政府推行國是綱領、各種行政措施的準繩。論者有謂係日本憲法的雛形、日本民主主義的出發點。甚至「廣興會議，萬機決於公論」一條，在第二次世界大戰後，尚被解釋為明治維新是立於民主主義原理的證據。據此，新政府採取下列幾項方針：

⑴古代天皇制的復活。新政府建立在諸藩聯合政權之上，所不同的，是將古代天皇制復活。國是之發表未採取諸侯會盟的方式，而採取天皇親率文武百官向天地神祇宣誓的方式，乃係仿效大化革新的先例。

⑵公意輿論的尊重。打破封建制度，建立四民平等的社會，為新政府所懸為鵠的者。新政府在「五條誓文」中已明示尊重公意輿論的方針，在「政體書」將中央政治組織定為太政官制，採取美國三權分立原則，立法機構設立上下兩局的議政官。其後，議政官合併於行政官，而設置公議所，1869 年復設待詔局，作為聽取人民意見的機構。新政府之所以採取尊重公意輿論的方針，表面上表示民主主義的傾向，實由於其基礎尚未穩固，且無武力，而全國諸藩仍處於幕府時代之舊，各擁私兵，甚至新政府的中心

---

❷　「五條誓文」是由由利公正、福岡孝弟合撰，經木戶孝允修正而成。第二條的「經綸」實指財政經濟之意，第四條「陋習」意指攘夷思想，所謂「天地公道」實指國際法之意。

❷　參閱尾佐竹猛《日本憲政史大綱》（東京，宗高書房，1978 年複印本）上卷；吉野作造主編《明治文化全集　正史篇‧明治政治史》（東京，日本評論社，1928 年），頁 34。

人物，迄未能完全控制本身各藩，為嚴密監視當時尚處於獨立狀態的諸藩，不得不斟酌諸藩意見，稍作讓步。

　　⑶開港通商並採取睦鄰政策。新政府於成立後不久即宣示採取「開國睦鄰」方針。此一轉變對於時人是很大的衝擊。蓋朝廷多年來均採取攘夷鎖國立場，而新政府的中堅人物大多為尊王攘夷運動的倡導者，因此，當明治政府宣示此一政策，且由天皇引見外國公使時，攘夷論者極表反對，甚至有暗殺晉謁天皇的外國公使，或是襲擊採取敦睦邦交論者。但新政府始終堅持此一方針，於 1869 年 8 月，設置外務省，翌年，又建立公使駐紮制度。

　　同年閏 4 月，制定「政體書」，使「誓文」方針具體顯現在官制上，即建立國家權力集中於太政官的中央政府。太政官制度主要是採取歐美的三權分立主義與議會制度的政府組織。首先是遵循「大寶律令」古制，把權力歸諸太政官，在太政官之下採用三權（立法、行政、司法）分立方針，實際掌權的行政官，幾乎都是由公卿或四雄藩的有力藩士擔任。其次是議會制度的採用，議會分為上下二局，上局由皇族、公卿、諸侯及藩士任命

圖 10-3　明治天皇

的議定、參與等組成，下局是由藩主任命的藩士代表組織而成。

至於地方則實行府、縣、藩「地方三治」的行政體制。同年年底，頒布「藩治聯制」，明定打破身分限制，廢除門閥世襲的「家老制」，分別設立執政、參與等官職❷。由是限制了藩主的權力，加強了中央政府的統治地位。

此一政治機構就三權分立、打破門閥、尊重公意而言，較之幕府的專制政治的確具有高度進步性。「政體書」所表現的政權形態，係一種諸藩同盟的政權，同時亦是從純粹封建制遞變為絕對主義的過渡政權。「政體書」雖把重點放在輿論政治的實現，尤以採取官吏公選制，誠屬一革命性的大改革，但以封建的遺物「藩」的組織為前題，仍然承認諸侯與武士的存在，忽視一般庶民，因而缺乏廣泛而牢固的民主根基。

新政府進行革新的政治改革，但對一般庶民卻揭示「五榜揭示」，強調君臣、父子、夫婦等儒教道德，禁止徒黨、強訴等民眾運動，定基督教為邪教，依舊沿襲舊幕府的教學政策。

新政府東征順利，全國底定，政權基礎穩固，於是在鎮壓關東之後，於 1868 年 7 月，改江戶為東京，9 月改元明治，確立一世一元之制，翌年從富有古代傳統的京都遷移到東京。

3.廢藩置縣

新政府成立之後，並未改變諸侯統制各藩的封建舊制，因此財政拮据，兵力不備，無法推動全國統一的政治。新政府的中心人物多為各藩出身的下層武士，實無力推動所屬各藩的變革。及至戊辰戰爭結束，新政府已轉危為安，同時控制三都（東京、大阪、京都）與三大貿易港（橫濱、長崎、神戶），形成全國性單一的經濟圈，因而逐漸加強中央集權的傾向，對諸藩的統制亦漸趨嚴密。為謀建立一個近代化國家，乃計畫沒收諸藩領地，以

---

❷　執政負責輔佐藩主管理藩政，參與則負責藩內庶政。地方官職概由倒幕派藩士擔任。

期鞏固新政府的財政基礎，進而徹底廢除封建割據，以收中央集權之實。

　　這時全國雖已底定，中央政府的組織，亦粗具規模，但各藩仍擁有版籍及武力，除舊幕府直轄地的「天領」劃歸新政府支配，將其分為府縣、設地方官管轄之外，一般地方的統治權，仍為諸藩所分占。諸藩各自為政，仍具濃厚的封建制度色彩，形成府縣藩制三者並立的局面。

　　為了確立中央集權，不得不廢止以各大名為領主的舊制度。1869 年 1 月，在木戶孝允、大久保利通的策劃下，由薩長土肥四藩主，領銜奏請「奉還版籍」❷❼。新政府立予接受，並於 6 月，命各藩「奉還版籍」，但賦予舊大名俸祿，任命為舊領地的知藩事（地方官），依舊執掌藩政。至此，藩主的俸祿與藩的財政分開，但實質上舊大名仍然殘存，蓋租稅與軍事兩權，依然屬於各藩。新政府不得不嚴格的徵收有限的直轄地（府縣）地租，因而引起各地的民眾起義。甚至有「奇兵隊」等長州藩武士，不滿藩的軍事重編而頑強的抵抗。

　　版籍既已奉還朝廷，新政府乃於同年 7 月修改官制，把神祇官置於太政官之上，復古色彩更為濃厚，復將議政官改為集議員，使其成為一個諮詢機關，喪失其作為一個立法決議機關的性格。

　　形式上奉還版籍無異廢除了封建體制，但舊藩主依然是知藩事，實質上仍具封建遺風，與過去的領主無異，中央政府的命令自難下達。為一掃封建積習，決意廢藩置縣，因恐招致反抗，於 1871 年 2 月，徵募薩摩、長州、土佐等三藩共一萬人為「御親兵」（後來的近衛兵）。

　　同年 7 月，明令廢藩置縣，並限令知藩事移居東京，改派知事（縣令）赴任。隨又進行府縣的裁併，分成三府七十二縣。至此，封建制度已名實俱廢，日本遂兌變為中央集權的近代國家。

---

❷❼　「版」即版圖，為各藩領地，「籍」為戶籍，即人民之意。「版籍奉還」意指大名將其所管轄的土地與人民的統治權，奉還給朝廷，顯示新政府在形式上掌握全國的統治權。

　　廢藩置縣為近代日本政治史上的一大事，新政府出之以大果斷，卻意外的圓滿達成。其原因一方面是諸藩大多財政困窘，亟需仰賴中央政府的補助，一方面是新政府以公債代替舊藩以往的俸祿，保障其經濟自主能力。

　　與此同時，中央政府組織的集權化亦在進行。奉還版籍之際，修改了「政體書」的太政官制，依據祭政一致、天皇親政的方針，恢復「大寶律令」的形式，於太政官之上設置神祇官，在太政官之下，設置各省。旋又在廢藩置縣之後的官制改革，將太政官改為正院、左院、右院三院制，在其下設省。新官制的政府機構，除了三條實美與岩倉具視等少數公卿之外，多是以薩（薩摩）長（長州）土（土佐）肥（肥前）四藩出身的實力者掌握實權，藩閥官僚政府之基礎遂得鞏固。

　　1871年，毅然實行廢藩置縣而達成國內統一的新政府，於同年，派遣岩倉具視等政府首腦在內的大規模使節團（岩倉使節團）赴歐美諸國❷❽。以

圖 10-4　岩倉使節團合影

❷❽　此一使節團規模龐大，共有五十人。其目的乃在試探各國修改條約的意向，視察先進國的文物制度，以資促進日本的近代化。

西鄉隆盛為中心的留守政府，則致力推動學制、徵兵制的實施與土地改革。

4.徵兵制

王政復古必須將兵馬大權獻與天皇。舊長州藩士大村益次郎任兵部大輔（次長）後，計畫解散藩兵，實行徵兵，但被保守派士族所刺殺而未果。

1870 年 11 月，頒布徵兵規則，規定每縣按土地一萬石，出兵五人，作為改革以前武士專兵制，建立新兵制的初步措施。1872 年，又將兵部省改為陸海軍兩省，因而有 12 月「徵兵令」的頒布，日本近代軍隊的創立，即以此為嚆矢。這種以建設統一國家的軍隊為目標的「徵兵令」，打破了以往身分不同的徵兵制，實現全國皆兵制度。但實際上，卻有許多免服兵役的現象，如立案的高中以上學生、海外留學實習的候補官員，以及納稅超過二百七十圓者，均享有免役的特典。此外，又有戶長及戶長繼承人、納稅負責人以及勢將成為納稅負責人者，均有免役的規定。兵役乃成為完全以民眾的肉體為納稅代價的名實相符的「血稅」❷，因此，在各地陸續發生反對徵兵的暴亂（1872 至 1873 年）。與此同時，又掀起了減租的要求，而有長期消極的逃避兵役現象❸。

實施徵兵後，公布「武士帶刀禁令」，復於 1876 年，沒收武士一般使用的刀，僅賦予天皇股肱的高級官吏、軍人、警官帶刀的特權。

新的軍制是由陸軍省、海軍省統轄。陸軍採取五兵（步兵、騎兵、砲兵、工兵、輜重兵）、六軍管（即鎮台、東京、仙台、名古屋、大阪、廣島、熊本）編制，保有平時三萬二千人、戰時四萬一千人的兵力。海軍擁有鐵製艦、木製艦共十七艘，總排水量一萬三千八百噸，並且設置東西二海軍區。

同時，創設警察制度。東京府於 1871 年設置警察署，翌年於司法省下

---

❷　在徵兵告示之中，有「血稅」一詞，因而引起反對，其實主要原因是在徵兵所引起的勞力之剝奪。

❸　利用分戶、領養、結婚，成為納稅負責人免役規定，以逃避兵役。

設置警保寮，統轄全國的警察。1873 年新設內務省，除了負責推動殖產興業與地方行政之外，接辦司法省移管的警保寮，統轄全國警察組織。翌年於首都東京新設警視廳。

三、社會與經濟

1.廢止封建制度

國內統一之後，立即進行社會制度的改革。奉還版籍使藩主與藩士之間不再存在身分關係，政府乃指定藩主與上層公卿同為華族，藩士與舊幕臣同為士族，解除了封建的主從關係。同時定農工商為平民。1871 年，廢止過去的「穢多」、「非人」等稱呼，身分、職業均與平民同。平民亦許稱姓道名，且可以與華族、士族通婚，遷徙與選擇職業的自由亦被認定，成為四民平等之世。同年，制定了華族、士族、平民三族籍的戶籍法，翌年實施統一的戶籍編制，完成新的身分制度❸。

但華族與士族，雖名額減少，依然授予俸祿，增加國家財政的巨額負擔。政府遂著手整理，於 1873 年，定俸祿奉還之制，對於有奉還希望者發給一次補助金，其餘則強制性執行的方針，1876 年給與「金祿公債」，全面廢止華族與士族的俸祿。至此士族亦與同年頒布「廢刀令」同時喪失其特權，成為不平士族叛亂的主因。

另一方面卻又在四民平等的社會之上，創造另一種權威，首先是天皇的神格化。在戊辰戰爭結束後不久，即極力宣傳稱贊天皇的神聖與仁慈，頌揚天皇為諸神的子孫，以神武天皇即位之日為紀元節，與「天長節」（天皇誕辰節日）同為國定紀念日。再以天皇為最尊崇的地位，重新改定華族、軍人與官吏等各種不同的特權階級，從地位勳章等級、法律特權和日常生

---

❸ 根據 1873 年（明治六年）的調查，日本人口共三千三百二十九萬多人，其中平民占 93%（三千一百一十萬人）、士族占 5.6%（一百九十萬人），華族二千八百人，其他（僧侶、神職）二十九萬八千人。

活方式，以至於細緻的身分，都超越一般國民之上。

2.土地改革

新政府自創立以來，始終陷於財政困難，時或向三井等巨賈徵收「御用金」❸，時或濫發紙幣、公債以度難關。隨著廢藩置縣後統一政權的確立，政府必須早日整頓主要財源（占總歲入四成）的地租，並實施定額繳納現金制。

在進行近代化政策時，財政的安定實為重要的課題。新政府的主要財源，乃是概括承受舊幕府時代的地租，但各藩的稅額有別，蓋米的收成年年有所變動。新政府由於廢藩而承繼諸藩的債務，財政拮据，遂一方面以廢藩為契機，捨棄債務，一方面志在安定財源，有必要進行土地制度與稅制的改革。

首先於 1871 年，允許田地自由耕種，翌年解除「田地永代買賣禁令」，發行地契，確認土地所有權❸。徵收地租的統制權為內容的封建領地制遂解體。以這種地契制度為基礎，於 1873 年 7 月，公布「地租修正條例」，著手土地改革（1881 年完成）。土地改革的要點有三，一、課稅的基準從不穩定的收穫量改為一定的地價；二、實物繳納改為用錢繳納，稅率為地價的 3%；三、地契所有者為唯一納稅者。

經過這次修正，政府得以確保定額的地租，財政基礎遂趨於穩固，成為日本資本主義成立的一大前提，同時富裕的地主亦因此而獲利。但農民的負擔並未因而減輕，同時政府向地主徵收的地租是現金，佃農向地主繳納的卻仍是實物，因此米價騰貴之際，得利者是地主而非佃農。過去農民倚為生活補充資源的「入會地」（公用林地草地），大半改歸政府或地主所有，因此農民生活更加困苦。地租定率的現金徵收方式，逼使農民賤售農

---

❸　江戶時代，幕府與諸藩為了彌縫財政的困窘，向御用商人臨時徵收的稅。

❸　地契原則上是交付給地租負擔者（地主、自耕農）。

產品以求現，尤其米價低賤及農作歉收時期，農民的負擔遽增，由是促成農民階級的分化，為地主制的形成造成有利的條件。

土地改革為中心的國家財政之確立，促成明治政府對產業投資的安定條件，奠定了國家資本投注農工業建設的基礎。

由於土地改革，幕藩體制已完全崩潰，但改革以後的地租與原有的年貢負擔相若，加上地方稅，反而較過去為重。蓋土地改革係以不減少本來的歲入為首要目標，從適用地價估算的觀點看來，並未依據農民申報的合理地價而來決定，而是就政府收入的預定額強制各地方按一定比率分攤。由於負擔沉重，加上決定地價的強硬態度，因而引起各地的農民暴動。這種土地政策的矛盾，成為阻礙近代日本民主化的一大因素。

3.殖產興業

封建的許多限制，為國內市場發展的一大障礙，因此，明治政府乃逐漸解除經濟上的封建束縛。1868 至 1869 年之間，取消幕府及諸藩的專賣制度，廢除行會制度，撤消各地妨礙交通的種種關卡。此後米麥等均可自由輸出藩外交易，人民亦可自由旅行與遷徙，對商業交易的自由貢獻很大。封建的舊制既經解除，於是模仿歐美各國，採用資本主義經濟制度。

⑴產業的振興。與政治、社會制度之改革同時，進行經濟各種制度的改革與產業的近代化。振興產業與富國強兵是新政府的目標與口號，其主要課題乃在促使幼稚的產業儘速近代化。

新政府的財政政策，無論是土地政革或「秩祿處分」❸，直接間接創造了資本主義生產勞資間的人際關係，成為後來形成日本資本主義社會的基本條件。

在此條件下，新政府承繼幕府末年以及西南雄藩充實軍力的方針，為了培植足與歐美列強頡頏的工業，全力推動產業的振興與富國強兵政策。

---

❸　明治政府於奉還版籍之後，實施廢止華族、士族支給「家祿」的政策。

　　當時的民間工業尚處於「手工業工廠制」的階段，尚未產生歐美先進國的機械制工業。因此於 1870 年設立工部省，以為振興產業的中心機構。然而振興產業的目的，多以加強軍事力量為主，故以軍需工業為首要。於是接收舊幕府、各藩的工廠加以擴充。其中較重要的有生產步槍、大砲、砲彈、炸藥、鋼鐵的東京砲兵工廠、大阪砲兵工廠，以及生產炸藥、引擎、軍艦、鋼鐵的橫須賀海軍工廠、長崎造船所、海軍造兵廠等。由此可見，日本的近代產業，自始即與軍國主義有密切的關連。

　　對於機械、化學工業等，與軍事工業有關的產業，亦積極建設，甚至接收幕府所有的高島、三池、釜石等礦山，佐渡、生野等金銀礦，採用新式採礦法，以確保陸海軍用的礦石。

　　纖維工業方面，接收東京瀧野川、鹿兒島、堺等三紡織廠，繼又創設東京的千住製絨所等，作為官營模範工廠，致力品質之提高、機械化之普及與生絲之輸出等。

　　政府創立的官營工廠，根據 1880 年制定的「工廠拋售概則」，大半拋售給民間資本，而拋售的對象則是幕府末年以來，與四雄藩討幕派、明治政府首腦有關的商人資本家❸❺（通稱「政商」）。

　　就企求富國強兵的目標而論，近代產業的扶植是必要的，尤其為了改善入超傾向的貿易。以輸出為中心的製絲業機械化為目的，在群馬縣設置了富岡製絲廠，招聘外國人，引進技術，培養女工。內務省則在製絲、紡織的領域，企圖透過官營模範工廠，促進民間機械生產，實施廣泛的勸業政策。

　　主要產業的農業與畜牧，尤其傾力於技術的改良。1869 年，改稱蝦夷地為北海道，設置開拓使，企圖移植美國式的大農場制度。1874 年設置屯

---

❸❺　殖產興業政策進行的過程中，三井、岩崎（三菱）等民間企業家，獲得政府的特權，在金融、貿易、運輸等各方面取得獨占的利益，而被稱為政商。

田兵制度，1876 年創立札幌農學校。

　　1871 年，開創了取代「信使」（郵電、通信業者）的西式郵政制度。1872 年，在工部省統轄之下，東京、橫濱間的官營鐵路開通。又為了確立近海的海運權與軍事輸送，優厚的保護岩崎彌太郎的三菱會社❸❻。

　　⑵金融貨幣制度的整頓。幕府末期，除金銀銅等貨幣之外，尚有洋銀與偽幣流用，幣制極為混亂。維新之後，為了統一幣制，於 1871 年頒布「新幣條例」，建立貨幣政策的基礎。其要點有三：一是鑄造新幣，廢除過去的兩、分等名稱，改用圓、錢、厘等十進法。二是改變貨幣形狀，廢除過去的方形，改用圓形。三是停止使用舊金銀幣，並援用歐美先進國的金本位制❸❼，且以銀幣銅幣為輔助貨幣。同年，成立大阪造幣局，開始鑄造新幣。

　　為扶植近代產業，興辦金融機構以提供產業資金，實為刻不容緩。維新之前，雖有「錢莊」經營類似銀行的業務，卻不出個人營運的範圍。新政府於廢藩置縣後，勸導民間富豪，在政府貸款輔助之下，設立匯兌公司，發行銀行券，成為新式銀行的先驅。但不數年即因經營不得法而失敗，由是導致澀澤榮一創辦私人銀行的嘗試。1872 年，新政府模仿美國國民銀行的組織，頒布「國立銀行條例」❸❽，成立第一國立銀行等四家銀行，發行銀行券，並備有金幣以資兌換。但因一般人不知善加利用，不僅存款額極少，且發生通貨外流，紙幣濫發等流弊，以致時常發生擠兌風潮。

---

❸❻　三菱係土佐藩岩崎彌太郎所創，得日本政府之大力保護，經營軍事運輸等業務。西南戰爭時，三菱汽船為軍事運輸的主力，在此前後八年間，獲得政府總值八百萬圓的補助，成為占有日本全國船舶數（漁船除外）80% 的大輪船公司。

❸❼　因金本位制不合實際，以致金幣流出，銀幣流入，於是在 1878 年又改為金銀複本位制。

❸❽　這是大藏大臣澀澤榮一等，仿照美國的國民銀行 (National Bank) 提出的構想，屬半官半民的銀行。譯為「國立銀行」實誤。

　　新政府因應此一事態，乃於 1876 年，修改「國立銀行條例」，廢除正幣的兌換，收購「金祿公債證書」，銀行業始告好轉。因此，「國立銀行」紛紛設立，至 1879 年，已經達一百五十三家，銀行券流通額達三千四百萬圓。

　　(3)交通、電信機關的整頓。維新政府基於經濟、軍事上的觀點，力謀交通電信制度的近代化。1868 年，在太政官之下設置驛遞司，司水陸運輸及郵遞。1870 年設立官營郵政制度。翌年起，即在東京、大阪、京都三個都市之間，實施郵筒、郵票等新式郵政事業。

　　當時咸認鐵路是文明的象徵，新政府遂決心從事鐵路建設。最早興建的鐵路當推東京與橫濱之間一段二十九公里的路線。這是舉外債，購買英國機器，聘請英國技師所修築的一條鐵路。1880 年之前，已通車的有大阪、神戶間及京都、大津間鐵路。

　　培里叩關時傳來的電信事業，經工部省的策劃而實用化，於 1869 年完成東京、橫濱間的電報通信。1873 年，東京、長崎間，東京、青森間與函館、札幌間的電信線亦先後竣工。

　　至於海運，政府的保護、扶植政策，較之鐵路尤為顯著。海運業最初

圖 10-5　橫濱的鐵道

幾被外國輪船公司所壟斷，尤以英國太平洋輪船公司為甚。1870 年，成立官民聯營的漕運公司，航行東京、大阪之間。翌年，協助三井公司成立日本郵政輪船公司，但因經營困難或業務不振而解散。乃將所有船隻撥給三菱公司。

四、文明開化

志在富國強兵的日本政府，有必要促進文化與國民生活的近代化，乃積極引進歐美文化。這是明治初期新的世界情況，而促成民間傳播之外的啟蒙運動。此一文化運動，稱為文明開化。

在思想界，過去儒教、神道的想法以及習慣，被認定為落伍而受排斥，代之而起的是自由主義、個人主義等近代思想的流行❸❾，天賦人權的思想❹⓿大為流傳。福澤諭吉的《西洋事情》、《勸學篇》、《文明論之概略》，中村正直所翻譯的《西國立志編》、《自由之理》等，新思想的啟蒙書傳播甚廣，對國民思想的轉變有很大的助益。

教育方面，1871 年新設文部省之後，翌年採取法國的學區制，實施統一的學制。此時政府倡導一種國民各自立身，智識的啟蒙，生產性的學問，屬於功利主義的教育觀，尤其以小學校教育的普及為目標，志在建立男女均等學習的國民教育❹❶。對專門教育亦極積極，1877 年設立東京大學❹❷，

---

❸❾ 明治初年，英美系統的自由主義、功利主義等新思想被引進，斯賓塞 (Herbert Spencer) 的著書被廣泛的閱讀，成為當時近代思想的主流。嗣又介紹達爾文 (Charles R. Darwin) 的生物進化論。留學法國出身土佐的中江兆民，介紹盧梭 (Jean Jacques Rousseau) 的民約論，一躍而為自由民權運動的理論的領導者。此外又有從德國引進國家主義的政治思想。

❹⓿ 這是人類生而具有平等的權利的思想，這成為後來自由民權運動的指導理論。

❹❶ 此一學制分全國為八個大學區，規定各大學區設置大學一校、中學校三十二校，各中學區設立小學校二百一十校，全國小學校共有五萬三千七百六十校，依當時人口推算，約六百人一個小學的比率。但此一計畫過於劃一而與現實脫節，不符

招聘多數外國人教師，以謀學術的發達。此外為了培養教員而設立師範學校，並創辦女子教育、產業教育，以及各種專門學校。教育主要是以政府之力推動，亦有福澤諭吉興辦慶應義塾、新島襄創辦同志社大學等私人興學，發揮具有特色的學風。

維新的變革引起宗教界很大的變動。1868 年，政府基於王政復古祭政一致的立場，禁止古代以來的神佛混交，訂立以神道為國教的方針（「神佛分離令」）。為此，全國興起了廢佛毀釋的風潮，成為佛教界覺醒運動的原因。政府更進而於 1870 年發布「大教宣布」之詔❸，制定神社制度、慶典和祭祀假日之制❹，企圖建立神道為中心的國民教化。

基督教在明治之初尚未完全袪除禁教政策，因此長崎的浦上與五島列島仍有為數眾多的基督教徒，受到各藩監禁、迫害。此後自幕末即來日本，從事教育與醫療事業的新舊各派傳教士，更積極從事傳教活動。

新聞、雜誌自幕末以來，在幕府主持下進行外國新聞的翻譯，至明治時期，起初是由幕府發行，在廢藩置縣後，以東京為中心，陸續發行各種日刊新聞與雜誌。這些報章雜誌，除了報導之外，亦作政治問題的評論，開始新的言論活動。文化團體有森有禮、福澤諭吉、西周、加藤弘之等西學者，於 1873 年組織明六社，翌年開始發行《明六雜誌》，開辦演講會，致力排除封建思想，普及近代思想。

1872 年，仿效西洋諸國之例，更新曆法，廢止舊曆（陰曆），採用太陽曆，定一日為二十四小時，星期天為休假日，長期以來的慣例儀式與風俗習慣，全部變更。

合當時的國民生活，旋為 1879 年的「教育令」所取代。

❷　統合舊幕府時代的開成所與醫學所諸校而成立。

❸　依據此一詔書，設置了宣教使。志在建立以神道主義為中心的國民教化目標。

❹　據《日本書紀》所載神武天皇即位之日（正月朔日）換算為陽曆而定為「紀元節」（2 月 11 日），明治天皇的誕辰 11 月 3 日定為「天長節」（假日）。

　　文明開化的風潮在東京等都會區的世態最能顯現出來。西裝的穿著，由軍人、官吏逐漸傳到民間，東京銀座的磚瓦製造的建築並排，瓦斯燈、人力車等成為東京的名產。

　　東京除了新聞之外，盛行學術書籍、啟蒙書與彩色浮世繪版畫的出版。農村生活與過去沒有什麼大的轉變。但隨著交通的發達與新聞報紙普及於地方，近代化的波浪逐漸吹到日本各角落。另一方面，乘此風潮而使古老的藝術品與演藝等價值被遺忘，有不少珍貴的民族文化遺產，於此一時期遺失。

五、初期的國際問題

　　明治政府自聲明開放通商的睦鄰政策以來，對內實行政治革新，對外致力於國際地位的提高。當時歐美列強亦遭逢巨大的變革和困難。英國空前的繁榮，但對愛爾蘭的統治，造成困擾。美國承南北戰爭之後，忙於內政的整頓。俄國為巴爾幹半島泛斯拉夫主義的盟主，正忙於在該半島扶植勢力。法國在普法戰爭中戰敗，業已失勢。德國和義大利則已成為統一的民族國家。

　　在此情勢下，列強大多忙於國內統治，無暇顧及對外擴張。英法兩國過去對印度和清朝露骨的侵略，引起印度人及中國人的強烈反抗，因此，歐洲列強對於日本的態度已轉趨和緩，以避免引起日人的排外。英、法、俄三國又相互牽制，不容許任何一國過分積極向日本擴張勢力，因此，日本得以不受列強的干涉，順利地完成維新大業，同時乘其餘勢，得以自主的處理其外交。

　　由於新政府自成立之初，即銳意整頓幕府末期以來積弊已深的外交，與各國間的外交問題，大體都能順利地獲得解決。這些外交問題包含修改不平等條約交涉、日俄國境交涉、「日清修好條約」、琉球問題、臺灣事件❹⑤、日韓關係的調整、小笠原群島歸屬問題等。茲分述之：

1.修約交涉

1868 年（明治元年）1 月，新政府宣告「開國敦睦」政策，翌年 8 月即設外務省，並經由英國公使巴夏禮的斡旋，得各國承認，新政府的對外關係因而大定。然而幕府末年及明治初期與英美法俄等國所簽訂的通商條約中，卻包含有治外法權、協定關稅和片面最惠國待遇等不平等約款。日本面對的首要外交問題，即是修改這些不平等條約。依據條約規定，1872 年為改訂期限，因此，在廢藩置縣之後，即派遣由岩倉具視為全權特使，大久保利通、木戶孝允、伊藤博文為成員的使節團到歐美，交涉修改條約。一行先赴美，卻因不知有全權委任狀而延誤。美國不承認日本的關稅自主權，治外法權亦注明須俟日本司法制度改善之後始可廢除。鑑於對美交涉之失敗，決定不再與歐洲各國舉行正式交涉，只進行試探各國的態度而已。修改條約的任務雖失敗，考察各國的文物制度、認識歐美的進步富強，激起其改造日本、迎頭趕上歐美先進國家的雄心，卻收到另一種成果。

2.日俄國界交涉

自幕末以來，日俄間國境劃界問題一直相持不下❹。1854 年（安政元年）簽訂的「日俄友好條約」，暫時協定：千島群島分為兩部分，擇捉島以南為日本領土，得撫島以北歸屬俄國，庫頁島則為日俄兩國人民雜居之地。但問題並未完全解決。1862 年（文久二年），日本派遣使節赴俄交涉，向俄國提議，以北緯五十度為南北分界線，俄國卻堅持以四十八度為分界線，因而無法達成協議。

幕末以來與俄國之間成為懸案的庫頁島歸屬問題，對俄國的積極進出，均感棘手。日本在北海道的開拓已疲於奔命，因此毋寧傾向於放棄庫頁島的意見占多數。

---

❹ 1874 年，日本藉口琉球民漂流臺灣東部被殺，出兵臺灣。

❹ 1853 年，俄國使節普提雅廷偕東西伯利亞總督穆拉維夫 (N. N. A. Muraviev) 赴日要求劃界，但無結果。

明治維新之後，日本委請美國前國務卿施華德 (W. H. Seward) 調解，亦無結果。到了 1860 年代後半期，由於俄人增加甚速，打破日俄雜居的均衡，日本勢力範圍的庫頁島南部有俄人滲透，日本政府不得不表示明確的態度。這時日本國內對處理庫頁島問題，有軟硬各種不同的方案❹。

起初曾有意委請美國駐日公使狄隆 (Charles E. De Long) 調停，為俄國所拒，遂決定直接交涉。先由參議副島種臣（旋任外務卿）與俄駐華代使交涉，副島提出二分庫頁島案，被拒。

日本政府於敉平東北佐幕軍亂事之後，即注意北海道（原稱蝦夷）的開拓，於 1869 年已設開拓使，任黑田清隆為開拓次官，計畫全島的開發，並獎勵屯田開墾。

當日本政府積極與俄國交涉時，黑田力主全力開拓北海道，放棄庫頁島，岩倉具視亦傾向於內治優先，反對經略庫頁島。新外務卿寺島宗則於是採納其意，於 1874 年任命榎本武揚為特命全權大使與俄國交涉，結果，於翌年 5 月，締結庫頁島、千島交換條約，約定庫頁島全部歸俄國，日俄兩國以宗谷海峽為國界；千島群島為日本領土。

3. 朝鮮問題

明治政府成立後，命對馬藩通告朝鮮日本王政復古事，並要求通商。但當時執政的朝鮮國王李熙之父大院君堅持閉關政策，拒絕接受。在此之前，法、美兩國曾因朝鮮排外，一度占領江華島，但未採取進一步的軍事行動，朝鮮因而排外如故。其後日本數度遣使要求通好，朝鮮仍拒斥不理，於是掀起了「征韓論」，欲以武力解決。適值岩倉具視、大久保利通、木戶孝允等「文治派」首腦正在國外，征韓論者有機可乘，同時因廢藩置縣，

---

❹ 當時的方案有四：1.不惜訴諸武力，以阻止俄國合併庫頁，大久保利通等主之；2.黑田清隆等所代表，以為與其浪擲力氣於庫頁這一「無用之地」，毋寧全力開拓北海道的「庫頁島放棄論」，英國公使巴夏禮暗中支持此說；3.既無法行使武力，主張改用收買的手段，取得庫頁島；4.主張慎重，傾向於談判、調停等解決方式。

實行徵兵，舊士族凋零失意，需要尋找出路，征韓論者副島種臣等，擬派西鄉隆盛為全權大使，率兵赴韓交涉，不成即以武力解決。此議在閣議中通過，適遇岩倉等人由歐洲歸國，極力反對，認為當前急務為整頓內政，不應與朝鮮構釁，於是朝議一變，征韓論遂告流產❹。征韓論的西鄉隆盛等，於 1873 年辭職返鄉。

由於外交交涉決裂，日本遂改採威嚇手段，託名測量，派遣軍艦雲揚號駛進江華島挑釁，引起江華島事件（1875 年）。日本遂以之為藉口，於翌年 2 月，派遣黑田清隆、井上馨為正副使赴韓，要求修好通商。日本仿效美國故技，以武力威迫朝鮮與之簽訂「江華條約」（「日朝修好條規」），規定開放釜山、元山、仁川等三口與日本通商，兩國互換使節，享有片面的領事裁判權等。其中第一條是日本承認朝鮮獨立自主，藉以否定清、朝鮮間的宗屬關係。朝鮮長期的閉關自守政策至此已告結束。這一條約是日本採取與歐美同一手法，迫使亞洲的一國（朝鮮）簽訂的第一個不平等條約，意味著向大陸擴張的開始。此後清日兩國在朝鮮半島角逐愈益尖銳，伏下日清戰爭的禍根。

4.「日清修好條約」之締訂

自江戶時代以來，清日之間並未正式締交。1870 年，日本政府派遣柳原前光赴清議約，實為兩國有正式外交之始。1871 年派遣使節訂定「日清修好條約」。日本初欲援歐美之例，享受特權，清國堅決反對，終於訂定一大體對等的條約。但日本不滿，再遣柳原赴華請求修約，為清廷所拒。至1873 年始正式換約❹。

---

❹ 反對征韓的論點，只是認為為期尚早，且對「征韓」的具體計畫表示懷疑，並不反對「征韓」，此由後來「內治派」政府不久出兵侵臺即可瞭然。

❹ 日本於 1871 年 9 月訂定修好條規十八條、通商章程三十三款，及海關稅則等。但日本一因美、英等國對於條規中具「同盟」意味的規定產生疑懼，一因日本致力修改不平等條約，而約中有雙方享領事裁判權之規定，且認日本應與歐美同享通

5.琉球的歸屬問題

　　琉球自 1372 年（明洪武五年）即已隸屬中國，明清兩代均受冊封，遣使朝貢。但自 1609 年受薩摩藩侵逼，同時隸屬於島津氏❺⓪，因此，琉球變成日清兩屬關係❺①。當日本廢藩之際，乘機將琉球劃入鹿兒島縣管轄，並封琉球王尚泰為華族。雖然如此，琉球仍未與清國斷絕關係。適 1871 年11 月，琉球島民六十六人漂流至臺灣，其中五十四人為原住民（高士佛社）所殺。日本遂藉機興師問罪。日本先質之清朝，清廷以臺灣番人為「化外之民」搪塞。於是採納前美國駐廈門領事李仙得 (Charles W. LeGendre)的獻策，於 1874 年 4 月，派遣西鄉從道率兵侵臺❺②，一舉解決琉球歸屬問題，並轉移薩摩藩等舊士族之不平於外事❺③。

　　日本出兵侵臺，不僅政府內部有人反對，英美等國亦加干預，日本政府一度決定中止，西鄉卻不受君命，繼續開拔，侵掠臺灣西南部，且計畫久屯❺④。嗣因清廷的抗議與歐美各國的干涉，清日舉行談判，並經英國駐

　　商章程中的特殊權利，而提出修約要求。

❺⓪　薩摩藩出兵三千，逼迫琉球簽署誓約書，成為薩摩的附庸。參閱山里永吉《壼中天地》（那霸，大晃印刷所，1969），頁 70～71；楊仲揆《中國、琉球、釣魚臺》（香港，友聯研究所，1972），頁 44。

❺①　薩摩侵琉以後，一面控制琉球的政治，一面允許琉球入貢中國，接受清朝冊封，使琉球同時臣屬於清朝與薩摩，形成日清兩屬關係。其主要原因乃是為了從中奪取中琉貿易利益。

❺②　日本政府於 1872 年 11 月已決定出兵臺灣，卻因大藏省官員井上馨、澀澤榮一等以財政困難為由反對，遂又改變，擬先派使赴清，探詢清朝反應再作定奪。至1874 年 4 月，設置臺灣蕃地事務局，任命西鄉為都督，大隈重信為事務局長，籌劃出兵事宜。

❺③　大久保政權對西南不平士族之動向極為注意，1874 年 2 月初，佐賀之亂一起，大久保等即向內閣提出出兵議。蓋恐鹿兒島不平士族與佐賀呼應。參閱《大久保利通文書》第 5 卷，頁 341、347。

❺④　佐藤三郎「明治七年臺灣事件日清兩國交換文書」載《歷史教育》6 卷 2 號，

華公使威妥瑪 (Sir Thomnas F. Wade) 的斡旋，而達成協議，訂立「北京專約」。清國給予撫恤金十萬兩、賠款四十萬兩，並承認日本出兵為 「保民義舉」。

　　翌年（1875 年），日本派內務大丞松田道之赴琉，阻止琉球向清朝朝貢或受冊封，並命其改用明治年號。琉球有部分人士奔走呼號，甚至乞援清朝，但無結果❺。至 1879 年，日本進而廢琉球藩，改為沖繩縣。清廷雖提出抗議，並經當時東遊的前美國總統格蘭特 (U. S. Grant) 從中調停，仍未能解決。復於 1880 年議訂「琉球草約」及修改商約底稿，欲以南部群島（宮古島與八重山群島）歸清朝，而以修改商約作為交換條件，但因清廷態度改變而作罷論。

6.小笠原群島的歸屬問題

　　日人自稱小笠原群島是 1593 年（文祿二年），豐臣秀吉侵韓時，信濃地方的小笠原貞賴所發現，但其後並未加以開發，一直是無人島。直到十九世紀初葉，英美一度占領，引起日英美間的紛爭。

　　明治政府成立之初，無暇顧及，但民間頗多前往開拓者，其後由於英美間的利害衝突，美國於 1873 年聲明放棄，承認其為日本領土。1880 年，日本將其劃歸東京府管轄。

六、反革新運動

　　維新政府所實行一連串大改革與新政，引起國內很大的不安，各地農民騷亂頻起，士族暴亂接踵而至。

　　維新政府一改江戶時代長年服膺的閉關攘夷的鎖國政策，轉變為開放敦睦邦交的政策，對於這種突變，頑固守舊的攘夷論者，甚難忍受，因此

　　1958 年。

❺　琉球王府暗中派向德宏等渡華，向閩浙總督何璟求援，被飭回；琉球使者亦在東京邀請英美法等國使節出面干涉，均歸失敗。

實行對政府要人或外國使節的暗殺行動。參與官橫井小楠之暗殺、兵部大
輔大村益次郎之遇難，均是反對「開化」政策的攘夷論者，意圖剷除開化
派人物的暴行。土佐藩兵殺傷法國人事件（1868 年），襲擊英國公使巴夏
禮事件（1869 年）等，則是對付外國人的一種直接行動。

　　農民的騷擾事件（「農民一揆」），明治年間較諸幕府時代更為頻繁。其
主要原因乃是實施土地改革的結果，地主們受益不少，但農民的負擔不僅
沒有減輕，多數佃農反而每況愈下，陷於極窮困的境遇。加上徵兵、小學
興學、陽曆、電報等一連串近代化措施，引起保守的農民誤會，因而時起
暴動，或攻擊放高利貸的豪農、地主，或要求地主減免田賦，地主與佃農
之間的對立愈趨尖銳。其中以 1876 年茨城縣與三重、愛知等跨四縣地區發
生的暴動，規模最大。

　　維新政府一方面以武力鎮壓，一方面採取減租以緩和人心。此後，反
對新政府的農民運動，逐漸與以言論為手段的自由民運動合流而稍緩，但
減免田賦、反對高利貸運動則仍不斷的進行。

　　維新政革最受打擊的，莫過於士族。士族的特權喪失，生活困苦，及
至廢除俸祿制而更形嚴重，加上廢藩置縣以後，藩閥政府急遽專制化，更
導致其對政府的反感，其導火線則是 1873 年征韓論爭執引起的政府首腦間
的分裂。因征韓論失敗而下野的西鄉隆盛、江藤新平等，在地方結黨，彈
劾政府。翌年，板垣退助等向左院提出「民選議院成立建言」，攻擊政府的
專制。不久，江藤新平於佐賀舉兵造反。同年 4 月的侵臺之役（臺灣事
件），即在此起彼落的士族反抗聲中，為了轉移其視線而發動。雖然新政府
於 1875 年召開大阪會議，邀請下野的木戶與板垣商議，設置元老、大審二
院，明示確立立憲政體的方針，甚至利用江華島事件，對朝鮮採取強硬態
度，以安撫反政府運動，但仍未能平息。1876 年（明治九年），熊本、秋
月、荻等地的暴亂迭起，雖先後被敉平，但不穩的情勢終於釀成西南戰爭。

　　西南戰爭係由於薩摩士族擁護下野的西鄉隆盛而起。西鄉自 1873 年

圖 10–6　薩摩藩的武士

（明治六年）返回鹿兒島後，興辦私校，廣收士族子弟，慕名而來的反政府人士不少。他們對時政不滿，不服從新政府的命令，儼然自成一封建的獨立國。西鄉的私校與板垣的立志社，均屬反政府的組織，為新政府的二大敵對勢力。熊本發生「神風連之亂」時，西鄉雖未響應，但處於不得不舉事的境地❺❻，遂於翌年（1877 年）2 月舉兵造反。當時兵力有一萬二千人，連同九州各地方的士族，共計達四萬人。他們包圍熊本城，勢甚盛。新政府幾傾全國之師，以近代裝備的警視隊，進剿薩摩武士的精銳，激戰八個月，始敗西鄉軍。此役雙方損失慘重，為維新以後規模最大的內亂。

　　西南戰爭的結束，意味著明治維新主體勢力倒幕派政治生命的終結，士族的武力反抗自此絕跡，維新政府的基礎漸趨穩固。

---

❺❻　當時群情激昂，有訴諸直接行動的徵象，政府派遣警官前往偵察動靜，該塾學生以為是派人謀殺西鄉，遂以清君側為名起事。官軍出兵六萬餘人，死傷人數高達四分之一（一萬五千餘人戰死），薩摩軍四萬餘人中有一半陣亡，軍費消耗四千餘萬元。

　　戰後，新政府的威信雖已確立，反對的力量依然存在。只是不再倚恃武力抗爭，改而以言論貫徹其主張對抗政府，大勢所趨，開啟了以後自由民權運動及政黨政治的先聲。

第三節　立憲國家的成立與日清戰爭

一、自由民權運動

　　板垣退助等提出民選議院設立的建白書為契機，自由民權運動遽昂。1874 年，板垣返回鄉里土佐，號召片岡健吉等組成立志社，以之為中心，在大阪成立民權派的全國性組織愛國社。政府亦決定逐步轉向立憲制，於同年 4 月，發出「樹立立憲政體之詔」，創設由立法諮詢機關的元老院、大審院（最高法院、府知事、縣令等所組成的地方官會議）。元老院則自翌年開始起草憲法草案。另一方面，民權運動家開始對政府發動激烈的新聞與雜誌攻擊，政府亦於 1875 年制定「讒謗律」、「新聞紙條例」，嚴加取締。

　　1876 年至翌年，士族叛亂與農民暴動平靜之後，政府為了籌劃地方自治制度，於 1878 年制定「郡區町村編制法」、「府縣會規則」、「地方稅規則」等三法，在某種程度上接納民意，改革地方制度。

　　另一方面，民權運動中心的立志社，於西南戰爭之中，推舉片岡健吉為促進國會開設總代表，向天皇提出開設國會的意見書（《立志社建白》），卻被駁回。且因有部分立志社同志參加反抗軍，運動一時陷於低潮。但1878 年，處於解散狀態的愛國社重建大會在大阪舉辦，運動的範圍擴大到士族以外，地主、都市的工商業者，府縣議員等。

　　1880 年 3 月，根據前年底，愛國社第三屆大會的決議，組成「國會期成同盟」，參加同盟的各地政治結社的代表署名，擬向太政官與元老院提出轉呈天皇的國會開設請願書。政府不受理，反而於 4 月制定「集會條例」，

圖 10-7　伊藤博文

壓制推動請願運動的民權派。國會期成同盟於同年 11 月，於東京召開第二屆大會。但因運動方針意見不一，只約定翌年 10 月，各自提出憲法草案即行散會。會後，一部分參加者決定再等待另一次會合的機會，以進行自由主義政黨的結成。翌年（1881 年）即以此一集合體為中心，於 10 月，組成一個擁戴板垣退助為總理的自由黨。

　　1878 年，政府最高領導者內務卿大久保利通被暗殺，欠缺強力領導者的政府，面臨自由民權運動的高潮而產生內訌，主張早日引進英國式議院內閣制的大隈重信，與持反對意見的右大臣岩倉具視、伊藤博文激烈的對立。適因同時發生開拓使讓售公物事件，遭受輿論的激烈抨擊❺❼。1881 年 10 月，政府斷定大隈重信為輿論幕後黑手，加以罷黜（明治十四年政變），但卻決定制定欽定憲法的基本方針，發出籌設國會的勅諭，承諾於 1890 年以前開設國會。經過此次「政變」，確立了以伊藤博文為中心的薩摩、長州藩閥政權，開始邁向君主權強大的立憲君主制。

　　民間方面，亦盛行憲法私案的提出。首先是 1888 年福澤諭吉的交詢社發表「私擬憲法案」，旋又有民權派的植木枝盛等提出憲法草案，同時民權思想亦普遍的展開論爭。

　　開設國會的時期既已決定，與倡導法國式急進自由主義的自由黨對抗，1882 年成立了擁戴大隈重信為黨揆而主張英國式議會政治的立憲改進黨。政府亦組成以福地源一郎為首的保守的立憲帝政黨，但無法成長為足以對抗民權派的勢力，而於翌年解散。

❺❼　1881 年，政府擬裁撤北海道開拓使，由開拓使祕書官與大阪巨商五代友厚密謀，以其關西貿易會的名義，以三十八萬日圓低價（分三十年無息付清），接收全部官營的產業（曾投資一千四百萬圓）。消息走漏，引起輿論一片撻伐。

二、松方財政與民權運動的激化

政府為籌措西南戰爭的軍費，增發不兌換紙幣，復於 1876 年修改條例，成立享有免除兌換義務的國立銀行，並允許商人、地主與「金祿公債證券」出資的華族、士族成立的銀行，發行不兌換銀行券❺⑧，於是發生嚴重的通貨膨脹，貿易交易所用的銀幣兌換紙幣價值大幅下滑。結果，以紙幣繳納的定額地租為中心的政府歲入實質上減少而引起財政困難，加以明治初年以來的不斷入超，本位貨幣保有額遽降。

政府於 1880 年以大藏卿大隈重信為中心，決定增徵釀酒稅，拍賣官營工廠，著手整理財政。翌年，松方正義就任大藏卿，以增稅增加歲入，並緊縮軍事費以外的歲出。採取以歲入的剩餘，處理不兌換紙幣的緊縮政策，並進行金銀的積存，於 1888 年成立中央銀行日本銀行。日本銀行於銀幣與紙幣的價格幾乎沒有任何價差的 1885 年開始，發行銀幣兌換的銀行券，翌年開始發行政府紙幣的銀兌換制，至此始進行整理銀本位的貨幣制度。

但在嚴格的緊縮政策之下，米、繭等物價遽落，嚴重的不景氣擴及全國。而且增稅加上地租為定額金納，農民的負擔加重，自耕農唯有讓售土地而淪落為佃農。地主除了耕作一部分所有地之外，租給佃農收取高額的實物地租，一方經營貸款與酒舖，或炒地皮。喪失土地的農民則流入都市。下級士族的困窮亦甚，社會開始動搖。

松方財政下的農村窮困，給與民權運動相當大的影響。運動的支持者地主與農民之中，由於經營困難與生活困窘而退出運動，同時亦有因同樣的原因在政治上轉趨急進。在這種情況下，政府於 1882 年改訂「集會條例」，禁止政黨設置支部，同時採取懷柔政策，支援板垣退助出國旅遊。板垣的出國自由黨內部亦有批判，立憲改進黨激烈的攻擊，民權運動遂喪失

---

❺⑧　國立銀行的設立，以 1879 年第一百五十三家國立銀行為最後，不再續設。

了統一的領導中心。

　　對政府的鎮壓與不景氣下重稅的反彈，自由黨員與農民乃在各地訴諸直接行動。1882 年，發生福島事件❺，接著關東及北陸、東海地方連續發生民變。1884 年，埼玉縣秩父地方，有號稱困民黨約一萬農民，要求減免遽增的負債而蠢起，襲擊放高利貸業者、警察與官署，政府甚至派遣軍隊鎮壓（秩父事件）。

　　這些事件並非全由自由黨主導，自由黨的領導幹部對黨員的統率喪失信心，加上運動資金不足，不久即解散。改進黨亦因總理大隈重信等領導者退黨而事實上陷於解散狀態。翌年（1885 年），發生舊自由黨左派的太井憲太郎赴韓打倒朝鮮的保守政權的陰謀，事前被大阪官方檢舉的事件（大阪事件）。在這種運動急進化與政府鎮壓的循環過程之中，民權運動日趨衰退。

　　但國會開設的時期迫近，民權派之間又再度企圖結集發動民眾運動。1886 年，舊自由黨的星亨等倡導團結，翌年井上馨外相修改不平等條約交涉失敗，發生「三大事件建白書」運動❻。此一運動由於 1887 年年底，政府公布「保安條例」，驅逐了滯留在東京的民權派人士而暫告平靜。

三、制定憲法

　　明治十四年（1881 年）政變之際，政府已有制定天皇與政府權限強大的憲法之意，翌年派遣伊藤博文赴歐，調查西歐憲法的實際狀況。伊藤自

---

❺　福島自由黨志士，以企圖顛覆政府罪名被捕的事件。起因於縣令無視自由黨的河野廣中所領導的縣議會，擅自賦課重稅以開設一條公路，招致縣民攻擊縣令，導致河野與縣民二千多人被捕。

❻　三大事件指的是地租的減輕、言論集會的自由與外交失策之恢復改善（對等條約的締結）等要求，攜帶此一「建議書」的全國代表，向政府機關發動激烈的陳情運動。

維也納大學的史坦恩 (Lorenz von Stein)、柏林大學的格耐斯特 (Rudolf von Gneist)，學習德國的憲法理論，翌年歸國，即著手籌劃憲法的制定、國會的開設事宜。首先於 1884 年，制定「華族令」，擴大華族的範圍，使舊上層公卿、大名以外的人亦可因對國家有功，列為華族，俾能預為上院的人選奠定基礎。接著於 1885 年，廢除太政官制，創設內閣制，任命下級武士出身的伊藤博文為首任總理大臣。

以各省（部會）的長官為大臣，在總理大臣之下，構成內閣，以圖行政的簡化。同時把宮中從政治分離，設置一個在內閣之外的宮內省，並設置一個天皇經常諮詢的內大臣。

地方制度的修正，得德國人顧問莫斯 (Albert Mosse) 的協助，由山縣有朋領銜籌劃，1888 年公布市制、町村制，復於 1890 年公布府縣制、郡制，在政府強烈統制之下，確立了地方自治制度。

憲法制定的準備，自 1886 年年底，即以伊藤博文為中心開始進行，在德國人顧問羅斯勒 (Karl Friedrich Hermann Roesler) 的協助下，由井上馨等起草。憲法草案撰成後，在天皇親臨之下，經過樞密院的審議，於 1889 年 2 月 11 日公布「大日本帝國憲法」（「明治憲法」）。

至此，日本成為亞洲最早的近代立憲國家，憲法賦予天皇總攬統治權，擁有統制行政機構，實行文武官吏的任免，宣戰、媾和與締結條約的權限。陸海軍的統帥，亦自內閣獨立而成為天皇的直屬（統帥權的獨立）。

構成內閣的各國務大臣，對天皇負個別的責任。議會的預算審議權，卻受到憲法上的種種限制。帝國議會由對等權限的貴族院與眾議院所構成，眾議院的立法權行使，卻受到由華族與勅任議員所組成的貴族院的掣肘而受到限制。雖有眾多的限制，但有未經議會同意，預算與法律不能成立的規定，致使政府不得不與議會（尤其眾議院）妥協，政黨對政治的影響力乃逐漸擴大。

「帝國憲法」為欽定憲法，天皇與行政機關權限極為強大，但在憲法

上被稱為「臣民」的日本國民，依據憲法，在法律的範圍內享有所有權的不可侵犯、信教、言論、出版、集會、結社的自由，開闢了一條透過帝國議會的預算、法案審議，參與國政之路。司法權亦自行政權獨立，創制了三權分立的體制。

四、法典的編纂

取範於西洋法典的編纂始於明治初年，聘請法國的法學家布瓦索納德 (Gustave Émile Boissonade) 起草以法國法典為典範的各種法典，1880 年，完成「刑法」、「治罪法」，在憲法之前公布。其後為了有利進行修改條約而編纂「民法」與「商法」，1890 年公布「民法」、「商法」、「民事」、「刑事訴訟法」，充實法治國家的體裁。

其中「民法」於 1890 年先行公布，但在之前已在部分學者之間為了家族道德是否破壞日本傳統的倫理問題，產生激烈的爭論（民法典論爭）[61]。

結果在第三屆議會，與「商法」同時審查的議程上，以修正為前提延期施行，1896 年與 1898 年，大幅修正了先前的「民法」之後始公布。如此形成的「新民法」成為戶長對家族成員擁有絕大支配權及家督繼承制度等，父權家長制仍然殘存[62]。

五、初期議會

1890 年舉辦日本首次眾議院議員選舉，舊民權派再度集結，與之對抗的政府，在憲法公布後成立的內閣首相黑田清隆，聲明政府政策採取的是不被政黨意向左右的超然主義的立場。但舊民權派於大選獲勝，在第一屆帝國議會中，立憲自由黨與立憲改進黨等民黨占眾議院的過半數。

---

[61]　1891 年，帝國大學教授穗積八束於《法律雜誌》投稿，提出「民法出而忠孝亡」為題的論文，激烈批判法國顧問布瓦索納德所草擬的「民法」。

[62]　家長擁有絕對支配權的家族形態。

　　第一屆議會召開，超然主義立場的第一次山縣有朋內閣，在預算問題上，受到主張節減政費、與民休養的民黨攻擊，但以分化手段迫使其成立預算。接著的第二屆議會，第一次松方內閣與民黨發生衝突，解散眾議院。1892 年的第二次大選，松方內閣（內務大臣品川彌二郎主導）強力干涉選舉，但無法推翻民黨的優勢，乃於第三屆議會結束後下臺。

　　接著成立的「元勳總出動」的第二次伊藤博文內閣，接近民黨第一黨的自由黨，於 1893 年倚恃「天皇詔書」，成功的擴張海軍軍備。但對政府與自由黨的接近不滿的改進黨，與曾為執政黨的國民協會聯合，在修改條約方面攻擊政府，政府與眾議院一直到日清戰爭之前的第六屆議會，一直處於對立。

六、修改不平等條約

　　舊幕府與歐美諸國所訂不平等條約的修改，尤其領事裁判權的撤消與關稅自主權的恢復，乃是國家獨立與志在富國強兵的政府最重要課題。

　　岩倉具視、寺島宗則的交涉失敗之後，井上馨外務卿於 1882 年，在東京召開支強使節預備會議，旋又於 1886 年舉行正式會議。結果，1887 年，以日本國內開放外國人（內地雜居）為領事裁判權撤廢交換條件的修改案，取得歐美各國的諒解。

　　但有關領事裁判權的撤消，卻附帶有編纂與歐美同樣法典，外國人為被告的裁判，須採用半數以上的外國人法官為條件。政府內部亦憂慮其有侵害國家主權之虞，反對之聲高漲，井上遂中止交涉而辭外相職。

　　承其後的外相大隈重信，則採取首先對修改條約有好感的國家作個別的交涉，與美國、德國、俄國之間簽訂修改的條約。但條約正文以外的約定則是承認任用外國人充當大審院判事（法官），引起政府內部的強烈反彈。大隈重信外相遭遇一個對外強硬派團體玄洋社員的青年刺殺，修改條約的交涉因而再度中斷。

　　其後被認為修改條約最大難關的英國，為了防範正在推動西伯利亞鐵路建設而進窺東亞的俄國，對日表示好意，願意基於相互對等原則下修改條約。因此青木周藏外相乃與之交涉，但因 1891 年發生的大津事件而辭職 ❻，繼任的榎本武揚外相的交涉卻無甚進展。

　　第二次伊藤博文內閣的外相陸奧宗光，受到自由黨支持，壓制了國內的反對聲浪，於日清戰爭前夕（1894 年 7 月），成功的簽訂了撤消領事裁判權以及提高關稅率，相互對等的最惠國待遇為內容的「英日通商航海條約」。

　　接著其他歐美諸國亦簽訂修改條約，並於 1899 年起施行。剩餘的關稅自主權的恢復，則在 1911 年小村外相之手完成。經過開國以來半世紀，日本即已取得條約上與列強對等地位。日本修改不平等條約的努力，自維新至此凡四十二年，大功告成。

七、朝鮮問題與日清戰爭

　　1876 年，日本依據「日朝修好條規」迫使朝鮮開國以後，朝鮮國內親日派抬頭。但 1882 年，朝鮮的保守派大院君，反對國王高宗接近日本的政策，得到軍隊支持，在漢城叛亂，獲得民眾呼應，包圍日本公使館（壬午事變 ❻）。叛亂雖歸失敗，事變後，閔氏政權卻遠離日本而倚恃清國。

　　對此，擬與日本相結以圖謀朝鮮近代化的金玉均等親日改革派（開化派），於 1884 年乘清法戰爭清國挫敗的時機，發動了企求日本公使為奧援的政變，但因清軍介入而失敗（甲申事變）。為了打開因此一事件產生的日

---

❻　俄國皇太子尼古拉二世來日遊歷，於出遊大津時，被一個擔任沿街警戒的巡查津田三藏殺傷的事件。

❻　1882 年 7 月下旬，朝鮮國王李熙的生父大院君，利用民眾的反日情緒，發動軍事政變。朝鮮士兵和民眾襲擊王宮，殺害親日派大臣和日本軍事教官，焚燒日本公使館。

清關係的僵局，日本於翌年派遣伊藤博文赴天津，與清國全權大臣李鴻章簽訂「天津條約」。約定日清雙方同時自朝鮮撤兵，日本取得與清國同等的地位，今後出兵朝鮮時，須先行文知照，而迴避兩國當面衝突的危機。

經過二次事變，日本對朝鮮的影響力減退，清國對朝鮮的進出則反而加強。同時日本對清朝的輿論急速的惡化。

其間，福澤諭吉發表「脫亞論」，否定亞洲的合作關係，主張日本應脫離亞洲而成為歐美列強的一員，對清、朝鮮則應以武力對付，提升軍事的對決形勢。

1894 年，朝鮮發生以東學信徒為中心，要求減稅與排日的農民起義（甲午農民戰爭），清國接受朝鮮政府的請求出兵，並依據「天津條約」知照日本，日本亦為了對抗而出兵。農民軍見狀與朝鮮政府和解，但日清兩國為了朝鮮的內政改革而加深對立，終於進入交戰狀態。

當初對日本出兵持批判態度的英國，卻為了防止俄國勢力南下，改變態度而與日本訂定「英日通商航海條約」，國際情勢反而對日本有利。同年 8 月，日本向清國宣戰，爆發了日清戰爭。

開戰之後，日本政黨中止批判政府，議會亦承認所有戰爭關係的預算與法案。日軍在訓練、規律、新式武器與裝備各方面處於絕對優勢下進行。日軍將清軍驅逐出朝鮮，向遼東半島進軍，並打敗清國的北洋艦隊（黃海海戰）。

戰爭以日本的勝利結束。1895 年 4 月，日本全權大臣伊藤博文、陸奧宗光與清國全權大臣李鴻章，簽訂「馬關條約」 ❻❺。

但遼東半島的割讓卻刺激了意圖進窺東亞的俄國，俄國乃與法德聯手，要求日本歸還該半島（三國干涉還遼）。無力抗拒三大強國的日本政府唯有

---

❻❺　其內容是：1.清國承認朝鮮為完全獨立國；2.遼東半島與臺灣、澎湖諸島割讓給日本；3.賠款二億兩（當時日本貨幣三億一千萬）；4.新開沙市、重慶、蘇州、杭州四港為商埠。

圖 10-8　「馬關條約」的簽訂

接受勸告，以三千萬兩為代價，讓清國贖回。同時以「臥薪嘗膽」自勉，同仇敵愾，盡力擴張軍備。

　　歸還遼東半島的日本政府，對新領有的臺灣，傾其全力統治，1895 年任命海軍軍令部長樺山資紀為臺灣總督，在島民頑強抵抗下以武力鎮壓❻❻。

第四節　日俄戰爭與資本主義的發展

一、立憲政友會的成立

　　日清戰爭的勝利與三國干涉，使政府與政黨之間的關係有了很大的變化。自由黨公然支持第二次伊藤內閣，板垣退助出任外相，通過擴張軍備

---

❻❻　起初有臺灣民主國成立，臺灣民眾的反抗，日軍的接收占領遭遇激烈的抵抗。近衛師團長北白川宮親王戰死於臺南。

的預算。1896 年，繼任的第二次松方正義內閣，亦與進步黨合作，使大隈重信入閣（外相），推行軍備擴張。但 1898 年成立的第三次伊藤內閣，卻不再與大選失利的自由黨合作，採取超然主義，自由、進步兩黨遂合同結成憲政黨，在眾議院出現擁有絕對多數的合作政黨，伊藤內閣因迷失了議會運作的前景而下臺，改由日本最早政黨內閣——第一次大隈內閣（隈板內閣）執政。除了首相大隈重信，內相板垣退助，陸海軍大臣之外，所有閣僚都由憲政黨員充任。

　　但大隈內閣組閣不久，受到舊自由、進步兩黨間的掣肘，及至尾崎行雄的共和演說事件而辭去文部大臣❻❼，為了繼任人選而發生紛爭。憲政黨分裂為憲政黨（舊自由黨系統）與憲政本黨（舊進步黨系統），內閣僅維持了四個月即下臺。

　　代之而起的第二次山縣內閣取得憲政黨的支持，壓抑憲政本黨的反對，成立地租增稅案。又為了防止政黨的影響力及於官僚，於 1899 年，修改「文官任用令」，翌年為了阻止政黨勢力滲透到軍部，制定軍部大臣現役武官制，明定除現役的大將、中將之外，不得任陸海軍大臣。旋又公布「治安警察法」，加強對政治、勞工運動的壓制。

　　對這一連串的政策持批判態度的憲政黨自行解散，接近志在組成政黨的伊藤博文，於 1900 年另組立憲政友會。伊藤率領立憲政友會，於同年籌組第四次內閣，卻受制於貴族院的反對而下臺，1901 年，成立了第一次桂太郎內閣。

　　此後，山縣的繼任者長州閥的桂太郎所率領的軍部、官僚、貴族院勢力，與繼伊藤之後以西園寺公望為總裁的立憲政友會二分政界。年老的山縣與伊藤從政界第一線引退，非正式的成為輔佐天皇的「元老」，掌握首相

---

❻❼　尾崎文相以絕對不可能的假設作為前提，指出「如果日本實行共和政治，三井、三菱或將成為總統的有力候選人」，意在批判金權政治。引起宮中、樞密院、貴族院，以及執政黨的猛烈批判。

選任權，在內閣背後行使影響力。

二、瓜分中國與英日同盟

　　因日清戰爭暴露出清朝的脆弱，歐美列強乃爭相在清朝設定勢力範圍（瓜分中國）。首先是 1898 年，德國據山東半島的膠州灣，俄國繼起取得遼東半島的旅順、大連，英國則據九龍半島與威海衛，翌年法國租借廣州灣，各國以這些租借地為據點，建造鐵路。美國雖未直接參與瓜分之局，卻於 1898 年正式合併夏威夷，接著併吞菲律賓。同年即由國務卿海約翰（John Hay）宣言門戶開放、機會均等政策，向列強（含日本）提案，要求在各國勢力範圍內通商的自由。

　　1900 年，清國興起了一群高喊「扶清滅洋」的排外主義團體義和團，逐漸增加其勢力，在各地襲擊外國人，包圍北京的各國公使館（庚子事變）。清廷暗中扶持義和團，並向列強宣戰。包含日本在內的列強，組成八國聯軍，驅逐義和團出北京，降伏了清國。翌年與清國締結「北京議定書」（「辛丑條約」）。

　　朝鮮在俄國支援下對抗日本的意向強烈，成立了親俄政權。此一政權由於具有對抗日本的意味，於 1897 年改國號為「大韓帝國」，朝鮮國王亦號稱皇帝。

　　俄國藉口庚子事變，出兵滿洲，占據整個滿洲，迫使清國承認其在滿洲的獨占利益。與朝鮮毘鄰的滿洲一旦入俄國手中，則日本在朝的權益必然受到威脅，日本被迫改變與俄國協調政策。日本政府內部有伊藤博文為首倡導與俄國妥協，進行「滿韓交換論」的日俄協商論，但桂內閣卻採取與英國同盟而堅守朝鮮權益的對俄強硬方針，於 1902 年締結了英日同盟。

　　英日同盟成立後，俄國仍然繼續留駐滿洲，日本政府遂一面繼續與俄國交涉，一面進行與俄開戰的準備。日本國內有一部分基督教徒內村鑑三與社會主義者幸德秋水、堺利彥等，倡言非戰、反戰論，國內輿論起初亦

態度消極,但在對俄同志會等民間鼓吹決戰聲浪中,逐漸傾向於開戰論。

三、日俄戰爭

日本與俄國的交涉,於 1904 年年初決裂,同年 2 月,兩國同時宣戰,日俄戰爭於焉爆發。日本取得反對俄國占領滿洲的英美經濟支援,戰局有利的展開。1905 年初,經過半年以上的包圍攻擊,犧牲了多數的軍隊之後,終於攻陷旅順要塞,接著於 3 月間,在奉天會戰險勝,5 月的日本海海戰,日本聯合艦隊殲滅了俄國從歐洲回航而來的波羅的海艦隊。

但長期的戰爭,實非日本國力所能負擔,俄國亦因國內革命運動頻起,已無繼續戰爭之力,因此在美國總統羅斯福 (Theodore Roosevelt) 的斡旋之下,於 1905 年 9 月,由日本全權大臣小村壽太郎與俄國全權大臣維特 (Sergi J. Witte) 在美國的樸茨茅斯 (Portsmouth) 簽訂了和約(「樸茨茅斯和約」)❻❽。日本國民忍受大幅度的增稅而支持此次戰爭,卻未獲賠款,對和

圖 10-9 當時法國報紙上的日俄戰爭圖

❻❽ 條約內容主要有四,1.俄國全面承認日本對韓的指導、監督權;2.將其在清國旅順、大連的租借權、長春以南的鐵路及其附屬的權益讓與日本;3.北緯五十度以南的庫頁島及其附屬諸島讓與日本;4.承認日本在沿海州與堪察加擁有漁業權。

約內容大感不滿,於是在媾和締結之日,召開反對媾和國民大會(日比谷搗毀事件)。

四、日俄戰爭後的國際關係

日俄戰爭期間,日本於 1905 年 7 月,與美國協議非正式的「桂太郎－塔虎脫協定」(Taft-Katsura Agreement),與英國改訂英日同盟,取得兩國承認對韓國的保護權。同年,與韓國締結「第二次日韓協約」(「日韓保護條約」),篡奪其外交權,在漢城設立統轄韓國外交的統監府,任命伊藤博文為首任統監。

韓國皇帝於 1907 年,派遣密使赴荷蘭海牙,向第二屆萬國和平會議控訴,卻被列強所忽視(海牙密使事件)。日本乘機迫使韓國皇帝退位,尋又簽訂「第三次日韓協約」,掌握韓國的內政權,並解散韓國的軍隊。一直抵抗韓國殖民地化而掀起的零星反日義兵運動,因被解散的韓國軍隊參加而激化。日本政府於 1909 年,增派軍隊鎮壓義兵運動,其間伊藤博文在哈爾濱車站被韓國青年民族運動家安重根所暗殺。日本政府遂擬訂派遣憲兵隊常駐,於 1910 年 8 月,強迫韓國簽訂「日韓合併條約」,合併韓國。漢城改稱京城,設置統治機關朝鮮總督府,任命寺內正毅為首任總督。

朝鮮總督當初只限定於現役軍人,警察的要職均由日本憲兵兼任。總督府在朝鮮全域實施地稅課賦基礎的土地測量、所有權確認(土地調查事業),並以所有權不明確等為理由,接收廣大的農地與山林,其中一部分轉讓給東洋拓殖公司與日本人地主。

另一方面,日本進窺滿洲轉趨積極,1906 年,在旅順設置統治關東州(包含旅順、大連的遼東半島南端租借地)的關東都督府,在大連設立半官半民的「南滿州鐵路株式會社」(滿鐵)。滿鐵加上讓自俄國的長春、旅順間的中東鐵路,經營鐵路沿線的煤礦,成為向滿洲經濟擴展的踏板。對滿洲市場表示關心的美國,倡導門戶開放,反對日本獨占滿洲權益,日美

關係急遽惡化。清國內部亦有強烈要求歸還的呼聲，日本遂以第二次英日同盟（1905 年）及先後四次的「日俄密約」（1907 至 1916 年）為後盾，使國際承認日本在滿洲的特殊權益。

1911 年，清國發生反對專制與異民族統治的辛亥革命，清朝崩潰。翌年，推舉倡導三民主義的革命領導者孫中山為臨時大總統的中華民國成立。日本見狀為了加強在南滿的權益，主張國際軍事干涉，但考慮列強的意向與國內的財政狀況，終於採取不干涉的立場。

五、桂園時代

1901 年成立的第一次桂太郎內閣，自英日同盟成立至日俄戰爭的期間，擔當長期政權，於 1905 年下臺。居於在野黨地位的立憲政友會，倡言鐵路與港灣之擴充，得到民眾支持而勢力大振。1906 年，同黨總裁西園寺公望取代桂太郎組閣，但由於 1907 年的經濟恐慌而受阻，翌年的大選雖取得壓倒性勝利，政權卻再度讓給桂太郎。

第二次桂太郎內閣，於 1908 年發布「戊申詔書」❻❾，並以內務省為中心，推進地方改革運動。即將自江戶時代以來的村落共同體的舊街村，重新編成為行政單位的新町村，以加強其租稅負擔能力。為此，舊村落的財產被町村所吸收，每一村落設立一個「在鄉軍人會」，亦由於 1910 年設立帝國在鄉軍人會而成為其分會。

桂內閣於 1910 年，以大逆事件為契機❼⓿，對社會主義者、無政府主義者大加彈壓，翌年「工廠法」的公布，施行若干社會政策的考量。桂內閣強行推動韓國的合併之後，於 1911 年再度讓與西園寺。由於有十年以上由桂氏與西園寺氏交替擔當內閣，此一時期稱之為桂園時代。

---

❻❾　要求國民勤儉節約，尊重皇室，致力於作為列強一分子的日本國民道德。

❼⓿　參閱第十章註❶。

第五節　近代產業的發達與社會運動

一、產業革命

　　1880 年代前半，展開了松方財政，一時出現通貨緊縮與不景氣，但貿易轉為出超，確立了銀本位制，物價轉趨安定，金利亦降低，股票交易轉趨熱絡，產業界充滿朝氣。1886 至 1889 年，以鐵路與紡織為中心，設立公司的風潮興盛，正式運用機械技術的產業革命開始啟動。由於造成對股票繳款的熱潮，引起金融機關資金不足，加上前年的歉收與生絲輸出減半而挫折（1890 年恐慌）。日本銀行遂乘機進行透過普通銀行供給產業界資金的整頓。

　　由於日清戰爭的勝利，從清國取得巨額賠款的日本政府，以之充當戰後經營之資，一方面推進軍備的擴充，一方面整頓金融與貿易。1897 年制定「貨幣法」，將賠款的一部分作為準備金，仿效歐美諸國，採用金本位制，以謀貨幣價值的安定與貿易的振興。同時設立提供特定利率與資金的特殊銀行。

　　日清戰爭後，在鐵路與紡織方面再度掀起了新興企業的興起，結果，以纖維產業為中心，資本主義正式的成立。不久（1900 年），發生生產過剩所引起的資本主義恐慌。

　　貿易的規模，隨著產業革命的進展而擴大，棉花等原料品與機械、鋼鐵等重工業製品的輸入增加，因此造成大幅的入超。在貿易品交易方面，三井物產公司所代表的商社活躍，特殊銀行的橫濱正金銀行積極的從事貿易金融。復因受惠於海運業獎勵政策，日本郵船公司等紛紛開拓遠洋航路。

　　日本產業革命之所以能順利進行，實由於機器工業不如英美發達，而未引起許多手工業工人的失業。因為新式工業的興起和勞力的需要，反而

感到勞力不足，遭受犧牲的，是農家副業和一般家庭工業。

產業革命中首先發達的紡織業，曾消滅農家和一般家庭的手紡業。旋因生絲和茶葉的輸出激增，農家可以改而從事養蠶和製造，以彌補其損失。同時過剩勞力亦可轉到新式工廠，因而不致引起國民經濟多大的混亂。

農業生產力的進展與工業的躍進相比，顯然是停滯不前，仍以家族勞力為中心的經營居多。但隨著資本主義之發達，農村經濟深受打擊，封建的自給自足經濟已崩潰，而被捲入商品經濟的供需關係之中。

申言之，產業革命的結果，農村經濟大為變質，在整個國民經濟中，農業的地位低落，工業的地位代之而起。商品作物增加，自然經濟消滅，因為生絲的大量輸出，養蠶變成農家的重要副業。除了種桑之外，米是國民的主食，不僅稻米的耕種地畝逐漸增加，且不斷的講求增產，菜種、麻等農產品銳減。過去，農村經濟是種類繁多的生產，現在則集中於種稻和養蠶兩項。為了增進生產力，致力整理耕地，改良品種、改善肥料。

農村內部也有階級的分化，地主在佃農繳納佃租和繳給政府的地租之間賺取差額，匯集資本，從事工商或高利貸經營。另一方面，中小自耕農卻日漸貧窮。

在第二次產業革命階段中，日本資本主義經濟發展的演變過程，有以下幾項特色：⑴機械化與大工業化的積極推行，⑵電力的大幅成長，⑶重工業的突飛猛進，但以國營工業為主，⑷重工業發達的主要原因，由於軍事擴張，而重工業化過程中國家資本的比重日增，結果在資本主義發展過程中，極度呈現軍國的帝國主義傾向。

日本產業革命的中心，是生產棉絲的紡織業。幕末以來，受到英國製棉製品輸入的壓迫，棉花栽培毀滅，棉絲、棉織品生產一時衰退。但棉織品生產使用原料絲加上輸入棉絲，採用飛杼改良的織布機，以農村的批發商制家內工業為中心，逐漸向上。棉織品的恢復，成為供給原料絲的紡織業興起的前提。1883 年，大阪紡織公司成功的使用輸入的紡織機械、蒸汽

機的大規模經營。受此刺激，以大阪等地為中心，商人爭相設立公司，卻壓迫過去手織與水車式紡織的棉絲生產，機械制生產驟增。1890 年，棉絲生產量超過輸入量。自日清戰爭前後，輸向清韓的棉絲輸出驟增，1897 年輸出量已超過輸入量。

日俄戰爭後，以輸向美國為中心，生絲輸出更為伸張，1909 年，超過清國，成為世界最大的生絲輸出國。日俄戰後，大紡織公司的合併，鞏固其獨占的地位，輸入的大型織布機製作的棉織品，盛行增產，結成販賣組合而加強向朝鮮、滿洲市場擴展。另一方面，主要以手織機作批發商制家庭內工業生產的農村棉織業，引進豐田佐吉所設計的小型國產織布機，轉為小工廠的生產。

棉絲、棉織品的輸出增加，原料棉由於倚賴清國、印度、美國等的輸入，棉業貿易輸入反而造成入超。因此使日本本地出產的蠶繭為原料的生絲輸出，在賺取外匯上製絲業居於重要的角色。

鐵路方面，華族為主體成立於 1881 年日本鐵路公司，受到政府的保護，極有進展，於是掀起了商人與地主設立鐵路公司的風潮。結果，官營的東海道線（東京、神戶間）全面通車的 1899 年，民營鐵路的營業里數已超越官營。日本鐵路公司於 1891 年建設的上野、青森間鐵路全面通車，山陽鐵路、九州鐵路等民營鐵路進行幹線建設，日清戰爭後青森、下關間已完成連接。

但日俄戰爭後不久的 1906 年，第一次西園寺內閣，基於軍事的顧慮，公布了志在全國鐵路網的統一管理規則「鐵路國有法」，收購主要幹線民營鐵路十七社為國有。

軍事工廠與鐵路除外的官營事業，自 1884 年起次第出售給民間（官營事業抛售）。尤其三井、三菱、古河等政商，承購優良礦山，促進礦業機械化，增加煤炭與銅的輸出。這些政商至此遂奠定其礦工業的基礎，發展為財閥。北九州的筑豐一帶，1880 年，成功的引進排水用蒸汽筒 (pump)，煤

礦的開發日進，筑豐煤礦於日清戰爭後成為日本國內最大的產煤地。

重工業部門，日清戰爭後，在造船獎勵政策之下，三菱長崎造船所等日益擴充，但民間卻乏善可陳，作為原料的生鐵亦依賴輸入。因此急於擴張軍備的日本政府，一方面進行官營軍事工廠的擴充，一方面企圖使重工業基礎的鋼鐵國產化，於 1897 年，在北九州（背後有筑豐煤礦）設立官營八幡鋼鐵廠。八幡鋼鐵廠於 1901 年開工，雖受困於技術問題，但到日俄戰爭時期，生產已上了軌道。

日俄戰爭後，日本政府擴大籌募外債，同時增收各種稅賦，進行軍備擴張為中心的戰後經略，在政府的保護之下，民間重工業亦開始發達。鋼鐵業在八幡鋼鐵工廠有繼續不斷的擴張計畫，日本煉鋼廠等民間煉鋼廠的設立亦有進展。政策上受重視的造船技術，終於趕上世界水準，製造機械的機械母機領域，池貝煉鋼廠成功的完成先進國程度具有精密的旋盤製造國產化。水力發電全面的開始，電力事業興起，大都市電燈開始普及。

三井、三菱等財閥，以金融、貿易、運輸、礦山業為中心，作多角的經營，透過股票的操縱，開始達成其控制多數企業的壟斷聯合企業 (Konzern) 形態。

日俄戰爭後，對滿洲棉布輸出、大豆粕輸入，對韓棉布輸出、米移入，從臺灣輸入米、原料糖日增，日本經濟所占殖民地的角色日益增多。此一時期的生絲、棉布等輸出增加，但原料棉花與軍需品、重工業資材的輸入增加，貿易收支幾乎每年都呈現大幅的赤字，加上巨額的外債利息，日本的國際收支逐漸陷於危機狀態。

二、農業問題

與工業相較，農業的發展較遲，依然以稻作的零細經營為主。大豆粕等人造肥料的普及與品種改良❼，單位面積收穫量日增，但隨著貿易與國內工業的發達，農家亦被捲入商品經濟之中，自用衣料的生產減少。受到

廉價輸入品的影響，棉、麻、菜種等生產衰退，但因生絲輸出增加，桑的栽培與養蠶轉盛。

　　1880 年，因松方財政的通貨緊縮而上升的佃耕率，1890 年代仍然繼續上升，底層農民淪落為佃農，大地主離開耕作而成為倚賴佃租收入的寄生地主。佃租為實物，地租為定額的現金繳納，因此米價的上漲成為地主收入的增加，地主得以地租的收入為本，興起企業，投資公債與股票，逐漸加深與資本主義的結合。另一方面，苦於繳付地租的佃農，唯有驅使子女到工廠做活，或營副業以糊口。

　　日俄戰爭後，地租與間接稅的負擔日增之下，農業生產的停滯以及農村困窘成為社會問題。

三、社會運動

　　工廠制工業興起之後，工資勞工增加。當時的工廠勞工以纖維產業居多，大部分卻是女性❼❷。女性勞工多數是為了協助窮苦的家計而做活的農家（佃農）子女，被預付工資與宿舍制度束縛在工廠，在惡劣的勞動環境之下，以低廉的工資，從事長時間的勞動。紡織業是晝夜二班輪流制，製絲業的勞動時間約為十五小時，甚至有十八小時。重工業的男子熟練工時數受到限制，工廠以外的礦業與運輸業有多數的男性勞工。

　　日清戰爭前後的產業革命時期，開始有要求改善待遇與提高工資的工廠勞工罷工，1897 年全國發生四十七件勞工爭議事件。同年，受到美國勞工運動影響的片山潛等組成勞工公會指導勞工運動，又組織鋼鐵工會與日本鐵路矯正會的勞工工會，以熟練勞工為中心，出現勞工團結以對抗資本家運動。

---

❼❶　政府於 1893 年設置農事試驗場，進行稻米的品種改良。

❼❷　1900 年當時，工廠勞工總數約三十九萬人之中，纖維產業有二十四萬人，約占其中的六成，其中 88% 是女工。

為因應這些運動，政府於 1900 年制定「治安警察法」，限制勞工的罷工權，取締勞工運動。反之，政府基於改善勞動條件，緩和勞資對立的社會政策的立場，制定「工廠法」。日本最早的勞工保護法「工廠法」，因資本家的反對，延至 1911 年始制定完成，內容並不完善，且晚至 1916 年始付諸實施。

在日清戰爭後勞工運動的展開過程中，片山潛、幸德秋水等，於 1901 年組成最早的社會主義政黨社會民主黨，但卻適用前年制定的「治安警察法」，於結成後不久，即被勒令解散。

隨著日俄戰爭的危機加深，孝德秋水、堺利彥等組織平民社，發行《平民新聞》，呼籲國民反對戰爭。社會主義運動進而為政治運動，於日俄戰爭後的 1906 年，結成了日本社會黨，但翌年即被強制解散。

1910 年「大逆事件」後，政府對社會主義運動大彈壓，此後，直到第一次世界大戰為止，對社會主義者成為一個不能動彈的「冬天的時代」。

第六節　近代文化

一、明治文化的特徵

為了與強大的歐美列強對抗，新生的明治國家，揭櫫「富國強兵」、「殖產興業」、「文明開化」的口號，進行移植西洋文明的近代化運動。但較之物質文明的流入，在精神變化方面遲緩，農村較之都市的近代化顯然落後。明治文化遂有新舊雜陳，東西混雜，可說是毫無秩序的混合、併存的二元化特性。

明治初期新政府多親自站在前面推進近代化，自明治中期，教育的普及與交通、通信、出版的發達，國民的自覺進步，逐漸有國民本身之手自行推動近代文化的發展。

二、思想與宗教

　　文明開化時期的西化主義與引進西洋思想的趨向,為自由民權運動所繼承, 1870 年代後半的朝鮮問題為轉機, 民權論者之中出現倡導國權論者。西化主義與國權論者的對立,由於修改條約問題意見之歧異而日益尖銳。倡導平民西化主義的德富蘇峰等,與主張近代民族主義的三宅雪嶺等之間,展開了激烈的論爭。

　　日清戰爭之勝利,給與思想界決定性的變化。德富蘇峰於開戰之後,一變而為對外擴張論,高山樗牛亦於雜誌《太陽》上倡導日本主義,肯定日本進窺中國大陸的必要性。批評日本參加瓜分清國的陸羯南氏,亦由於庚子事變後俄國占領滿洲,轉而成為對俄強硬論者。社會主義者與一部分基督教徒,對這些思想表示反對,但支持對俄擴張的國權主義,成為日俄戰爭前思想界的主流。

　　日俄戰爭的勝利,日本躋入列強之林,明治維新以來的國家目標,大體已達成的想法,已深植人心,因此對國家主義產生疑問。在農村,出現重視地方社會利益優先於國家利益的傾向,都市亦出現遠離政治而求實利,或對人生感到苦悶的青年階層。

　　對這種傾向,政府於 1908 年,發布要求國民勤儉節約與尊重皇室的「戊申詔書」,致力加強作為列強一員的日本國民道德。

　　宗教界出現傳統的神道、佛教與來自西洋基督教的對立與競爭。明治初年神道國家化的試探失敗,但受到政府公認的民間教派神道,滲透到庶民之間。

1.神　道

　　日本人自認「神道」是他們固有的宗教,同時卻也承認神道受佛教、道教及儒家思想的影響。唯大體上言,神道是以日本固有的民間信仰為經,外來宗教思想為緯,交織而成的倫理思想。

　　明治政府高唱「王政復古」，強調「神武創業精神」，亟欲恢復佛教傳入以前的神道，以實現「祭政一致」的古制，因而頒布「神佛分離令」（1868 年），而引起了「廢佛毀釋」運動。旋又設置宣教使，教導國民。然而於 1875 年，承認神道、佛教各自獨立的傳教自由。

　　在「帝國憲法」中，信仰自由已獲保障，神道已不再認為是宗教，卻仍由國家予以特別的保護，甚至規定「國幣社」、「官幣社」各等級，作為全體國民崇敬的對象，並由國家給予經濟支援。結果，神社神道脫離了宗教，卻不必傳教，專作發揚國家思想之用。此外，從幕府末年開始發達的「俗神道」諸派，卻成立新的教團，後來分成天理教、黑住教、金光教等十三教派。

2. 佛　教

　　佛教自廢佛毀釋而受到排斥後，一時無法恢復以往的勢力。各宗派卻以之為刺激，設法重建佛教，採取自治形式，各自從事傳教。自明治二十年代起，佛教卻成為國家主義的一環，且為大多數國民所信仰，後來由於西化主義潮流的湧現，為了與基督教對抗，改與神道攜手，甚至與國粹論者合作，以排除基督教。明治初年，啟蒙思想的民權大師福澤諭吉，初尚疾呼信教自由、政教分離，至 1881 年，卻站在國權主義立場抨擊基督教。井上圓了常為文駁斥基督教，提倡唯心哲學佛教的優越性，並出版《佛教活論》等書，被奉為佛教寶典，極受佛教界歡迎。

　　日清戰爭前後，佛教標榜國家主義，極力謀求教勢的擴張，甚至隨著帝國主義對外擴張，佛教徒亦積極向海外傳教，傳播地區遍布中國大陸、西伯利亞、馬來西亞、東南亞及北美洲西海岸各地。

3. 基督教

　　維新之後，自江戶幕府末期以來視基督教為邪教的觀念，仍然殘存，對基督教的禁制並未解除。新政府雖採取「開國敦睦」方針，仍囿於外人夷狄觀及基督教邪教說，採取殘酷的迫害手段。1868 年，新政府發布「邪

教禁止令」，並將長崎浦上村逮捕的三千餘基督教徒，分令各藩勸導改信，引起各國的嚴重抗議，新政府終於屈服，於 1890 年全予釋放。岩倉使節團考察歐美時，亦受到歐美各國對日本壓制基督教的譴責。因此，1872 年以後，基督教之禁已弛緩，翌年，新政府撤除禁止基督教牌示，承認天主教在日本的傳教自由。於是歐美各國傳教士來日者日見增多。

　　由於受到明治初年來日的外國人傳教士的影響，青年知識分子之間信奉基督教者增多，內村鑑三與新渡戶稻造等均成為基督教與西洋近代思想的啟蒙家而活躍。

　　明治初年以還，基督教的傳教在日本屢遭挫折，但其對明治思想史的影響很大，對於「文明開化」亦貢獻良多。基督教除傳教之外，基於人道主義的立場，在教育、社會福利與廢娼運動等各方面頗有成果。他們創建社會救濟，成為日本慈善事業的先驅。傳教士的傳教事業與教育並重，最先開設家塾教授學生，旋即發展成頗具規模的學校，如青山學院 （1874 年）、神戶女學院（1875 年）、明治學院（1886 年）、關西學院（1889 年）等，都是著名的教會學校。教會學校不僅對西洋文化的輸入提供了重要的貢獻，且以人道主義、社會主義、人格平等觀念為教育宗旨，引起知識分子和青年的共鳴。但在「帝國憲法」、「教育勅語」公布之後，國家主義的風潮轉盛，基督教再受到壓抑，不得不與國家主義妥協。經日清、日俄兩次戰爭，基督教已明顯地表現其奉獻國家、愛國的志向。

三、教育與科學

　　學制（1872 年公布）之下，由於致力小學教育普及的結果，義務教育的就學率逐漸提高，對於無視地方的實際狀況而強制性劃一的政策受到批判，1879 年廢止學制，公布「教育令」。根據「教育令」，廢止全國劃一的學區制，改以町村為小學的設置單位，其管理亦移到地方。但從強制到放任的政策遽變，招致很大的混亂，「教育令」於翌年修正，強調政府對小學

教育的監督責任。

　　經過這些嘗試錯誤的試辦，於 1886 年，在森有禮文部大臣之下，公布「學校令」，擴充小學、中學、師範學校、帝國大學等學校體系❼❸。尋常、高等小學各四年之中，尋常小學三至四年間為義務教育。1907 年，義務教育延長為六年❼❹。

　　同時教育政策逐漸改為重視國家主義的方向，1890 年發布的「有關教育的勅語」（教育勅語），強調忠君愛國為學校教育的基本宗旨❼❺。 1903 年，小學教科書限定使用文部省的版本（國定教科書），加強國家對教育的統制。

　　官立高等教育機關日見擴充，東京帝國大學之外，1897 年增設京都帝國大學，尋又在東北、九州、北海道等地陸續創設帝國大學。民間方面，繼慶應義塾、同志社之後，大隈重信創立了東京專門學校（今之早稻田大學）等私立大學，以與官立學校有異的各自學風而自豪。

　　近代的學術研究，正式開始於明治初年由歐美聘請而來的學者來日教學，不久經日本學者本身在各領域從事專門研究、教育。經濟學首先引進的是主張自由放任的經濟政策與自由貿易的英國經濟學。接著德國的保護貿易論與社會政策的學說成為主流。

　　法學方面，起初是聘請法國的布瓦索納德編纂法典，旋以民法典論爭

---

❼❸　「帝國大學令」、「師範學校令」、「中學校令」、「小學校令」，總稱「學校令」。小學、中學與師範學校，各分為尋常、高等二種，其後尋常中學校改稱為中學校、高等中學校改稱為高等學校。唯一的官立大學東京大學，改稱帝國大學（1897 年改為東京帝國大學）。

❼❹　1892 年的就學率，男 70%，女 36%，至 1900 年，因義務教育期間的學費已廢止，就學率已攀升到 90%（1902 年）。

❼❺　1891 年，基督教徒內村鑑三，在其服務的第一高等中學，奉讀教育勅語儀式之際，拒絕向天皇署名的教育勅語敬禮，而被逐出教壇（內村鑑三不敬事件）。

為轉機，變成德國法學居主流地位，哲學亦以德國的觀念論為中心，德國哲學居於優勢。日本史與日本文學的領域，亦均採取西洋學術的研究方法，開始作科學的研究，國學者的研究乃耳目一新。

自然科學的領域，為了推動富國強兵、殖產興業政策，引進歐美近代的科學技術，外國教師指導的結果，已有擔當世界水準的獨創性研究。

四、大眾文化

1.傳播媒體與文學

自 1880 年代到 1890 年代，自由民權論與亞洲情勢，修改條約等問題的輿論熱潮聲中，政治評論中心的新聞相繼創刊。各自擁有獨自的政治主張，對國民政治思想的灌輸頗多貢獻。相對的，承繼瓦版傳統的小新聞，則為報導、娛樂中心的大眾報紙，有助於通俗文學的復活。

文學有江戶時代大眾文藝的「通俗文學」，在明治初期亦博得好評。自由民權論、國權論等宣傳為目的，經政治運動家之手撰寫政治小說，亦膾炙人口。

通俗文學的勸善懲惡與政治小說，主張政治至上主義，坪內逍遙於 1885 年發表《小說真髓》，依據西洋文藝理論，提倡客觀、寫實的筆法，描繪人間的內在與世態。尾崎紅葉等的硯友社，同樣揭揚寫實主義，進行文藝小說的大眾化。對此幸田露伴，承繼逍遙的內在尊重，著述一本以東洋哲學為基礎的理想主義作品。

日清戰爭前後，反對啟蒙主義與合理主義，重視感情、個性的朝氣蓬勃的浪漫主義文學，在日本甚為流行。北村透谷等的雜誌《文學界》為據點，森鷗外、泉鏡花等的小說之外，詩歌的領域，有島崎藤村的新體詩與謝野晶子熱情奔放的短歌。描寫底層女性悲哀的樋口一葉，亦在浪漫主義的運動影響下寫了數篇小說。

日清戰爭後，基於人道主義的德富蘆花的社會小說登場。日俄戰爭前

後，受到法國、俄國自然主義文學的影響，有描寫人間社會黑暗現實之姿的自然主義作家。

2.藝　術

在演劇方面，歌舞伎受到民眾的喜愛。明治初年，河竹默阿彌發表採用文明開化風俗的新作品。明治中期，出現名優活躍的「團菊左時代」，其社會地位亦顯著提升。自日清戰爭前後，稱為新派劇的現代劇開始，將獲得好評的通俗小說戲劇化的演劇成為民眾娛樂的重要存在。日俄戰爭後，坪內逍遙的文藝協會與小山內薰的自由劇場，上演西洋近代劇，有別於歌舞伎與新派劇而稱新劇。

西洋音樂最初為軍樂隊所採用，旋在伊澤修二等的努力下，在小學教育採用模仿西洋歌謠的「唱歌」。1887 年，設立東京音樂學校，開始專門的音樂教育，出現了瀧廉太郎等作曲家。傳統能樂亦在明治中期復活。

與學問、音樂同樣，美術的發達亦有強烈依存政府的傾向。政府起初開設工部美術學校，聘請外國人教授西洋美術。但在美國人費諾洛薩 (Earnest Fransisco Fenollosa) 與岡倉天心的影響下，轉向培養傳統美術的態度而關閉了工部美術學校，1887 年設立東京美術學校。受到政府保護下的狩野芳崖、橋本雅邦創作了優秀的日本畫。政府之所以傾向於傳統美術的保護，其原因乃在當時日本畫在歐洲的評價甚高。

西畫經高橋由一開拓之後，一時陷於衰退，但淺井忠等結成日本最早西洋美術團體「明治美術會」，學習法國印象派畫風的黑田清輝歸

圖 10-10　黑田清暉「舞妓」

國，而逐漸興盛。1896 年，東京美術學校新設西畫科，黑田等人創設白馬會，形成畫壇的主流。

　　傳統美術亦以岡倉天心的日本美術院為中心，許多美術團體競爭發展。文部省亦企劃傳統美術與西洋美術的共榮之道，於 1907 年開設文部省美術展覽會，兩者遂有了共通的發表之場。

　　雕刻方面，高村光雲的傳統木雕與學自法國羅丹的荻原守衛等西式的雕塑對立。與繪畫同樣，由於「文展」的開設而走向共存的方向。工藝亦加上西洋的技術，創作新的陶器、玻璃、漆器等，陶器甚至輸出海外。

第十一章
近代日本與亞洲

概　論

　　明治時代成為近代國家而急遽發展的日本，到了大正時代，明確的揭示帝國主義路線。國內方面，由於大正初年的第一次護憲運動，藩閥政治開始動搖。旋即藉口英日同盟，乘機參加第一次世界大戰，攻掠德國在山東的租借地，且取代列強，獨占了中國市場。因此，日本的經濟空前的繁榮，資本主義遂有飛躍性的發展。

　　日本利用列強無暇東顧之際，向中國提出「二十一條要求」，擴大侵略中國，結果反而引起列強的戒心以及中國民眾的反感。日本在華的擴張，於華盛頓會議暫被遏止。此後，日本採取協調外交，積極協助國際聯盟，參加裁軍會議。

　　日本國內，則以大量產生的知識分子為基礎，文化上帶有自由主義的傾向，民主主義勢力抬頭，出現了真正的政黨政治，且成立了「普選法」，因而有「大正民主」之美譽。

　　歐美近代思想陸續傳入日本，促成近代文化的成熟，教育發達，文學與藝術方面均有創造性的表現。

第一節　第一次世界大戰與日本

一、大正政變

　　1911 年，第二次西園寺公望內閣成立，日本的財政拮据，受中國辛亥革命刺激的陸軍，因應中國的抗日運動，強迫政府增設駐屯朝鮮的兩個師團❶。在緊縮財政方針下，西園寺公望內閣拒絕此一要求，形成政府（執政黨）與軍部的嚴重對立，多數國民對陸軍的蠻橫感到憤慨。另一方面，1912 年，明治天皇去世，迎接大正新時代，東京帝國大學教授憲法學者美濃部達吉出版《憲法講話》，倡言天皇機關說與政黨內閣論❷，使國民對新政治抱持一線希望。

圖 11-1　大正天皇

　　1912 年年底，陸相上原勇作不滿內閣閣議否決二個師團增設案，單獨向大正天皇提出辭呈。陸軍藉機以軍部大臣現役武官制，故意不推薦繼任人選，迫使西園寺內閣總辭。代之而起的是長州閥的陸軍長老桂太郎。桂氏辭去就任不久的內大臣與侍從長，籌組第三次桂內閣。各界對藩閥勢力企圖擁立新天皇，獨占政權的作風表示不滿❸。以立憲國民會的

---

❶ 1907 年的「帝國國防方針」，決定陸海軍擴增案，陸軍由現有十七個師團，增設為二十五個師團，海軍則以建設八八艦隊（戰艦八艘、裝甲巡洋艦八艘）為長期目標。但只有陸軍增設二個師團獲得通過，海軍的預算則被擱置。

❷ 美濃部所謂的天皇機關說，雖認定主權在天皇制，但是統帥權的主體為法人而歸屬於國家，天皇則為國家最高機關，依據憲法行使統治權。總之，與統治權屬於神聖不可侵犯的天皇，而且是無限制的上杉慎吉的學說對立。此一學說，於 1935 年被法西斯主義軍部倡導的「國體明徵」所否定。

犬養毅與立憲政友會的尾崎行雄為先鋒的在野黨勢力與新聞界、都市民眾，發起「打破閥族‧擁護憲政」運動，並擴及於全國（第一次護憲運動）。桂氏自行組織新政黨，與之對抗，但護憲運動日趨強大，1913年，在民眾包圍議會中，在職僅五十餘日的桂內閣垮臺（大正政變）。

桂氏之後，由薩摩出身的海軍大將山本權兵衛組閣（以立憲政友會為執政黨）。山本內閣推動政治改革，修訂「文官任用令」，開放政黨黨員亦可任高級官僚之路，修改軍部大臣現役武官制，放寬資格到預備、後備役的將官❹，以期擴大政黨對官僚、軍部的影響力。但因1914年，發生海軍軍官購買外國製軍艦貪污舞弊事件（西門子事件）而下臺。

山縣有朋等元老，遂起用民間頗有人緣的大隈重信繼任首相。第二次大隈內閣在長州閥與陸軍的支援下，以立憲同志會的少數執政黨出發。翌年（1915年）的大選，立憲同志會獲得壓倒性的勝利（打敗立憲政友會）。結果，懸案的二個師團增設案乃得以在議會順利通過。

二、第一次世界大戰與日本

二十世紀初，歐洲大陸分成擴張軍備進行積極世界政策的德國、奧地利、義大利的三國同盟，與俄國、法國的俄法同盟兩陣營的尖銳對峙。旋因英國加入俄法同盟而成立三國協商，雙方保持恐怖平衡，世局卻呈劍拔弩張之勢。

當時稱為「歐洲火藥庫」的巴爾幹半島，由於各民族的對立以及德奧與俄國勢力抗爭的糾葛，呈現一觸即發的緊張氣氛。

在此情勢中，1914年6月，奧地利帝位繼承人被親俄的塞爾維亞人刺

---

❸　普遍的批判桂氏從宮中職位轉任首相，乃是破壞內閣制度成立以來宮中、府中有別（宮廷與行政機關之別）的原則。

❹　現役軍官，陸海軍省握有人事權，但預備役與後備役則是首相可不顧軍部的意向而選任為大臣。但實際上並沒有因此而被任命的例子。

殺（塞拉耶佛事件），兩國之間爆發戰爭。8月，擴大為德國與俄國的戰爭。法國與英國亦附和俄國參戰，於是開啟了長達四年多的世界史上空前的大戰（第一次世界大戰）。

英國向德國宣戰，日本第二次大隈內閣乃以英日同盟為藉口，向德國宣戰，接收德國的根據地青島以及中國山東省的權益，更進而占領赤道以北的德屬南洋群島。

接著，日本乘大戰期間歐美列強無暇東顧之機，於 1915 年向中國袁世凱政權提出「二十一條要求」，發出最後通牒，迫使北洋政府承認❺。

繼任的寺內正毅內閣，巨額貸款給與繼袁世凱之後的北洋軍閥段祺瑞內閣（西原借款❻），致力擴大日本在中國的政治、經濟、軍事的權益。

日本政府為了緩和大戰中日本對中國權益之擴大引起的反感，於 1916 年，與俄國締結第四次「日俄協約」，相互確認雙方擁護特殊權益，翌年再與英國之間交換「覺書」，確認德國權益的繼承。對於一向批判日本進窺中國的美國，亦派特使石井菊次郎，與美國國務卿藍辛交涉，相互確認中國領土保全、門戶開放及日本在華特殊權益之承認（「石井、藍辛協定」）。

此時正值協約國的一員俄國於 1917 年發生勞工與士兵掀起的反對帝政、反戰的革命，產生世界最早的社會主義國家蘇維埃聯邦。布爾什維克黨（Bolsheviki，其後的共產黨）首領列寧所率領蘇維埃政權，向所有交戰國呼籲，無賠款、無合併，民族自決原則。翌年，與德奧單獨媾和，簽訂「布列斯特－立陶夫斯克條約」(*Treaty of Brest-Litovsk*) 條約而脫離戰場。

寺內內閣視之為良機，試圖擴大勢力範圍到沙俄統治的北滿、沿海州。視社會主義為危險的列強，出於干涉俄國革命之舉，於 1918 年，當美國提議以救援西伯利亞的捷克軍為藉口共同出兵時，日本作為美英法等國聯軍

---

❺　其主要內容是山東省德國權益的繼承，南滿及東部內蒙古權益之加強，重申福建
　　省不得對他國割讓，中日間合作事業的承認等。

❻　寺內內閣透過西原龜三，給予段祺瑞政權一億數千萬圓的貸款。

圖 11-2　西伯利亞出兵的宣傳海報

主力而派遣大軍到西伯利亞、北滿（西伯利亞出兵）。大戰結束後不久，列強即行撤兵，唯有日本一直延到 1922 年 6 月，仍繼續駐兵支援西伯利亞的反革命政權。日本駐兵四年餘，耗資十億日圓，犧牲不少人命❼，卻一無所獲。

三、大戰景氣

自明治末年到大正初期，日本的經濟陷於慢性不景氣，直到 1914 年第一次世界大戰爆發，才得以恢復。企業界出現空前的興隆，國民所得驟增。

大戰中，歐洲先進資本主義國家已無暇發展國際市場，日本雖對德國宣戰，卻未受到戰禍，乃能趁此機會施展帝國主義的高壓手段，向中國及東南亞地區傾銷產品，甚至連交戰國對日本商品（包含軍需品）的需求亦激增。結果，自日清戰爭以後每年均告入超的貿易，從 1915 年起，一躍而為出超。

主要的輸出品為生絲與絲織品。棉布已取代英國，獨占性的輸往中國、印度、東南亞及非洲各地。且因貨物運輸依靠日本商船的頻率遽增，海運

---

❼　此役有三千人死亡，二萬人受傷。

業與造船業亦隨之發達，船舶的總噸位，超過了二百八十萬噸，成為僅次
於英美的海運國。

　　工業方面，輕工業的紡織、繰絲仍占重要地位，生產方式完全機械化，
且其規模日大。化學工業則因外國產品無法輸入，在國家保護之下突飛猛
進。重工業則因大戰期間日本本身的軍備擴充，以及對協約國提供軍需品
而達到高峰。鋼鐵業在一貫的軍事統制下，除擴充八幡煉鋼廠、創設「滿
鐵公司」的鞍山煉鋼廠之外，三菱鋼鐵廠與日本鋼管等民營大企業的發展
亦極迅速。自 1913 至 1923 年十年間，鋼鐵的產量增加了七倍，電力增加
了二點八倍。動力方面，電力已取代了蒸汽。產業的繁興，造成日本經濟
的黃金時代。

　　大戰前，農業生產額較之工業生產額為高，但到了 1919 年，工業生產
額已凌駕於農業生產額之上，唯就產業及經濟結構而言，輕工業仍占相當
的比例，因此，此一時期可說是由半農業國家轉向工業化國家的開始，直
至太平洋戰爭時期，日本才開始步入工業化的國家。

　　隨著產業的發達，企業的規模日益擴大，資本集中於少數大資本家，
形成畸形的獨占資本。各種重要產業的領域，均組成托拉斯 (Trust)，企業
的集中與獨占日甚，金融資本更呈現過度集中的趨勢。三井、三菱、住友、
安田等財閥，自明治初年即受政府呵護，他們與政府官僚、軍部勾結，經
過日清、日俄、第一次世界大戰前後三次的戰爭，積成巨富，支配日本大
部分的產業。

　　第一次世界大戰，對於處在歐洲戰火外的日本，提供了大戰景氣，自
明治末期以來的不景氣與財政危機，一掃而空。因戰爭而使歐洲列強在亞
洲市場倒退，造成日本棉織品輸入大增、對於享有戰爭景氣的美國市場的
生絲輸出驟增，貿易轉為大幅度出超，1914 年尚有十一億圓債務國的日
本，至 1920 年，卻變成二十七億圓以上的債權國。

　　自大戰前開始發達的電氣事業，展開了大規模的水力發電事業，電燈

向農村普及以及工業原動力成功的從蒸汽轉到電力。電氣機械的國產化亦有進展，結果，在工業生產額之中，重化學工業所占比率已達 30%。

　　隨著工業的躍進，工業生產額超過農業生產額。工業勞工數超過一百萬人，反映重化學工業的發展，男性勞工的增加尤為顯著。

　　但空前的景氣，造就了資本家（暴發戶），另一方面，卻有苦於物價高漲的多數民眾。與工業突飛猛進的工業發展比較，在寄生地主制度之下的農業則呈現停滯狀況。

四、政黨內閣的成立

　　1916 年，第二次大隈內閣辭職，長州出身的陸軍大將寺內正毅組閣。立憲同志會等前內閣的執政黨各派聯合組成憲政會，與之對抗，寺內首相於翌年解散眾議院。同年大選的結果，立憲政友會取代了憲政會，成為眾議院的第一大黨。

　　大戰所造成急遽的經濟發展，由於勞工增加與人口集中都市，導致米的消費量驟增，且由於農業生產停滯，引起物價尤其米價上漲，使都市勞工與下層農民生活窮困。1918 年，預期西伯利亞出兵將導致物價上漲的心理，促使米商囤積居奇，米價暴騰。富山縣的漁村婦女遂起而暴動，全國

圖 11-3　在搶米騷動中被燒毀的鈴木商店

響應（搶米騷動）。貧農與被歧視的民眾，要求米的廉售，反對囤積，襲擊米商、富商、地主、精米公司，與警察發生衝突。自 7 月至 9 月，搶米騷動的連鎖反應，擴及於全國。東京、大阪以及全國三十八個都市、一百五十三個町、一百七十七個村，約七十萬人參加，成為大規模的民眾騷擾事件，政府出動軍隊加以鎮壓，寺內內閣於騷動弭平後不久即引咎辭職。

眼見民眾運動的元老，終於承認政黨內閣制，於同年 9 月，提名眾議院第一大黨的立憲政友會總裁原敬為首相。新首相既非華族，亦非藩閥出身，而是平民的眾議院議員，因此被稱為「平民宰相」，大受各階層民眾的歡迎。

但一反國民的期待，原內閣對實施普選制態度冷淡，只是降低選舉權納稅資格，引進小選舉區制而已。但要求普選的運動逐漸高昂，1920 年，有數萬人示威遊行。憲政會等在野黨向眾議院提出「男子普選法案」，政府卻認為時機尚未成熟而加以拒絕，並解散眾議院。執政黨立憲政友會，以大戰景氣為背景，提出該黨年來標榜的政策──擴充鐵路、增設高等學校等主張，於大選獲得大勝。

但立憲政友會的積極政策，由於 1920 年的恐慌，財政上遇到困難，且連續發生黨員貪污舞弊事件。翌年（1921 年）原首相突遭一個對政黨政治腐敗感到氣憤的青年所刺殺。旋由取代原敬而任政友會總裁的高橋是清組閣，但屬短命內閣，隨後由海軍大將加藤友三郎以立憲政友會為事實上的執政黨組閣。此後約二年間有三任非政黨內閣交替執政。

第二節　社會問題的激化

一、戰後的恐慌

第一次世界大戰為日本資本家帶來「天佑」良機，使日本資本主義的

發展突飛猛進，結果財富驟增。這種短暫的經濟景氣，係由於日本充分利用戰時國際市場的結果。及至大戰結束，好景不常，經濟又走下坡，蓋歐美各國逐漸恢復正常生產後，已不必仰賴日本，因此日本喪失了海外市場，戰時躍進的產業發生生產過剩現象，對外貿易轉成入超，戰爭期間積蓄的外匯銳減。1920 年，股票暴跌，物價隨之慘跌，許多公司、商店、銀行被迫停業、倒閉。政府貸放數億資金以資救濟，但仍無法扭轉入超現象。

在不景氣現象日益嚴重之下，1923 年 9 月，發生「關東大震災」，東京及橫濱地區損失慘重 ❽。關東地區多數產業設施多被破壞，引起了新的恐慌。為了重建工作，政府一方面發行國內公債，一方面募集外債，因而更引起經濟膨脹，這種慢性不景氣最後成為昭和初期金融恐慌的伏線。

戰後的恐慌給與農村很大的影響，米與生絲等農產品價格暴跌，農家經濟日益惡化。受到農業外投資不景氣的影響，脫售土地的地主增多，自耕農人數銳減，大戰期間發達的富農經營日趨減少，地價驟降。

自大正末期到昭和初年，農村凋弊，佃農生活困苦，全國各地都有激烈的「佃農爭議」❾。農民不僅要求減輕地租，且反對地主收回土地（地主自耕），情況相當嚴重。由於地價、米價暴跌，佃農爭議頻起，出現「寄生大地主」整理所有地，改變投資對象的事態。面臨農村不景氣，政府於 1921 年制定「米穀法」，實施維持米價政策。1924 年又制定「佃租調停法」，同時貸放資金以資紓困。

二、社會問題的激化

由於第一次世界大戰，進行國民全面性動員的總體戰，從戰時到戰後，參戰國要求民主主義的呼聲高昂，俄國革命、搶米騷動等為轉機，興起了

---

❽ 這次大地震，人命死亡七十萬六千餘人，受傷五萬二千餘人，房屋損害六十九萬四千棟，經濟上的直接損害約一百億日幣。

❾ 佃農與地主之間的爭議。

社會運動。

　　大戰中的產業急遽的發展，勞工人數驟增，但物價上揚而不得不要求提高工資，勞工運動高漲，勞資糾紛劇增。1912 年鈴木文治所組織，以提高勞工階級地位，培養勞工團體為目標的友愛會，發展為全國性的工會組織。友愛會於 1919 年，改稱大日本勞工總同盟友愛會，翌年主辦第一次勞動節集會，兩年後，改稱日本勞工總同盟，由勞資協調主義逐漸轉到階級鬥爭主義的方向，從八幡煉鋼廠與神戶的三菱、川崎兩造船廠的爭議開始，指導戰後不景氣下的勞工運動。此時農村亦出現要求減免佃租的佃農爭議，1922 年，杉山元治朗等籌組了全國性的組織——日本農民組合。

　　另一方面，倡導民本主義的吉野作造，於 1918 年組織黎明會，以為時代的流向是和平與協調，給與知識分子很大的鼓舞。受到吉野影響的學生，組成東大新人會等思想團體，逐漸加深其與勞工、農民運動的連結。

　　吉野所倡導的民本主義，雖有自由觀念，卻未觸及主權問題，在實際運用上，只求以制度保障對民眾意志的尊重，避開與天皇制的對立，但由於其強調實施以眾議院為中心的議會政治以及政黨內閣的必要性，廣獲都市群眾與知識分子的支持，於是興起了新人會學生運動及以大山郁夫、福田德三等，以自由主義為號召擴展黎明會。吉野的主張在政治運動上，成為要求普選的民眾運動的指導理論，普選運動如火如荼的展開。

　　在這種革新的氣氛中，處在大逆事件以來「冬天的時代」的社會主義者，重新開始活動，1920 年組成集社會主義者於一堂的日本社會主義同盟，但不及一年，即被禁止，社會主義的學術研究亦受壓制。1920 年東京帝國大學助教授森戶辰男因研究克魯泡特金 (Pyotr Alexeyevich Kropotkin) 而受停職處分。社會主義勢力內部有大杉榮等無政府主義者與堺利彥等共產主義（馬克思、列寧主義）者之對立，但因俄國革命的影響，共產主義在整個社會運動中的影響日增，1922 年 7 月，堺利彥與山川均等組成日本共產黨，為第三共產國際支部的非法組織。

　　明治時代的婦女除了極少數外，一直在古老的家庭之中，1911 年雖有
「青鞜社」的組織，進行婦女解放運動，但無甚成就。市川房枝等於 1920
年成立的新婦人協會，進行要求參政權等提高女性地位的運動。此外尚有
婦人參政權協議會，以及山川菊枝等所組織的赤瀾會，後者是日本最早的
社會主義婦女團體。唯因當時的婦女運動，多帶有社會主義傾向，以致無
法形成一股大的洪流。

　　至於一般勞動界婦女，則相當活躍，對於社會貢獻極大，她們一方面
從事各種工作，一方面要求女性的自覺，以提高女性在社會上的地位。婦
女運動雖然在傳統觀念的束縛下未能如願，但較諸明治時代的婦女幸福。
至少已可走出廚房，踏入社會各階層擔任各種職務。至於取得完全的參政
權，則是第二次世界大戰以後的事。

　　遭遇差別待遇受社會歧視的部落住民，在西光萬吉等的號召下，不依
賴政府的融和政策，從事自主的撤廢運動，於 1922 年，組織了全國水平社。

　　透過這些社會運動，促進不因身分、財產有別的普選權的爭取，成為
共通的要求。普選運動，自 1919 至 1920 年，以世界性的民主風潮為背
景，以友愛會的勞工與學生為中心，掀起了熱烈的大眾運動。對此，政府
自加藤友三郎內閣時，即已檢討普選的方向，1923 年成立的山本權兵衛內
閣亦表贊同，但由於關東大震災與其後虎門事件而總辭❿，致未實現。

　　第一次世界大戰期間，日本經濟發生很大的變動，影響到社會生活，
都市的勞資對立和地主與佃農的對立更加激烈。歐美的社會民主思想流入，
使日本思想界也發生了變化。由於世界民主風潮的影響，促進普選的實施，
確立政黨政治為目標的民主運動漸趨蓬勃。第一次護憲運動實為民主政治
運動的先驅。

---

❿　1923 年，一個主張無政府主義者的青年難波大助，於東京虎門狙擊攝政裕仁親王
　　（昭和天皇）。攝政雖倖免於難，內閣引咎辭職。難波於翌年以大逆罪處死。

另一方面，堺利彥、山川均等社會主義者，大杉榮等無政府主義者，抨擊友愛會與民本主義者之不徹底而再度開始活動。這種勞工運動的蓬勃發展，更由於第一次世界大戰末年俄國革命的成功而得勢。

「普選法」成立後，勞工工會、農民組合為基礎的社會主義勢力，企圖透過議會進行社會改造，1926 年，組成合法的無產政黨勞工農民黨。但在黨內，共產黨派系的勢力強大，採取議會主義、國民政黨路線的社會民眾黨（社民黨）、勞農黨與社民黨中間立場的日本勞農黨分裂。

1928 年依據普選制度所舉行的大選，無產政黨勢力有八名當選。此時，由於被迫作非法活動的日本共產黨公開活動，受到衝擊的田中義一內閣，於選後不久的 3 月中旬，大舉檢舉共產黨員，解散日本勞工組合評議會等團體。同年修正「治安維持法」，訂定最高刑為死刑、無期徒刑，道府縣的警察亦設置特別高等課（特高❶），翌年再度大規模的檢舉（四一六事件）。日本共產黨因而大受打擊。

第三節　華盛頓體制與政黨內閣

一、巴黎和會與日本

戰爭結束後，美國總統威爾遜 (Thomas Woodrow Wilson) 所提倡的十四點媾和基礎的意見為德國所接受❷，於 1918 年 11 月，成立停戰協定。翌年在巴黎召開和會，日本亦為五大協約國之一員，派遣西園寺公望、牧野伸顯為全權參與。6 月所簽訂的和約（「凡爾賽和約」），課賦德國巨額的賠款，限制軍備，割讓德國本國領土的一部分，條件極為嚴苛。

---

❶　專門取締思想問題的警察。

❷　威爾遜總統於 1918 年 1 月向議會提出諮文，主要內容強調廢止祕密外交，廢除所有經濟障礙，創設國際聯盟等共十四點。但未涉及賠償問題。

　　另一方面，在民族自決的原則下東歐誕生了多數的獨立國家，同時為了國際紛爭的和平解決以及國際協力而決定設置國際聯盟。根據「凡爾賽和約」而來的歐洲新國際秩序，稱之為凡爾賽體制。

　　日本為了取得山東與南洋諸島的既得權益，早在戰時（1915 年 10 月），已著手各種準備，擬訂初步的媾和條件。和會中討論與日本有關者，即德屬南洋諸島問題及中國山東問題。日本要求合併德屬南洋諸島，紐、澳等國均表反對，美國亦提出異議，但事前已取得英法義等國的諒解，旋改由國聯委任統治方式，實質上歸日本統治，塞班 (Saipan)、雅浦 (Yap)、巴勞 (Palao) 三島則劃歸日本領土，後來逐漸成為具有戰略性的要塞。

　　至於日本媾和條件中最重要的山東權益問題，卻引起波瀾。山東問題起源於日本攻略青島，迫簽「二十一條要求」。日本以參戰為由要求獲得山東權益為補償，中國亦屬戰勝國之一員，當有直接索還的權利。但日本卻假借「二十一條要求」、與英法等國的祕密協定，以及 1918 年逼迫中國簽訂「山東問題換文」❸，堅持德國在山東權益之割讓。中國以「二十一條要求」乃被迫簽署，且中國參戰，已宣布中德間所有條約作廢，德國在山東權益自當逕還中國。英法由於戰時已與日本簽署祕密協定而支持日本，美國則表同情於中國。是時義大利不滿阜姆 (Fiume) 問題之處理❹，一時退出，美國唯恐日本仿效義大利退出，影響國際聯盟的成立，終於讓步。於是大會決定讓日本繼承德國在山東的一切權利。日本在巴黎和會所提三大要求，有關山東及德屬南洋諸島的權益問題，都能如願以償，唯第三項將禁止人種差別條款列入聯盟規約之中，則未成功❺。

---

❸　該換文有「欣然同意」之語，日本作為中國同意的印證。

❹　阜姆問題，乃義大利要求取得南斯拉夫的一部分土地（阜姆），作為其參戰條件而被拒的事件。

❺　其實日本提出此一問題，不僅是為了肆應美、加等國排斥日本人移民運動，主要還是作為與大國交涉時的籌碼。

二、中韓的民族運動與日本

亞非民族問題成為戰後國際政局新的焦點。在巴黎和會期間，朝鮮發生了「三一運動」❶，中國則掀起了「五四運動」。

以民族自決的國際輿論為背景，居留東京的朝鮮留學生，以日本統治下的朝鮮學生、宗教團體為中心，興起了全面性要求朝鮮獨立的運動。1919 年 3 月 1 日，在漢城（京城）巴哥達公園誦讀「獨立宣言」，展開了全朝鮮要求獨立的大眾運動（三一運動）。此一運動大體是在和平、非暴力聲中進行，但朝鮮總督府卻出動警察、憲兵、軍隊嚴加鎮壓。在顧慮國際輿論下，原內閣不得不採取若干補救措施。將原有僅限於現役軍人的朝鮮總督資格放寬，改由文官充任，並廢止憲兵警察等。

由於中國在巴黎和會中山東問題交涉失敗，激起學生、工商各界的愛國運動，發動示威遊行，民族主義運動高昂（五四運動），北京政府遂拒簽和約。

三、華盛頓會議與協調外交

依據和約，德國的賠款總額，達一千三百二十億金元馬克，英法義等戰勝國亦苦於償還美國的戰債。於是美國給與德國種種支援，促進德國的產業復興，使其有力支付賠款，俾使戰勝國英法義亦能償還美國的戰債，形成國際經濟的循環系統。

另一方面，大戰中日本露骨的進窺中國，傾向聯邦制國家的蘇維埃，以及中國民族運動的動向，在在需要肆應這種遠東新情勢。因此，美國於1921 年夏，在英國的慫恿下，為了檢討海軍的裁軍與太平洋及遠東問題，

---

❶ 由於長久以來一脈相承的韓國獨立思想與蓬勃的民族主義，以及日本併韓（1910年）以來的高壓統治，經濟剝削與文化的壓抑，激起韓國民眾激烈的反日情緒，於 1919 年 3 月 1 日，爆發了大規模的反日獨立示威運動。

圖 11–4　華盛頓會議

召開國際會議（華盛頓會議）。美國的主要目的乃在終止英美日的建艦競爭，以減輕財政負擔，同時壓抑日本在東亞的擴張。日本派遣加藤友三郎、幣原喜重郎為全權代表赴會。

　　會議席上首先是英美法日之間，締結了有關太平洋諸島的維持現狀，決以協商的方式解決太平洋問題紛爭原則的「四國公約」，並同意廢止「英日同盟協約」（1921 年）。

　　翌年 2 月，英美法日加上中國以及與中國權益有關的主要國家四國，簽訂了「九國公約」，約定尊重中國領土與主權，在華各國經濟上的門戶開放、機會均等。日美間的「石井、藍辛協定」同時作廢。同年，英美法義日五大國之間，簽署了「華盛頓海軍裁軍條約」，約定今後十年間不建造主力艦（戰艦、航空母艦），主力艦的總噸數比率以美英各五，日本三、法國與義大利各一點六七為原則。日本國內，海軍，尤其軍令部，強烈主張對美英七成的比例，海軍大臣全權代表加藤友三郎壓抑內部的不滿而強行簽署。此外，則是藉此機會，交涉中日間有關山東問題，根據「九國公約」，締結了山東半島的舊德國權益，歸還中國的條約。

　　這一連串的國際協定，志在防止重啟戰端與列強間的協調，據此形成

的亞洲、太平洋地域的新國際秩序，稱為華盛頓體制。

繼首相原敬被暗殺之後成立的高橋是清內閣，積極執行協調外交，接續的加藤友三郎內閣與第二次山本權兵衛內閣，亦繼承此一體制。其主要原因乃是美國從威爾遜總統的理想主義外交轉變為現狀的經濟外交方針，1920 年代的日美關係，亦極為良好。

1924 年，護憲三黨成立加藤高明內閣，過去始終反對立憲政友會的外務大臣所展開協調外交的憲政會亦表贊同，在幣原喜重郎外相之下，進行幣原外交（協調外交）。幣原外交乃是以正義與和平為基調，與「世界大勢」步驟一致，重視經濟的外交姿勢為其特徵。

協調外交之下實現的海軍裁軍的影響很大，老舊軍艦的廢棄與戰艦建造的中止卻得以實現。陸軍則在加藤友三郎內閣之下，由陸相山梨半藏推動裁軍，加藤高明內閣之下，陸相宇垣一成亦繼續推動，兵員裁減了九萬三千人，並進行武器近代化。

四、護憲三派內閣

1924 年，在貴族院與官僚勢力的主導下，清浦奎吾組閣，憲政會、立憲政友會、革新俱樂部三黨，發起憲政擁護運動（第二次護憲運動）。政府拉攏立憲政友會脫黨者組成政友本黨，並解散議會。大選結果，護憲三黨大勝，清浦內閣總辭。代之而起的是眾議院第一大黨憲政會總裁加藤高明所組織的三黨聯合內閣。

護憲三黨組織的加藤內閣，繼續推動外相幣原喜重郎的協調外交，並於 1925 年成立「普選法」，選民驟增❶。但同時卻成立了嚴懲改變「國體」，否定私有財產制度為目的的結社組織者與參加者的「治安維持法」。

---

❶ 據此，滿二十五歲以上的男性公民有眾議院議員選舉權的普選制度得以實現，有選舉權的選民一舉增加了四倍。

　　1925 年，立憲政友會迎接陸軍出身的長州閥長老田中義一為總裁，吸收革新俱樂部，至此，護憲三黨的合作遂毀，加藤高明內閣成為憲政會的單獨內閣。1926 年加藤病死，改由繼任憲政會總裁的若槻禮次郎組閣。

　　同年底，大正天皇去世，攝政裕仁親王（昭和天皇）即位，改元昭和。

　　1924 年，第一次加藤高明內閣成立到 1932 年五一五事件犬養毅內閣崩潰的八年間，繼續立憲政友會與憲政會（後來的立憲民政黨）二大政黨總裁輪替組閣的「憲政常道」。

第四節　市民文化

一、都市化與國民生活的變化

　　自大正到昭和初期之間的文化特色，乃大眾文化的成立與發展。日俄戰爭後（1907 年）義務教育普及（就學率已超過 97%），幾乎所有國民都有讀寫的能力。大正時期，尤其第一次世界大戰後，工業化的進展，都市化、社會的大眾化益顯。中學學生數驟增，高等教育機關擴充。以都市為中心的高學歷者知識分子增加，大量出現在事務系統工作的薪水階級。女性從事打字、電話接線生等職業，稱為職業婦人。聘雇這些人的事業主，新聞、雜誌、廣播電臺、電影等傳播媒體急速的發達。這已非少數的上層階級，而誕生了勞工與白領階級一般勤勞者（大眾）為主角的文化（大眾文化）。

　　新聞與雜誌的發行份數大幅增加。大正末期出現發行份數超過百萬的新聞（如《大阪朝日新聞》、《大阪每日新聞》等），《中央公論》、《改造》等綜合雜誌急速的發展。昭和初期，《現代日本文學全集》等叢刊，有一冊一圓出售的「圓本」與岩波文庫登場，成為低價格、大量出版的先驅，大眾娛樂雜誌《國王》的發行份數亦超過百萬。1918 年雜誌《紅鳥》的創

刊，顯現兒童文學的興盛。

除了平面媒體之外，1925 年，東京與大阪尚有廣播電臺的創辦，舞臺劇與各種運動的實況轉播，均博得好評，此後廣播網擴大到全國。當初稱為活動寫真的電影，只是無聲電影，附有解說員上映。大正時期的大眾娛樂觀眾大增。日活、松竹等電影公司製作國產電影。1930 年代，開始製作有聲電影，普受歡迎。

二、學問與藝術

從歐美各國重新介紹了各種各樣的思想與文學，其中馬克思主義對日本的知識分子強烈的影響，可說是此一時代的一個特色，對學問研究的方法影響亦大。

在自然科學方面，因大戰而無法輸入的染料、藥品等化學領域逐漸開始有獨自的研究，遂有理化學研究所之創設。

森鷗外與夏目漱石為首，文學家輩出。揭櫫人道主義、理想主義的雜誌《白樺》（1910 至 1923 年）為中心，具有都會感覺與西歐教養的有島武郎、志賀直哉等白樺派，以及以耽美的作風聞名的永井荷風、谷崎潤一郎等，還有漱石門下的芥川龍之介、菊池寬等新思潮派，新感覺派的橫光利一與川端康成等極為活躍。以新聞與大眾雜誌為舞臺，大眾小說獲得眾多的讀者。自大正末期到昭和初期，隨著社會主義運動、勞工運動的高昂，無產階級文學運動興起，《播種的人》（1921 年創刊）、《戰旗》（1928 年創刊）等，即係依階級鬥爭理論，描述勞工（無產）生活的作品。

圖 11-5　夏目漱石

演劇方面，1924 年小山內薰、土方與志等創設的築地小劇場為新劇運動的中心，在知識分子之間引起相當大的迴響。音樂則志在西樂普及，與小學的唱歌同時，民間創作的童謠盛行。山田耕筰在交響樂的作曲與演奏方面頗有造就。

美術方面，對抗文展的「正統」(Academism)，西畫的在野勢力，創立了二科會與春陽會，梅原龍三郎、岸田劉生等活躍於畫壇。日本畫有橫山大觀等再興日本美術院的盛況，開拓了近代繪畫的新樣式。

第十二章
法西斯主義的崛起

概　論

　　在第一次世界大戰中，日本的經濟展現極端的繁榮，但到了昭和年間，首遭金融恐慌，續又遭受世界經濟不景氣的打擊，而陷入嚴重的危機。在此過程中，財閥加強其壟斷，並與政黨勾結。另一方面，因為農產品價格低落，促成農民生活困苦，失業人數眾多，社會運動激烈。政黨政治肆應乏力，引起國民的不滿，釀成支持法西斯主義的風潮。

　　當時的日本外交由於擔任國際聯盟的常任理事國，以裁軍、協調外交為基本方針。軍部卻不以為然，力主向中國大陸擴展，始能一舉解決國內日益嚴重的各種難題，昭和初年，此一傾向愈益強烈。軍部和民間右翼團體，亟思以非常手段改革國政，並進一步侵略中國大陸，取得中國資源。

　　軍部和右翼的直接行動，在國內始於濱口首相的暗殺，到了「二二六事件」而登峰造極。在國外，則始於炸死張作霖，發動九一八事變，退出國際聯盟，使日本在國際社會陷於孤立。軍部勢力抬頭，掌握實權，與德、義接近，遂引起盧溝橋事變。結果，軍部加強獨裁，勾結財閥，以建設「大東亞共榮圈」為口號，終於導致太平洋戰爭。

　　民眾則由於戰爭體制的推行，學問研究的自由被限制，被迫對戰爭協力，尤其在盧溝橋事變後，更受到「國家總動員法」的束縛，處於嚴屬的

經濟統制下，過著不自由的生活。

第一節　金融危機

一、金融恐慌

　　第一次世界大戰終結，歐洲各國逐漸復興，其商品再湧進亞洲市場，日本已不再有開戰以來的好景氣，經濟陷入困境。1919 年起，貿易轉為入超，尤其重化學工業的輸入增加，壓迫國內的生產。1920 年，發生早於歐美的戰後恐慌，股票市場暴跌，木棉與生絲的行情大跌。更因關東大震災（1923 年），經濟受到重大的打擊。銀行保有的票據無法清帳（結算），雖倚恃日本銀行的特別融資而暫時渡過難關，但在不景氣的慢性化過程中，經濟情況日趨惡化。

　　其後（1927 年），議會在審議震災票據的處理法案過程中，由於藏相片岡直溫的失言，暴露出一部分銀行的不良經營狀態，終於引起擠兌風潮，銀行紛紛倒閉（金融恐慌）。當時的若槻禮次郎內閣，擬假緊急勅令救濟持有破產的鈴木商店巨額不良債權的臺灣銀行，但得不到樞密院的認可而總辭。接著成立立憲政友會的田中義一內閣，發出「暫緩支付令」，由日本銀行作巨額的救濟性融資，始逐漸將廣泛波及到全國的金融危機挽救於一時。

　　1920 年代的日本經濟，在電氣機械、電氣化學等電力相關的重化學工業雖有進展，但慢性的不景氣，仍然持續。政府因應再三的恐慌，增發日本銀行券，以資救濟，但只能迴避經濟的破綻於一時，卻無法重整大戰中過分膨脹的經濟。因工業的國際競爭力不足與通貨膨脹，貿易的入超大增，自 1917 年以來持續實施禁止金輸出之中，外匯行情不斷的波動、暴跌。很多產業加強企業集中，結成卡特爾（kartell，聯合企業）、輸出資本，財閥

則在金融、流通面進行產業統制，加深與政黨的勾結。

日本經濟遂由獨占資本、金融資本占居支配性的地位。另一方面，大企業與農村流出的過剩勞工為基礎，促使中小企業日漸增加。

財界方面，仿效大戰後不久恢復金本位制的歐美，實施金輸出的解禁，以安定外匯行情，振興貿易。1929 年成立立憲民政黨的濱口雄幸內閣，起用前日本銀行總裁井上準之助為藏相，緊縮財政，以圖降低物價，促進產業的合理化，加強國際競爭力。

實施金解禁後適遇 1929 年 10 月，紐約華爾街開始的股票暴跌，發展為世界性的經濟恐慌，日本經濟加上金解禁所衍生的不景氣而蒙受雙重的打擊，陷入嚴重的經濟恐慌（昭和恐慌）。不僅輸出大為減少，正幣大量流出海外，企業的作業時間縮短，且又相繼發生公司倒閉，或進行產業合理化而降低工資、裁員，失業率升高。政府於 1931 年制定「重要產業統制法」，允許指定產業組織卡特爾，但反而又成為統制經濟的先驅。

米價受到 1920 年代從殖民地輸入的影響而陷於低迷，昭和恐慌發生，米以及各種農產品的價格暴跌。運往美國的生絲適值經濟恐慌，消費減縮而銳減，繭價亦大為滑落。1930 年，因豐收使米價跌落，成為「豐收貧窮」。翌年，發生東北、北海道的糧食大歉收。因不景氣而少有兼業機會，加上都市失業者歸農，東北等地農家的窮困益著（農業恐慌），普遍發生缺食（營養不良）兒童與女子賣身的慘劇。在此狀態下，勞工爭議，佃農爭議激增。

二、擺脫經濟恐慌

1931 年 12 月成立的犬養毅內閣藏相高橋是清，斷然實行禁止黃金輸出，接著停止日幣與黃金的兌換，日本經濟遂捨棄金本位制而改為通貨管制制度。在恐慌下進行產業合理化的各種產業，利用日幣大幅度下降（日圓低匯價），輸出驟增。尤其棉織品的輸出擴大最為顯著，取代英國而達世

界第一的規模。

此時，世界情勢大為動搖，列強正苦於如何擺脫世界恐慌❶。英國在本國與殖民地建立排他性的區域經濟圈，採取輸入分配與高率關稅的保護貿易政策。列強（英國為主），抨擊日本在日圓低價下，以全國性的傾銷方式，謀求對本國殖民地輸出的擴大。

輸出的躍進，加上赤字國債的發行，軍事費與農村救濟費為中心的財政膨脹，產業界轉趨熱絡，日本較之其他資本主義國家，更早於 1933 年恢復了世界恐慌以前的生產水準。尤其受到軍需與保護政策的支撐，重化學工業有顯著的發達，金屬、機械、化學工業合計生產量，1933 年超過纖維工業，1938 年，占工業生產額全部的過半，產業結構由輕工業轉到重化學工業中心。

圖 12–1　八幡煉鋼廠

鋼鐵業則以八幡煉鋼廠為中心進行大合併，成為國策公司——日本鋼鐵公司，達成鋼鐵的自給。汽車工業與化學工業，有「日產」與「日氮」等新興財閥與軍部勾結，向滿洲、朝鮮擴展。

農業恐慌之中，掀起農村救濟請願問題。政府於 1932 年度起，興辦公共土木事業，以匡救農業經濟。雇用農民為短工，給與現金，並進行農漁村經濟更生運動，擴充產業組合，促進農民「自力更生」。

❶　1933 年就任的美國總統羅斯福 (Franklin D. Roosevelt)，採取增加財政支出以刺激景氣的經濟政策 （新政） 渡過危機。義大利、德國則由率領法西斯的墨索里尼 (Benito Mussolini) 與領導納粹的希特勒 (Adolf Hitler)，確立了一黨專制的絕對主義體制。蘇聯則在倡導一國社會主義的獨裁者史達林 (Josif V. Stalin) 之下，推行計畫經濟，自行建造中央集權的經濟體制。

第二節　國家法西斯化

一、協調外交的挫折

在田中義一內閣時期，日本的對華政策轉向強硬。志在統一中國而進行北伐的國民革命軍自廣東出發，不旋接踵即壓制了長江流域，繼續北上。對此，田中內閣於 1927 年召開東方會議，決定以實力維護日本在滿洲權益的方針。旋以保護日僑為名，三次出兵山東。在第二次出兵之際，日本與國民革命軍發生武力衝突，一時占領濟南城（濟南事件）。

關東軍持有運用謀略排除張作霖勢力，直接統制滿洲的構想，於 1928 年 6 月，不得軍部中央的同意，即獨斷的炸死歸返滿洲途中的張作霖（張作霖爆炸事件），乘機發動軍事行動，但占領滿洲之舉終歸失敗。當時事件的真相未為日本國民所知，只稱為「滿洲某重大事件」。本來應由軍法會議嚴格追究的事件，田中內閣卻以犯人不明為由，只是將首謀的河本大作大佐處以停職而結案。為了此一處分，田中首相受到天皇的詰問，1929 年內閣總辭。

炸死張作霖事件的結果，與關東軍陰謀的期待相反，被殺害的張作霖之子張學良，於 1928 年，將其統制下的滿洲全域歸屬國民政府（易幟）。國民黨的北伐完成，中國全土的統一幾近達成。中國開始興起了撤廢不平等條約、要求收回國權的民族運動。1931 年，國民政府片面宣布不平等條約無效的外交方針。

濱口雄幸內閣恢復了協調外交的方針，再度起用幣原喜重郎為外相，為了改善對華關係，於 1930 年與中國締結「中日關稅協定」，雖有附帶條件，但承認中國的關稅自主權。

依據裁軍方針，日本於 1930 年，參加倫敦海軍裁軍會議。會議決定主

力艦的禁建條款延長五年,確定「華盛頓海軍裁軍條約」除外的輔助艦(巡洋艦、驅逐艦、潛水艇)的保有量。當初日本要求之中,雖輔助艦總噸數對英美約七成大體被承認,但大型巡洋艦對美七成卻未被接受,即簽訂了條約(「倫敦海軍裁軍條約」)。對此,海軍軍令部、民間右翼、在野黨立憲政友會等,指斥其不顧海軍軍令部長的反對而由政府決定兵力,乃是干犯統帥權❷,而大肆抨擊。政府取得樞密院的同意,成功的批准了條約,但同年 11 月濱口首相卻在東京被右翼青年狙擊而負重傷❸。隨後九一八事變(滿洲事變)起,協調外交遇到挫折。

二、滿蒙問題

當中國正推動收回國權的民族運動之際,日本軍部與右翼,抨擊幣原喜重郎的協調外交為軟弱,叫囂「滿蒙的危機」。加深危機感的關東軍,擬訂以武力阻止中國收回國權運動波及於滿洲,把滿洲從長城以南分離中國,而置於日本勢力下的計畫。

關東軍以石原莞爾參謀為中心,於 1931 年 9 月 18 日,炸毀奉天郊外的柳條湖(柳條湖事件),諉諸於華軍,開始採取軍事行動,這就是九一八事變(滿洲事變)。

第二次若槻禮次郎內閣,聲明不擴大方針,但輿論、傳播媒體卻煽起戰爭的狂熱,支持軍方的行動。關東軍為了壓制全滿洲,擴大戰線❹,至

---

❷ 統帥權即軍隊的最高指揮權屬於天皇,從內閣管轄的一般國務分離,至於統帥權的發動,則由參謀總長、海軍軍令部長直接參與。依據憲法,兵力的決定,乃是憲法第十二條的編制大權的一部分,屬於內閣的輔弼事項,不屬於第十一條的統帥大權。

❸ 濱口於翌年下臺,但不久死亡。

❹ 日本在滿洲的軍事行動,刺激中國的排日運動,1932 年,在上海發生中日兩軍的衝突(上海事變)。

此，喪失收拾事態能力的若槻內閣乃被迫總辭。

立憲政友會總裁犬養毅於同年 12 月組閣，雖反對滿洲建國的策劃，但無法壓制軍部的對外擴張。翌年初，關東軍占領滿洲的主要地區，3 月，擁立清朝最後的皇帝溥儀為執政，宣布滿洲建國。

美國對日本一連串的行動發表宣言不予承認，接受中國控訴與日本提案的國際聯盟，派遣英國的李頓 (Victor A. G. R. Lytton) 為團長的李頓調查團赴現場（中日）調查。

1932 年 7 月，齋藤內閣與「滿洲國」交換「日滿議定書」，承認滿洲國。日本政府擬以既定的事實累積以對抗國際聯盟，聯盟則於 1933 年 2 月的臨時總會，根據「李頓報告書」，斷定滿洲國是日本的傀儡國家，通過要求日本撤消承認滿洲國的勸告案。松岡洋右等日本全權代表，憤然退出總會，3 月，日本政府正式退出國際聯盟（1935 年生效）。

1933 年 5 月，中日雙方締結軍事協定（「塘沽協定」），至此，九一八事變似已終結。日本積極經略滿洲，翌年，擁立溥儀為滿洲國皇帝。1936 年，日本退出第二次倫敦海軍裁軍會議，「倫敦海軍裁軍條約」失效，「華盛頓海軍裁軍條約」亦於 1934 年作廢，日本遂陷於國際孤立的窘境。

圖 12-2　「塘沽協定」

三、法西斯主義的崛起

1.皇道主義的抬頭

以倫敦海軍裁軍會議（統帥權干犯問題）、昭和恐慌、九一八事變等為契機，軍人與右翼的急進國家改造運動轉趨積極。陸海軍少壯軍官及民間右翼，以為日本之所以停滯不前，乃是元老、重臣、財閥、政黨、官僚等統治階層之無能與腐敗，因而企圖加以打倒，組成軍部中心的強力內閣，改弦更張以推動對外擴展的政策。1931 年發生陸軍少壯軍官政變未遂事件（三月事件、十月事件）。翌年初，井上日召所率領的右翼血盟團暗殺前藏相井上準之助等人（血盟團事件）。同年 5 月 15 日，發生海軍少壯軍官闖入首相官邸，射殺犬養毅首相的事件（五一五事件）。

一連串的恐怖活動，嚴重威脅統治階層，五一五事件之後，元老西園寺公望推薦穩健派的海軍大將齋藤實為繼任首相。至此，大正末年以來八年的政黨內閣崩潰，一直到太平洋戰爭後，未嘗恢復。

九一八事變之後，日本國內民族主義日趨高漲，國家的鎮壓日亟，給與社會主義運動很大的衝擊。社會主義者出現大量的「轉向」現象❺，不少分裂的無產政黨，亦轉向國家社會主義。1932 年，以赤松克麿為中心，組成日本國家社會黨❻。另一派人則組織當時最大的無產政黨社會大眾黨，但逐漸傾向於國家社會主義。1933 年，在獄中的日本共產黨最高領導者發表「轉向」聲明❼，成為大量轉向的契機。碩果僅存堅守社會主義的鈴木茂

❺ 所謂「轉向」，意指個人思想立場的轉變，此一時期則專指受到國家權力施加暴力、脅迫，以致放棄社會主義、共產主義之謂。

❻ 國家社會主義意指實行國家的社會政策，以剷除資本主義弊害的立場，法西斯與納粹亦倡導此一論說。日本國家社會黨則是倡言實現天皇為中心的「一君萬民」的平等社會，擁護民族利益的見地，支持戰爭。

❼ 佐野學、鍋山貞親兩幹部連署發表聲明「轉向」，批判第三國際指示日本共產黨，

三郎等日本無產黨，亦於 1937 年遭到鎮壓而停止活動。

思想、言論的取締加強，不僅共產主義，連自由主義、民主主義的學問亦遭受彈壓❽。軍部主導的國家社會主義國內改革逐漸成為主要論調。

2.二二六事件

政黨對國內政治的影響力，在五一五事件後，日漸萎縮，反之，軍部（尤其陸軍），與倡導革新、打破現狀❾，反對既有政黨的國粹勢力則日益坐大，益增其對政治的影響力，因此，對齋藤實、岡田啟介與第二任海軍穩健派內閣表示不滿。1934 年陸軍省（部）所發行的小冊子《國防的本義及其強化的提倡》，顯示陸軍干預政治、經濟的企圖，引起各方的爭論。

美濃部達吉的憲法學說，屢受右翼的攻擊，1935 年，軍方出身的貴族院議員菊池武夫指斥天皇機關說為違反國體❿，而驟然政治化（天皇機關說問題）。長期以來天皇機關說是支撐明治憲法體制的正統學說，但因渴望打破現狀的陸軍、立憲政友會、民間右翼以及在鄉軍人會等展開全國性的激烈圍剿，岡田內閣終於屈服，發出「國體明徵」聲明⓫，否認天皇機關說。如此一來，政黨政治與政黨內閣制喪失了與民本主義並列的理論支柱。

政治的發言力驟增的陸軍內部，以少壯軍官為中心，分成主張訴諸直接行動打倒既有統治階層，以實現天皇親政的皇道派；以及以陸軍省與參謀本部中堅軍官為中心，加上革新官僚與財閥勾結的軍部強力統制下，樹

打倒天皇制與反對侵略戰爭手方針，提倡在天皇制與民族主義之下，實現一國社會主義。以此聲明為契機，獄中大半黨員都「轉向」。

❽ 1933 年，倡導自由主義學說的京都帝大教授瀧川幸辰，受到文部大臣鳩山一郎的壓力被停職，京都帝大教授會全體提出辭呈，表示抗議，終歸失敗（瀧川事件）。

❾ 對內，志在天皇為中心的國民統合、經濟計畫化，內閣制度、議會制度的改革，對外則主張打破華盛頓會議體制。

❿ 參閱第十一章註❷。

⓫ 明確天皇中心的國體觀念。國體指的是因主權或統治權之所在而區別的國家體制。

立總力戰體制的統制派的對立❶。

　　1936 年 2 月 26 日清晨,受到北一輝思想影響的皇道派少壯軍官,率領一千四百名士兵,衝進首相官邸、警視廳,殺害內大臣(宮中)齋藤實等人,占據政府的心臟地帶四日(二二六事件)。此一政變志在改造國家、樹立軍部政權,但因天皇指示嚴懲,被視為叛亂軍而受到鎮壓。

　　事後,統制派排除皇道派而確立了陸軍內的主導權,陸軍的政治發言權更為加強。取代岡田啟介內閣的廣田弘毅內閣,在閣員的人選與軍備擴張、財政改革方面採納軍方的要求,始勉強的組成內閣,成為此後軍部干預內閣的端緒❶。

　　1936 年,華盛頓、倫敦兩海軍裁軍條約失效,廣田內閣依據陸海軍擬訂的「帝國國防方針之改訂」中的「國策基準」,決定日本確保在華權益,同時向南方漸進擴展的方針,在外交上加強與德國合作,以對抗蘇聯,國內則強力的推動軍備擴張計畫❶。

圖 12-3　二二六事件中的皇道派軍人

---

❶　統制派以永田鐵山、東條英機,皇道派以荒木貞夫、真崎甚三郎為中心人物。兩者的對立,因皇道派的相澤三郎中佐,在陸軍省刺殺統制派的永田鐵山軍務局長而表面化(相澤事件)。

❶　廣田內閣於 1936 年屈從陸軍的要求,恢復軍部大臣現役武官制。

❶　改訂國防方針之際,陸軍主張北進論(對蘇戰),海軍力主南進論(進窺南洋群島及東南亞),「國策基準」採取折衷並列方式。

　　但不滿國內改革不徹底的陸軍，與反對大舉擴充軍事的政黨雙方反彈下，廣田內閣於 1937 年總辭，組閣的重任由陸軍的穩健派宇垣一成擔當。但陸軍卻故意不推舉陸相，迫使宇垣的組閣流產。結果改由陸軍大將林銑十郎組閣，雖致力調整軍部與財界的關係（軍財搭配）❺，但亦歸於短命。同年 6 月，貴族院議長近衛文麿，集元老、軍部以及一般民眾國民各階層的期待於一身，組織了第一次近衛內閣。

第三節　中日戰爭

一、三國防共協定

　　1930 年代中葉，世界秩序開始出現崩潰徵兆。正值日本發動九一八事變，撼動華盛頓體制之際，德國亦於 1933 年樹立了絕對主義體制（納粹主義），倡言打倒凡爾賽體制而從國際聯盟退出。1935 年違反禁令，重整武裝。義大利亦確立了一黨獨裁（法西斯主義），於 1935 年攻擊衣索比亞(Ethiopia)，與國際聯盟對立。翌年，西班牙發生內亂，德國與義大利兩國，加強合作，形成樞軸❻。

　　蘇聯推動第一次五年計畫（1928 至 1934 年），重工業化與農業集團化有了進展，急速提升其國力。美國之承認蘇聯（1933 年）與蘇聯之加入國際聯盟（1934 年），顯示蘇聯在國際聯盟所扮演的角色增大。1936 年，廣田內閣締結了標榜對抗蘇聯國際共產主義運動的「日德防共協定」。義大利則於翌年參加（日德義三國防共協定），旋即退出國際聯盟。由是加深國際孤立的日德義三國，在反蘇的立場上一致而成立了軸心國。

---

❺　陸軍統制派為了執行大規模的擴軍，認為首先需要培養重要產業。

❻　德國與義大利於西班牙內亂之際，加強兩國的關係，稱為「柏林、羅馬軸心」。所謂「軸心」(Axis) 意指「世界中心」國家的協力關係。

二、盧溝橋事件──中日戰爭

　　自 1935 年之後，關東軍公然推動華北脫離國民政府統治的「華北分離工作」。同年，在英國的支援下，國民政府實施解除地域性通貨混淆狀態，徹底進行幣制改革，進行中國國內的經濟統一。關東軍遂加強在華北樹立傀儡政權（冀東防共自治委員會）的分離計畫。翌年，日本政府決定以華北的分離作為國策。侵華日熾，中國抗日救國運動高昂。同年 12 月發生西安事變❶，國民政府遂終止討伐共產黨，終結內戰，決意對日抗戰。

　　第一次近衛文麿內閣成立後不久（1937 年 7 月），北京郊外的盧溝橋附近，發生中日兩國軍隊的衝突事件（盧溝橋事件）。雖暫時成立停戰協定，但近衛內閣屈從軍部的壓力，變更當初的不擴大方針，增派兵力擴大戰線。國民政府亦採取斷然抗戰的態度，出乎日本的預料，發展為全面戰爭（中日戰爭）❶。8 月，日軍占領上海，戰火很快點燃到華南。9 月，國民黨與共產黨再度合作（第二次國共合作），成立抗日民族統一戰線。日本不斷的投入大軍，年底，占領國民政府的首都南京❶。國民政府從南京轉到漢口，再退往重慶，始終堅持抗戰，中日戰爭遂陷入泥沼的長期戰。

　　日本暫停大規模攻擊的戰略，改變為在各地樹立傀儡政權的方式。1938 年 1 月，近衛首相發表「不以國民政府為對手」聲明，自我斷絕與國民政府交涉以求和平的可能性。復於同年底，聲稱戰爭的目的乃在建設日

---

❶　張學良不滿國民政府蔣介石對日之消極態度，於西安向蔣氏「兵諫」（監禁），督促其採取抗日政策的事件。

❶　日本政府初稱「北支事變」，旋稱「支那事變」，實質上卻是全面戰爭。日中兩國由於力圖避免觸犯美國的「中立法」（對處於戰爭狀態國家禁運武器與彈藥的規定），均不作正式的宣戰布告。

❶　南京陷落前後，日軍在市內外，不斷的橫行掠奪、屠殺，殺害無數的中國人（包含一般民眾婦女）（南京事件）。南京的情況很快經由外務省的管道傳到陸軍中央。

圖 12-4　汪精衛就任南京國民政府主席

滿華三國合作的「東亞新秩序」❷，並暗中慫恿國民政府要人汪精衛（汪
兆銘）脫出重慶，於 1940 年，統合各地的傀儡政權，推舉以汪為首腦，俾
於南京樹立親日新國民政府。但汪政權卻極軟弱，日本終結戰爭的政略失
敗，國民政府透過英美物資運輸的「援蔣運輸線」，接受援助，其後仍然繼
續抗戰。

三、戰時統制

　　廣田內閣編列擴張軍備預算，財政急遽膨脹，軍需物資的輸入劇增，
招致國際收支不平衡的危機。中日戰爭爆發後，第一次近衛內閣更繼續編
製巨額的軍事預算，同時採取直接的經濟統制，制定「臨時資金調整法」、
輸出入品等臨時措施法，俾便軍需產業的資金與輸入資材的集中。經濟統
制一旦進行，經濟關係的官僚進出亦著，他們之間與軍部勾結而擬訂加強
建設的國防國家的趨向轉趨積極。隨著戰爭的擴大，國防預算年年增加，
財政膨脹相繼造成增稅，但仍然無法承擔龐大的歲出，因而不得不發行巨
額的赤字公債，濫發紙幣，結果勢難避免通貨膨脹。

　　1938 年 4 月，制定「國家總動員法」，賦予政府不必取得議會的承認，

---

❷　指的是 1938 年 11 月 3 日的「東亞新秩序聲明」與 12 月 22 日的「善鄰友好、共
　　同防共、經濟合作的近衛三原則聲明」的兩次聲明。

即得以動員為了推行戰爭所必要的物資與勞力的權限，置國民生活於全面
統制之下。同時制定「電力國家管理法」，將民間電力公司一舉統合於單一
的國策公司之下，加強政府對私人企業的介入。接著進行中小企業的強制
整理，翌年，依據「國家總動員法」的「國民徵用令」，動員一般國民，從
事軍需產業。

　　同年，企劃院❷擬定物資動員計畫，優先生產軍需品。不僅重化學工
業中小型的新興財閥，現有財閥系統的大企業亦積極參與軍需品的生產，
由於「國策」的協力而得到莫大的財富。雖立有總體戰的生產力擴充計畫，
但受制於軍需生產，甚難實現一般物品的增產。機械、非鐵金屬的生產，
至 1944 年以軍需為主而繼續上升，但因原料品質降低與高性能工作母機輸
入斷絕，大量生產的經驗不足，多不能達成預定的品質。

　　國內用的棉製品生產與販賣概被禁止，嚴格的限制「不用，不急」的民
生必需品的生產與輸入，生活必需品愈益不足。政府基於「國家總動員法」，
於 1939 年 10 月，發出「價格統制令」，限制公定價格，加強經濟統制。

　　大力宣傳「奢侈品為敵人」、「不用，一直到勝利」的口號下，強制進
行縮減消費。1940 年，禁止奢侈品的製造與販賣（「七七禁令」），對砂糖、
火柴等消費亦加管制，實施票證制。翌年施行米的配給制度，連衣料亦實
施票證制，加強生活必需品的統制。

　　1940 年起，政府實施米的強制收購制度。為了獎勵生產，採取佃租的
限制與生產米價的優惠措施，削減地主的應得部分，但勞工與生產資材不
足，因此糧食生產量自 1939 年開始下降，糧荒日趨嚴重。

　　隨著戰時體制的形成，基於國體論的思想統制、社會主義、自由主義
的思想彈壓日益嚴厲❷。第一次近衛內閣，自 1937 年起，鼓吹國家主義、

❷　1937 年 10 月，為了戰時動員的計畫、立案、調整所設置直屬於內閣的機關，但
　　因經濟界的反彈，於 1943 年併入軍需省。

❷　在中日戰爭開始前夕，文部省發行《國體本義》，分配給全國的學校、各機關，強

軍國主義，鼓勵節約、儲蓄，展開國民精神動員運動。為了遂行總體戰，全面動員勞工，籌組勞資一體協助國策的產業報國會。1940 年，為了貫徹戰爭的推行，除了設置國家情報局，以統制出版品、管制演劇等之外，對大正時期以來興起的廣播電臺、電影在內的傳播媒體均加以嚴厲的管制。

四、戰時文化

　　1930 年代，在嚴厲的取締與民族主義高漲聲中，社會主義運動日趨衰退，「轉向」者連續不斷，馬克思主義思想的影響力逐漸褪色。包含社會主義的「轉向者」在內，論壇的關心，轉向日本傳統文化的回歸。1930 年代後半，雜誌《日本浪漫派》，發表龜井勝一郎等人，反近代與揭櫫民族主義的文藝評論。中日戰爭時期，國體論與納粹主義等絕對主義思想成為主流，東亞新秩序論、大東亞共榮圈論、統制經濟論，都是投「革新」構想之所好而展開。

　　昭和初期的文學界，與社會主義運動連結而興盛的普羅文學，在主觀與感性的表現之間，企求文學實體的橫光利一、川端康成等新感覺派，同為二大潮流。但 1930 年前半的社會主義鎮壓狂潮之中，普羅文學亦歸於毀滅。

　　另一方面，島崎藤村的《黎明前》，谷崎潤一郎的《細雪》等大作不斷的創作中。中日戰爭時期，火野葦平親自記錄從軍的經驗，《麥與軍隊》所代表的戰爭文學，極受歡迎，以寫實筆法描寫日軍士兵生態的《活的兵隊》（石川達

圖 12-5　火野葦平

調基於《日本書紀》等神話的國（天皇制）的尊敬及對天皇絕對服從的教化。殖民地經濟政策的研究者東京帝大教授矢內原忠雄，著書批判政府的大陸政策，其著書被查禁（1937 年，矢內原事件）。

三著）卻遭查禁。

第四節　第二次世界大戰

一、第二次世界大戰的爆發

在歐洲，納粹德國積極打破「凡爾賽和約」體制，於 1938 年合併奧地利，入侵捷克。德國向日本第一次近衛內閣提議，加強防共協定，訂定一項包含蘇聯在內以英法為假想敵國的軍事同盟。近衛內閣對此一問題未置可否即下臺。1939 年初，樞密院長平沼騏一郎組閣。平沼內閣為了軍事同盟的簽訂問題，閣內發生嚴重的分歧。同年 8 月，德國突然與蘇聯訂定互不侵犯條約❷❸，平沼內閣自認無法因應國際情勢的急遽變化而總辭。

1939 年 9 月 1 日，德國開始侵攻波蘭，3 日，英法立刻向德國宣戰，第二次世界大戰揭開了序幕。繼平沼內閣之後的阿部信行（陸軍大將）、米內光政（海軍大將）兩內閣，對與德國簽訂軍事同盟態度消極，對歐洲戰爭繼續採取不介入的方針。

另一方面，中日戰爭開始以來，日本所必要的軍需產業資材，只仰賴殖民地在內的日本領土以及中國占領地區所形成的經濟圈（日圓區域）仍然不足，而處於非倚恃歐美及其勢力圈的輸入不可的窘境。

但美國認為與亞洲、北太平洋地域維持自由貿易關係，符合其國家利益，因此，當日本提出「東亞新秩序」時，必然會視之為對美國東亞政策的挑戰，日美間的貿易額開始減少。及至日德間締結軍事同盟的消息傳出

---

❷❸　日本陸軍時時注視中日戰爭中蘇聯的動向，於 1938 年，終於與蘇軍發生國境爭議地帶的武裝衝突（張鼓峰事件）。翌年 5 月，在滿洲國與蒙古的國境地帶，與蘇聯、蒙古聯軍發生衝突，卻遭遇空前的慘敗（諾門罕事件）。「德蘇互不侵犯條約」成立之報，給予戰鬥中的日本很大的衝擊。

後，美國於 1937 年 7 月，向日本通告廢棄「日美通商航海條約」。翌年生效後，日本的軍需資材的取得乃更困難。

歐洲戰場方面，德國勢如破竹呈壓倒性的優勢，只有英國繼續抵抗，因此日本陸軍極力主張，不惜與美英開戰，進窺歐美的南洋殖民地，俾便取得石油、橡膠等資源，企謀建設「大東亞共榮圈」。議會內與政界高層雖有反對意見，卻無改變這種強勢作風之力，但進窺南方反而導致歐美加強對日經濟封鎖的結果。

二、新體制與三國同盟

1940 年 6 月，近衛文麿辭樞密院議長，站在新體制運動的前鋒。這是仿效德國納粹黨與義大利法西斯黨，樹立強力的大眾組織為基礎的一大政黨，打破既有的政黨政治，在一元化領導下，志在全國民協助戰爭動員的一種「革新」運動。立憲政友會、立憲民政黨、社會大眾黨等各政黨與團體均附和，或不得已解散而表明參加。軍部亦期待近衛就任首相，迫使米內內閣下臺。

同年 7 月，第二次近衛內閣成立，組閣之前近衛與陸海軍大臣內定者的會談中，確定轉變對歐戰不介入的方針，決定加強與德國、義大利、蘇聯的合作，積極向南方擴張（南進）的方針。

南進政策除了欲將已向德國投降的歐洲諸國的殖民地置於控制之下，同時切斷盟軍援蔣路線，打開陷於僵持的戰局。日軍乃於 9 月進駐北部中南半島，大約同時，締結了日德義三國同盟❷❹。美國於是採取對日禁運飛機用的石油與鐵屑的措

圖 12-6　1940 年日本駐德大使館外懸掛日德義三國國旗

施，正式實施經濟制裁。

另一方面，新體制運動自 1940 年 10 月組成大政翼贊會而展開。但大政翼贊會並非當初所預期的政黨組織，而是以總理大臣為總裁，道府縣知事為支部長，部落會、町內會、「鄰組」❷❺為基層組織的官製上意下達機關。

教育方面，1941 年小學改成國民學校，推進了「忠君愛國」的國家主義教育。朝鮮與臺灣亦推動徹底的「皇民化」政策❷❻，朝鮮更強制推行改日本式姓名的「創氏改名」。

三、太平洋戰爭

1. 新體制運動

盧溝橋事變後，為了籌應戰爭長期化，加強實施國家總動員體制。1937 年 9 月，實施國民精神總動員運動，宣傳「八紘一宇」❷❼、「舉國一致」精神。翌年春，通過「國家總動員法」，作為動員國內一切人力、物力資源的法律依據。

2. 戰爭爆發

三國同盟的締結，使美國的對日態度轉趨強硬。第二次近衛內閣，為了避免日美衝突，開始對美交涉。1940 年底，日美民間人士的交涉，發展為駐美大使野村吉三郎與美國國務卿赫爾 (Cordell Hull) 之間的政府間交

---

❷❹　三國互相承認歐洲與亞洲「新秩序」的領導地位，並約定對於第三國的攻擊，相互援助。對蘇聯雖有除外的規定，但將美國列為假想敵國的軍事同盟，招致美國強烈的反彈。

❷❺　第二次世界大戰下，為統制國民所推動的地域性組織。即在町內會、部落會之下，集數家居民為單位（小組），作為配給及其他生活必需品分配的鄰里組織。

❷❻　1940 年代在朝鮮、臺灣、沖繩及東南亞地區所推行，培養居民忠良皇民的施策。強制推行日語的使用，神社的參拜，創氏改名。

❷❼　世界一家之意，以天皇為中心，征服世界的口號。

涉（1941 年春）。

　　為了加強三國合作，訪問德義的外相松岡洋右於歸途在莫斯科與蘇聯訂立「日蘇中立條約」。這是為了進行南進政策，需要確保北方的和平，且藉此（日蘇的合作）以收調整日益惡化的日美關係的一石二鳥之計。

　　同年 6 月，德國突然進攻蘇聯，爆發德蘇戰爭。為了因應此一情勢而召開的御前會議（7 月 2 日），依據軍部的強力主張，決定對美英戰爭在所不惜的出兵南方（南進），以及情勢有利時對蘇戰爭（北進）的方針。

　　第二次近衛內閣，仍然繼續進行對美交涉，為了排除對美強硬論的松岡外相而總辭。第三次近衛內閣於成立不久（7 月底），即派兵進駐中南半島南部。對此美國反應激烈，決定凍結在美的日本資產，禁止對日石油輸出。美國明確的表示阻止日本的南進與「東亞新秩序」建設的意向，英國與荷蘭亦採取同一步驟。日本軍部更加深其危機感，主張唯有戰爭始能排除「ABCD 包圍網」的壓迫❷❽。

　　9 月 6 日，御前會議確定日美交涉的最後期限為 10 月上旬，交涉不成，即決定對美英荷開戰（「帝國國策遂行要領」）。日美交涉因美國要求日軍自中國全面撤退而無法達成妥協，一直拖延到 10 月中旬。強烈希望日美交涉的首相近衛，與主張中斷交涉，立即開戰的陸軍大臣東條英機之間形成對立，10 月 18 日近衛內閣總辭。

　　內大臣木戶幸一以 9 月 6 日的御前會議決定事項的還原為條件，推薦陸相東條英機為繼任首相，成立東條英機內閣。新內閣重新檢討 9 月 6 日的決定，決定繼續日美交涉。但 11 月 26 日的美方提案（「赫爾覺書」，Hull note），仍堅決要求日本從中國、中南半島全面無條件撤退，滿洲國、汪兆銘政權的否定，日德義三國同盟的實質廢棄，恢復滿洲事變以前的狀

---

❷❽　ABCD 包圍網，指的是美國 (America)、英國 (Great Britain)、中國 (China)、荷蘭 (Dutch) 四國對日本的包圍網。

態，無異最後通牒，交涉已瀕臨絕望。12 月 1 日的御前會議，判斷對美交涉失敗，因而決定對美開戰。

　　12 月 8 日，日本陸軍奇襲馬來西亞半島，海軍則偷襲夏威夷珍珠港。日本向英美宣戰，第二次世界大戰重要一環的太平洋戰爭於焉開始。

　　日本對美宣戰同時，德義亦依三國同盟，向美國宣戰，美國遂在歐洲與亞洲進入二面作戰。戰爭遂擴大到全世界，形成美英蘇等同盟國與日德義軸心國的對決。

　　戰爭一開始，日軍在夏威夷給與美國太平洋艦隊很大打擊，在馬來西亞沿海亦重創了英國東洋艦隊。開戰後半年，壓制了英屬馬來西亞半島、新加坡、香港、緬甸、荷屬印尼、美屬菲律賓等地，從東南亞到南太平洋廣大的地域，置於軍政之下，日本國民多為勝利而狂熱。當初，日本界定此一戰爭係對抗美英威脅的自衛行動，但逐漸的受到從歐美的殖民地統治解放亞洲，以及「大東亞共榮圈」的建設口號所鼓舞，戰域遂無限的擴大。

　　當日本國民為首戰的勝利而狂喜時（1942 年春），東條英機內閣企圖

圖 12-7　日軍偷襲珍珠港

確立戰爭「翼贊」（協助）體制，舉行五年來第一次大選（翼贊選舉）。結果，受到政府援助的推薦候補，獲得絕對的多數，選後組成舉國一致的翼贊政治會，議會成為承認政府提案的機關。但形式上卻未停止憲法與議會活動。

同盟國以打倒德國為首要，當初投入太平洋方面的兵力稍有抑制，但美國很快保持軍事優勢地位。1942 年 6 月太平洋中部中途島 (Midway Is.) 沿海的日美海軍機動部隊之戰，日本敗北，海軍主力（航空母艦四艘以及艦載機）崩潰，從此喪失了制海與制空權。戰局大為逆轉，此年後半起，美國正式對日進行反攻作戰。

日本被迫重新檢討戰略，在 1943 年的御前會議，決定撤退到包含千島、小笠原、馬里安那、加羅林群島、西新幾內亞、緬甸在內的圈域（絕對國防圈）。

翌年 11 月，東條內閣為了確保占領地域的戰爭協力體制，召集滿洲國、中國（南京）汪兆銘政權、泰國、緬甸、自由印度、菲律賓等國代表於東京，舉辦「大東亞會議」，誇示「大東亞共榮圈」的合作。但取代歐美列強的日本占領統治，只是在解放亞洲的美名之下，作為遂行戰爭所需資材與勞力籌集的手段而已，因此招致住民的反抗。東南亞的占領地區，無視當地的生活樣式與文化，強制執行日語學習，天皇崇拜、神社參拜，強

圖 12–8　大東亞會議

制動員，從事鐵路建設、土木作業與礦山勞動。尤其新加坡與馬來西亞，日軍發生多起屠殺從事反日活動嫌疑的華人事件。結果，日軍在中南半島、菲律賓等各地，勢須面臨有組織的抗日運動。

中國戰線，在太平洋戰爭開始後，為了防止中國的飛機場為美軍所利用，進行連結華中與華南的作戰。尤其面臨中國共產黨在華北農村地帶展開抗日游擊戰，日軍實施征討共軍的大作戰（三光作戰）❷⑨，對一般住民造成很大的損害。1944年7月，馬里亞納群島、塞班島的陷落，絕對國防圈的一角崩潰，東條內閣引咎辭職。接著小磯國昭（陸軍大將）新首相得米內光政（海軍大將）的協力，成立陸海軍聯合內閣。

太平洋戰爭開戰後，日本政府採取民需生產的工廠轉用為軍需工廠，軍需生產優先政策，對國民生活極度的壓縮，徹底動員兵力、勞力。1943年，大學、高中以及專門學校在校學生中，兵役適齡的文科學生徵召服役（學徒出陣）。留在學校的女學生，則編成女子挺身隊，婦女大都須在軍需工廠工作（勤勞動員）。被動員的青少年男子，達四百萬到五百萬人，日本國內生產所必要的勞力嚴重不足。於是強制帶走數十萬朝鮮人與占領地域數萬中國人，到日本本土從事礦山與土木工程的體力勞動。

喪失制海權、制空權造成南方海上輸送困難的情況下，軍需生產不可或缺的鋼鐵與煤炭、石油等物資更為缺乏。衣料實施配給制，但即使有票證亦缺乏實物，成人一日配給二、三合（三百三十公克）的米，參雜番薯、小麥粉等代用品的比率日益增高。

3.戰　敗

1944年後半年，塞班島基地起飛的美國軍機空襲日本本土轉趨激烈。空襲當初是以破壞軍需工廠為目標，旋即改為粉碎國民的戰鬥意志為目標，

---

❷⑨　三光就是1941年秋天，日軍對中國邊區發動大掃蕩作戰時，所採取的「搶光、殺光、燒光」三光政策。

無差別的投擲燒夷彈的狂轟濫炸。都市施行強制毀壞建築物以及防空壕的挖掘，軍需工廠遷徙到地方，住民的「緣故疏開」（到郊外或鄉下親友家疏散），同時實行小學生的集團「疏開」（學童疏開）。

1945 年 3 月 10 日的東京大空襲，約有三百架空中堡壘（B29 轟炸機）投下一千七百噸燒夷彈到人口密集地方，一夜之間，即有十萬人被燒死。空襲擴及於全國中小都市，損害極大，共燒毀房屋一百四十三萬戶，死者二十萬人，受傷者二十七萬人，主要的生產設施全毀。

1944 年 10 月，美軍奪回菲律賓的前哨戰始於雷特島 (Leite Is.) 的登陸作戰，經激戰之後加以占領❸。翌年 3 月，占領硫磺島的美軍，隨即登陸沖繩。幾近三個月，捲入島民的激戰結果，占領全島（沖繩戰）。至此，日本已呈強弩之末。

美軍登陸沖繩之後不久，小磯內閣下臺，長期任侍衛長，深得天皇信任的鈴木貫太郎繼任組閣。歐洲戰場，1943 年同盟國轉為反攻，同年 9 月，義大利首先投降，接著，德國亦於 1945 年 5 月投降，日本完全陷於孤立。軍部猶在呼喊本土決戰，擬作困獸之鬥，鈴木內閣卻倚賴蘇聯從中調停。

同年 2 月，美英蘇三國領袖，在克里米亞的雅爾達 (Yalta) 舉行首腦會談（雅爾達會議），三國復於 7 月，在柏林郊外的波茨坦 (Portsdam) 會談，協議歐洲戰後處理問題。美國向英國提議對日方針，以美英中三國交戰國的名義，發表勸告日軍無條件投降與日本戰後處理方針的「波茨坦宣言」。此時美國正在構思，與其藉蘇聯之力，以通常兵力進行日本本土登陸作戰，迫使日本投降，還不如投擲原子彈的單獨作戰計畫。

日本政府基於「國體護持」的立場，逡巡於「本土決戰」與無條件投降之間。美國終將人類史上最早製造的原子彈，於 8 月 6 日投到廣島、8

❸　日本聯合艦隊在雷特島大敗於美國艦隊，日本海軍喪失了組織的作戰能力。這時開始進行海軍的「神風特攻隊」捨身衝撞美軍軍艦的瘋狂行徑。

圖 12-9　美軍在長崎投下原子彈

月9日投下長崎，造成空前的死傷❸❶。8月8日，蘇聯無視「日蘇中立條約」，向日本宣戰，一舉侵入滿洲、朝鮮，向關東軍發動猛烈的攻擊。

陸軍猶在主張本土決戰，但昭和天皇「聖斷」❸❷，決定接受「波茨坦宣言」。8月14日，日本政府正式通告同盟國接受「宣言」。翌日中午，天皇親自廣播，向全體國民發表戰爭終結的宣告（「終戰詔書」）。9月2日，在東京灣內的美國軍艦密蘇里號上，日本政府以及軍部代表簽署降書，經過四年的太平洋戰爭於焉終了。

---

❸❶　廣島居民二十四萬人，遇難者十七多萬人（死亡失踪者九萬多人，重傷九千多人）。長崎傷亡七萬多人。

❸❷　最高戰爭指導會議展開激烈的爭論，首相鈴木、外相東鄉和海相米內主張在維護「國體」前提下，接受「宣言」。

第十三章
占領下的改革

概　論

　　1945 年 8 月 15 日，日本宣布無條件投降。此後即置於美國為首的盟軍占領統治之下。明治以後擴張的領土完全喪失，日本的領土縮小，在盟軍統制下，日本政府執行其統治權，嚴格的實施盟軍的間接統治。占領政治首要乃是推行日本的民主化。主權在民的新憲法之實施、農業改革、財閥的解散、壟斷的禁止、義務教育的延長，男女同校等劃時代的改革。

　　進入新時代之中，勞工運動高昂，產生最初以社會黨為核心的內閣。但不久即遭受挫折，改由吉田內閣推動「舊金山和約」的締訂，並大力推行戰後的復興。

第一節　美國的占領與民主化

一、戰後的世界情勢

　　第一次世界大戰終結後僅二十年，第二次世界大戰又起，造成對人類很大的犧牲與災難，基於此反省，以戰後新秩序的建構為大前提。美英蘇三國，自大戰中到戰爭終結後有關國際秩序問題，經過不斷的協議，終於

達成共識，成立一個新而強有力的國際組織，取代過去無法防止戰爭的國際聯盟。1945 年，成立了五十一國參加的聯合國，並以美英蘇法中五大國為常任理事國的安全保障理事會 （安理會），賦與解決國際紛爭的經濟制裁、軍事行動的極大權限。

　　有鑑於同盟國課賦戰敗國巨額賠款的「凡爾賽和約」的失敗教訓，因此選擇一個使戰敗國不再訴諸於戰爭的手段，改採長期的占領，以和平方式改革國家與社會結構的戰後處置方策。

　　於是以聯合國為中心，透過戰勝國的協調與對戰敗國的占領，冀能產生安定的戰後秩序。但取代經過兩次大戰顯已凋零的西歐諸國而起的美國與蘇聯，以其超強的軍事力與經濟力，對世界具有壓倒性的影響力。執國際政治牛耳的兩個超強（美蘇）之間，自大戰結束以後即逐漸處於互不信任與利害衝突對立加深的境地。戰後世界遂展開了美蘇對立為主軸的競爭。

　　另一方面，在西歐列強統制下的殖民地，則以協助戰爭作為代價，取得戰後獨立的承諾。殖民地人民在大戰過程中，生活受到根本的破壞，戰後顯現高昂的民族解放運動❶。朝鮮亦渴望獨立，及至日本投降，卻以北緯三十八度為界，北部為蘇聯，南部為美國所占領，實施軍政，仍無法達成獨立。

二、占領與改革

　　日本基於「波茨坦宣言」，為同盟國所占領❷。戰敗國的德國，則為美英法蘇四國分割占領，在直接軍政之下，日本卻由美軍單獨占領❸。美國

---

❶　日本的占領地域裡，印尼與越南相繼宣布獨立，但其舊宗主國荷蘭與法國，卻擬以武力加以壓制，而發生激烈的戰鬥。

❷　當時決定，朝鮮半島北部、南庫頁島與千島群島由蘇軍占領，朝鮮半島以南以及奄美諸島、琉球群島的西南諸島與小笠原群島則由美軍占領，直接實施軍政。臺灣則完全放棄，日本的主權只限定於四個島以及諸小島的範圍內。

所採取的是君臨日本天皇與政府之上，實行間接統治。即在麥帥為最高司令官的同盟國最高司令官總司令部 （General Head Quarter of the Supreme Commander for the Allied Powers，簡稱 GHQ）的指令、勸告下，由日本政府施政的間接統治方式❹。

同盟國決定對日占領政策的最高機關為設在華盛頓的遠東委員會 (Far Eastern Commission)，東京有最高司令官的諮詢機關對日理事會 (Allied Council for Japan)，實際則是在美國政府主導的占領政策下實行❺。當初的占領目標，乃在透過非軍事化、民主化，以改造日本的社會，不再造成對美國與東亞地區的威脅為重點❻。

日本接受「波茨坦宣言」的同時，鈴木內閣總辭，軍人出身的皇族東久邇宮稔彥組閣，接受 1945 年 8 月以降聯合國軍的進駐，圓滿的完成降書的簽署❼以及駐外軍民的復員工作❽。但因倡導「一億總懺悔」、「國體護持」，與占領軍當局對立，於同年 10 月，當盟軍總部廢止「治安維持法」、

---

❸ 當時處於內戰的中國（國民黨政府）自顧不暇，英國已精疲力盡，無意亦無力出兵占領，只有蘇聯提出占領北海道北半部的要求，卻被美國所拒絕。

❹ 占領軍對日本政府的要求，並不經由法律的制定，而是逕以「宣言」（「波茨坦宣言」）取代「勅令」的方式付諸實施，具有超越憲法規章的性格。美國政府甚至賦與盟軍最高司令官麥帥，對日本政府的施政不滿時，採取直接行動的權限。

❺ 因空襲與原子彈的投擲，促使日本投降的美國，在占領日本方面，具有絕對的權限。在遠東委員會中，美國亦享有否決權。甚至由英美蘇中代表所組成的對日理事會，除了農地改革問題之外，沒有任何發言權。

❻ 美國占領日本的最終目標是保證日本不再成為美國與世界安全、和平的威脅，最終建立一個和平與負責的政府，能尊重他國權利，並支持「聯合國憲章」的理想與原則。即日本必須解除武裝，實行非軍事化。

❼ 9 月初，麥帥和主要交戰國代表，在東京灣美國旗艦密蘇里號上，與日本代表重光葵、參謀總長梅津美治郎舉行投降典禮。

❽ 皇族內閣安撫了一部分狂妄的軍人及右派國粹主義者的譁變，並使「皇軍」井然有序的解散。

圖 13-1　遠東國際軍事審判庭

特別高等警察，指令釋放共產黨員與所有政治犯（人權指令❾），獎勵有關
天皇的自由議論時，藉機總辭。代之而起的是曾經推行協調外交而為英美
所熟知的幣原喜重郎。

　　解除駐紮國內外的陸海軍官兵近八百萬人的武裝與復員工作有了進
展，日本的軍隊遂完全解體。1945 年 9 月到 12 月，盟軍總部連續發出軍
部與政府首腦等日本戰爭領導者的逮捕令，其中二十八名 A 級戰犯嫌疑犯
被起訴， 1946 年 5 月起， 在設置於東京的遠東國際軍事審判庭開始審判
（東京裁判）❿。

---

❾　思想與言論自由等市民自由受到保障，但對占領軍的批判，卻受制於「新聞發行
綱領」的禁制，新聞雜誌等出版品亦受到事前的檢閱。

❿　根據「波茨坦宣言」，逮捕戰爭犯罪嫌疑犯，舉行審判。計畫、實行侵略戰爭，以
犯有「對和平之罪」的嫌疑，自戰敗後不久即逮捕東條英機、松岡洋右、廣田弘
毅、木戶幸一等戰前、戰時多數的領導者（A 級戰犯）。自 1946 年 5 月起，盟軍
即在東京遠東軍事法庭，起訴二十八人。審理的結果，1948 年，對全體被告判決
有罪，東條英機等七名死刑（12 月執行）。此一裁判以國家領導者為戰犯而被審
判，實為史無前例。但十一名法官的意見卻形成對立，除了宣讀的多數派判決之

開始逮捕戰犯嫌疑犯之際，各方對天皇的戰爭責任問題亦有爭論，但盟軍總部卻以廢止天皇制將會發生混亂導致政局難收拾的顧慮，毋寧採取利用天皇制以進行間接的占領統治為上策，因而不指定天皇為戰爭嫌疑犯⓫。

旋又禁止政府對神社、神道的支援、監督（「神道指令」），促使戰時軍國主義、天皇崇拜思想基礎的國家神道解體（國家與神道的分離）。

1946 年元旦，昭和天皇發出「人間宣言」，自我否定「現御神」(akitsumikami) 的天皇神格⓬。

圖 13–2　麥克阿瑟與昭和天皇合影

外，印度的巴爾、荷蘭的黎林克均提出反對意見。除了 A 級戰犯外，戰鬥中虐待俘虜與住民，違反「戰時國際法」者（B，C 級戰犯），在荷蘭、英國等國法庭有五千多人被起訴。九百八十四人判死刑，四百七十五人判無期徒刑。

⓫　美國國內頗多主張天皇應以戰犯處罰，蘇聯亦公然主張起訴天皇，各國檢察官亦多主張追究，但美國基於統治日本的特殊考慮，決定不審判天皇，終於使天皇免除被追究戰爭的責任。

⓬　現御神，以神常隱身，卻以人之姿而出現於現世，因而指稱天皇為現御神。

　　盟軍總部於同年 1 月，依據其對戰犯、陸海軍軍人、超國家主義者、大政翼贊會的有力人士發出褫奪公職令，於 1948 年 5 月之前，追究政界、財界乃至言論界指導者二十一萬人的戰爭責任，革除其公職。

　　又進一步從非軍事化的觀點，禁止軍需產業，限制船舶的保有，實行日本國內產業設備的解體、運出，以提供中國、東南亞的戰爭受害國，作為實物賠償。

三、五大改革與民主化政策

　　盟軍總部於 1945 年 10 月，即向幣原內閣下達「五項改革指令」（「五大改革指令」）：賦予婦女參政權、保障工人團結權、教育制度自由主義化、廢除專制政治制度、促進經濟民主化。且在此之前，頒布了十三種法令，廢除各種限制政治、宗教、言論、新聞等自由的法令。依據五大改革的宗旨，由工人、資本家、學者、議員與政府等五方面人士組成勞動法制審議委員會，於同年年底公布「勞動組合法」，保障勞工的團結權、團體交涉權、爭議權。這是史上首次由政府承認工人有建立工會的權利。翌年，制定八小時勞動制的「勞動基準法」，並設置勞動省。

　　教育制度的自由主義改革，亦為民主化的重要支柱之一。盟軍總部於 1945 年 10 月，發布「關於日本教育制度的政策」，明令「禁止普及軍國主義、極端國家主義思想，廢除軍事教育學校和軍事訓練」，同時指示刪除教科書的不當記述與軍國主義的教員革職（教職革除），接著禁止充滿神道和軍國主義思想的修身、日本歷史和日本地理等科目的教學❸。旋又依據美國教育使節團的勸告，於 1947 年，制定強調教育機會均等與男女共學的

---

❸　文部省先發出通知各學校，將這些教科書塗黑。其後則引進取代這些科目的社會科。同時發行與過去國定教科書內容迥異的《國家的方向》、《新憲法的話》等教材。新日本史的教科書《國家的方向》，並非如戰前起自建國神話，而是從考古學的記述開始。

「教育基本法」，義務教育從六年延長為九年。同時制定「學校教育令」，自 4 月起，實施六、三、三、四的新學制。大學亦大幅度增設而大眾化，女子大學生增加。1948 年起，各級地方政府（都道府縣），均設公開選舉的教育委員會 (School-Board System)，以謀教育行政的地方分權化。

教育改革剷除了軍國主義對青少年的毒害，為日本經濟的高速發展提供了優秀的科技人才。

四、政黨政治的復活

在接二連三的實施民主化政策之中，各政黨相繼恢復乃至重新籌組。1945 年 10 月，由於「治安維持法」的廢止，日本共產黨得以合法政黨的姿態開始活動❹。11 月，統合舊無產政黨的日本社會黨、翼贊選舉的非推薦議員，以舊政友會系統為中心結成日本自由黨，舊立憲民政黨系統的翼贊選舉推薦議員為中心結成日本進步黨，於 12 月，誕生了揭櫫勞資協調原則的日本協同黨。

盟軍總部對即將舉行的大選候選人多屬過去曾經協力戰爭者頗為不滿，乃於 1946 年 1 月，依據「褫奪公職令」，迫使翼贊選舉的推薦議員喪失資格，政界陷入大混亂❺。

1945 年 12 月，大幅修正「眾議院議員選舉法」，實現了女性參政權，選舉資格亦規定為滿二十歲。成人男女賦予選舉權的結果，選民擴大為過去的三倍。翌年 4 月，戰後首次舉行的大選，誕生了三十九名婦女議員，日本自由黨成為第一大黨。同年 5 月，自戰前即以親美英著名的前外交官吉田茂，取代被褫奪公職的鳩山一郎任自由黨總裁，得進步黨的協力，組織了第一次吉田內閣。吉田內閣雖亦盡力穩定政局，但民主和社會主義運

---

❹　日共領導人德田球一等，由於盟軍總部的指令而獲釋。

❺　當時以「政黨」名義的政治團體多達三百六十個。政治上呈現混亂的時代，是舊的體制開始瓦解崩潰的時代，也是思想大解放，民主主義思潮興起的時代。

動仍極高漲。

　　1947 年的大罷工雖遭受盟軍總部的干預而流產，但吉田內閣亦不保，在新憲法生效後舉辦的第一次兩院議員選舉，社會黨以微小的多數，領先自由黨和民主黨，成為議會第一大黨，成立了以社會黨黨揆片山哲為首的新內閣。

　　片山內閣執政雖僅九個月，但在短暫的期間內，卻在盟軍總部的支持下，推行經濟復甦政策，使日本走上擴大生產復興重建之路，且出人意料的，在恢復生產和壓抑通貨膨脹方面成效卓著。

　　戰後日本在盟軍占領下恢復政治結社的自由，各種政黨紛紛成立，其中最重要的是日本社會黨、日本共產黨以及保守勢力的自由黨與進步黨等。保守政黨經由幾次重整之後，統合成為後來的自由民主黨（自民黨），加上1960 年代成立的民社黨與公明黨等，以及數黨合併的民主黨，成為日本的主要政黨。

五、新憲法的制定

　　盟軍總部於進駐日本不久，即已指示日本政府草擬新憲法。但由於當時滿目瘡痍，百廢待舉，有鑑於立國根本大法的改變，純由戰敗投降的結果，而非由於內在的原因，當不願遽而修改。由於盟軍總部的催促，幣原內閣乃於 1945 年 10 月，在政府內部設立憲法問題調查委員會（委員長松本蒸治），著手籌劃修憲工作。但所研擬的草案（「松本方案」），依然保持天皇總攬統治權，屬於保守的憲法❶，盟軍總部指斥其為「溫和的修改」而不接受。

　　美國雖不希望廢除天皇制，但強烈要求實行民主改革。於是在失望之

---

❶　「松本草案」的內容仍保留「明治憲法」天皇的大權，顯示日本政府態度之消極，亟欲保留天皇統治的封建心態。

餘，自行草擬一部「日本國憲法草案」
（「麥帥草案」）❼，於 1946 年 2 月，
向日本政府提示。政府對此稍加修飾，
即作為政府原案公布。新憲法制定在
手續上，採取修正「大日本帝國憲法」
的形式，修正案經過眾議院與貴族院

圖 13-3　昭和天皇簽署「日本國憲法」

審議通過之後❽，以「日本國憲法」，
於 1946 年 11 月 3 日公布，並定六個月後（1947 年 5 月 3 日）生效。

　　新憲法取消貴族院，設立眾議院、參議院兩院，議員均由國民普選產
生，眾議院的權力大於參議院。憲法規定「國會是國家的最高權力機關，
是國家唯一的立法機關」❾。

　　新憲法明定主權在民、和平主義、基本人權的尊重等三原則，實為劃
時代的創舉。國民直接選舉的國會為「國權最高機關」，天皇成為沒有政治
權力的「日本國民統合的象徵」（象徵天皇制）。又第九條「解決國際紛爭
的手段」，放棄戰爭，因此不保有戰力，亦不承認抗戰權，實為世界所罕見。

　　新憲法公布以後，確立了日本政治民主的根本大法。過去各種限制人
民自由的法律，悉行廢除。

　　依據新憲法的精神，有很多法律的制定與大幅修正。1947 年修正的

---

❼　民間的憲法研究會，亦於 1945 年 12 月，發表基於主權在民為原則的立憲君主制的
　　「憲法草案要綱」，同時向盟軍總部與日本政府提出。草擬「麥帥草案」中心的幕
　　僚，則依據歐美諸國的憲法以及「憲法草案要綱」，擬訂無與倫比的先進的憲法。

❽　盟軍總部草案並非逕自成為新憲法，而是在政府案的擬訂與議會的審議過程中，
　　經過追加與修正所成。草案原定國會為眾議院一院制，因日本政府強烈的要求，
　　始改為二院制。

❾　憲法規定，修改憲法、制定法律、審議預算、任命總理大臣（首相），由眾議院選
　　舉產生。司法獨立，不受行政干涉。

「民法」（「新民法」），廢止家庭的戶長制度，訂定男女同權的新家族制度❷。「刑事訴訟法」以尊重人權為主要目標，作全面性的修正，「刑法」則作一部分修正，廢止不敬罪、通姦罪。1947 年成立「地方自治法」，訂定都道府縣知事、市町村長為普選，並依照盟軍總部的指示廢止一向在地方行政與警察擅權的內務省。規定國家地方警察與自治體警察的「警察法」，於 1947 年公布，翌年施行。

新憲法的制定，雖自始即受到盟軍總部的壓力，但卻受到國民的熱烈歡迎。

六、通貨膨脹與大眾運動

由於受到戰爭的摧殘，國民的生活受到徹底的破壞。空襲造成都市住宅 33% 盡成灰，房屋被燒毀的人們只好在防空壕與建造在廢墟上的組合屋中避雨。礦工業產量降低到戰前的三分之一以下。因官兵的復員與歸國人數眾多❷，人口驟增，失業者遽增。1945 年發生史無前例的歉收，糧食嚴重缺乏，米的配給不足，改以山芋與玉蜀黍等代用食品。連續發生配給延遲、停滯的狀況下，都市民眾為了逕往農村採購的黑市買賣而奔波，或倚恃家庭內的自給生產以充飢。

嚴重的物資缺乏，又因戰敗處理而濫發貨幣❷，發生嚴重的通貨膨脹。1946 年 2 月，幣原內閣凍結存款，禁止舊日幣流通，限制新日幣的領款，以減少貨幣流通量（「金融緊急措施令」），但效果卻只是短暫的。第一次吉

---

❷ 戶長對家族成員的支配權被否定，並訂定財產均分繼承，以取代原有的家督繼承制度，廢止婚姻、家族關係中男性優勢地位的各項規定。

❷ 戰敗當時，在海外的日本軍隊約有三百萬人，平民（日僑）亦達三百二十萬人。失去財產的僑民與復員的兵員約六百三十萬人須撤回日本。

❷ 這是因為戰敗之後不久，政府替軍部支付巨額的軍需品補償給企業，以致戰時被迫存款的民眾爭先恐後的領出存款以換取物質所造成。

田內閣，設置經濟安定本部以資對應。1947 年，採用資材與資金集中於煤炭、鋼鐵等重要產業部門的「傾斜生產方式」❷³，創設復興金融金庫，開始提供資金給電力、海運等重要產業。

國民生活痛苦指數增加，大眾運動急速高昂。糧荒緊迫聲中，1946 年 5 月的「糧食勞動節」（爭取米飯人民大會）約有二十五萬人參加。翌年的二一大罷工計畫，勞工運動已達高潮。「全官公廳鬥爭委員會」集結多數公務員，以打倒吉田內閣、樹立人民政府為口號，宣稱以 1947 年 2 月 1 日為期，斷然實行全國無限期大罷工，但在舉辦前一日，卻遭受盟軍總部的禁令，被迫中止。

第二節　農地改革與解散財閥

一、農地改革

明治維新以後，日本雖實行農地改革，廢除了武士封建領主土地所有制，但農民所受剝削依然沒有多大的變化。據 1885 年的調查，佃農的實物地租仍然偏高❷⁴。這種租佃關係和高額實物地租無異是殘存於土地制度中的封建因素。在地租改革中產生的寄生地主制，實為天皇絕對主義政權的階級基礎之一，日本的封建軍國主義即在此一階級基礎之上滋長。戰後日本的糧食危機暴露出寄生地主土地所有制已不能存續。因此，盟軍總部發出「農民解放令」，指斥日本土地制度的封建性，亟須改革。

---

❷³　這是針對工礦業生產因戰時儲備日漸枯竭，為了清除因物資不足而造成物價上漲，把經濟納入擴大再生產的軌道所採取的具體措施。具體措施乃是在犧牲其他產業的前提下推行，即以煤炭和鋼鐵列為超重點的傾斜生產方式，納入年度物資供應計畫。並在資金方面亦區別輕重緩急，照顧重點的「傾斜金融方式」。

❷⁴　須向地主交納收穫量 58% 的實物地租。

　　戰爭對農業的破壞甚巨，加以 1945 年的自然災害，糧食生產劇減，政府無法提供足夠的糧食，以致餓死者眾。

　　反對地主廢佃的爭議日烈。解決農地問題成為占領軍當局與日本朝野的共同課題。幣原內閣於 1945 年 10 月，自定「第一次農地改革案」，但在地主解體方面仍嫌不徹底❷。盟軍總部對幣原內閣的改革法案不滿，於同年年底，發出「農地改革備忘錄」，責成幣原內閣於翌年 3 月前，提出新的改革計畫，推行土地改革。但因幣原內閣固執己見，於是改由對日理事會藉助各國施加壓力於日本，並發表第二次「勸告方案」，規定擁有出租地的限度為一町步，北海道為四町步，強制徵購「限度以上的土地」，實物地租則改為貨幣地租，地租率水田為 25%，旱田為 15%，限定於二年內完成。

　　1946 年 5 月，第一屆吉田內閣成立，依照盟軍總部的「勸告」，公布了「第二次農地改革法案」。此一法案自 1947 年 3 月開始至 1950 年 7 月間實施，徵購了不在村地主、寺院、教會、神社、舊軍閥及其土地合計一百九十八點六萬多町步，其中一百九十三點八萬町步則轉售給佃農。結果，自耕地從 1941 年的三百十二點五萬町步驟增至 1950 年年底的五百五十一點四萬町步，總耕地的 88% 成為自耕地。不在村地主階級被消滅，在村地主成了小土地出租者，近九成的農戶成了自耕農或以自耕為主，佃耕為輔的農戶。

　　在農地改革中，雖遭遇地主的抵制，但在盟軍總部的監督以及各級地方政府的主持下，強行實施，可說是一次和平的資產階級土地革命。蓋其能在不引起內部各階層之間的分裂下，成功的解決了土地的轉讓問題，對日本戰後政局的安定大有裨益。

　　農地改革消除了寄生地主制，使農民成為自耕農，使佃農成為小農地

---

❷　通過的方案無異現地踏步，蓋六成以上的出租地不能變動，地主依舊保有大部分的出租地。

所有者而趨向保守。亦即透過農業金融、肥料與農業機械之購買，農產品之販賣，置於獨占資本的直接統制之下。

日本政府鑑於農地改革完成後，戰後經濟迅速復興的過程中，農業受到自然與社會因素的限制，而未能高度發展，形成農工不平衡發展的雙重結構。農業人口大量移轉到其他產業部門的現象日益顯著，為了提高農業生產，擴大農業規模，獎勵畜牧，種植果樹等有利經濟作物，於 1961 年頒布「農業基本法」，作為今後農業發展的方針。

二、解散財閥

日本財閥乃是江戶時代的特權商人與明治政權結合，以血緣與家族的主從關係為核心而成立。它帶有濃厚的封建色彩，是支撐法西斯軍國主義對外擴張的經濟基礎。三井、三菱、住友、安田等十大財閥，占有金融資本總額的 53%，重工業資本的 49%。1937 至 1945 年間，三菱重工業公司生產大量的各種飛機與軍艦❷❻。至於對亞洲各國的資源掠奪，大都是在財閥的支持下進行。戰前以財閥為中心的獨占資本主義，因應戰時的軍需，轉化為財閥資本主義與國家資本結合的戰時國家獨占資本主義。因此，要銷毀日本的軍事力量，必須解散財閥。

盟軍總部認定日本經濟後進性象徵的財閥、寄生地主制度為軍國主義的溫床，因而以其解體作為經濟民主化的中心課題。盟軍總部依據占領初期「美國初期的對日方針」，指令日本政府頒發解散財閥的命令，並限期實

圖 13-4　美軍扣押財閥的資產

---

❷❻　生產的飛機一萬八千架，占軍用飛機總量的四分之一，建造軍艦占總生產量的四成。

行。1945 年 10 月，盟軍總部指令三井、三菱等十五家財閥，提交營業內容和資本結構報告書。旋即凍結其資產。幣原內閣亦進行財閥「控股公司」的整理計畫，收繳一億六千五百餘股，七十五億日幣，並整肅了一千八百多名財界領導人。

　　翌年設立特殊公司整理委員會，規定指定的特殊公司、財閥家族所有股票讓渡給一般人，一掃擁有股票的財閥附屬企業的支配（財閥解體）。1947 年，依「禁止獨占法」禁止持有股票公司或聯合企業 (Kartell)、企業合同 (Trust)，並依「過度經濟力集中排除法」消滅巨大的獨占企業❷。

　　解散財閥政策雖因世局的變化，有不少屈折，但畢竟打破了財閥家族壟斷的半封建經濟封閉形態。實際上，解散財閥的結果，並未解散壟斷資本，反而為壟斷資本創造了自由發展的條件。經濟領域裡良性平等的競爭，使企業經常處於危機中而自強不息，對國民經濟的發展，確有推波助瀾的作用。

---

❷　1948 年 2 月，雖有三百二十五社受到「集中排除法」的指定，旋因占領政策的改變，實際被分割的，只有日本鋼鐵、三菱重工等十一社而已。

第十四章
獨立後的日本

概　論

　　「舊金山和約」締訂後，日本重獲獨立，同時又簽訂「日美安全保障條約」，日美關係愈益密切。以這些條約為基礎，警察預備隊蛻變而成強大的自衛隊。

　　政界方面，分裂的政黨逐漸統一，保守勢力結成自由民主黨（自民黨），「革新」勢力則組日本社會黨。多數國民委諸保守政權，自 1950 年代後期以降，都是自民黨執政的局面。長期執政的吉田茂之後，繼起的鳩山一郎致力於日蘇關係之改善，岸信介則簽訂「日美新安保條約」。由於「新安保條約」，導致保守與革新的尖銳對立，進入日本社會分裂的多黨化時代。

　　1960 年代可說是高度經濟成長時期，日本國內企業均有飛躍的發展。

第一節　冷戰與舊金山體制

一、冷戰體制的形成與東亞

　　借助於原子彈的威力而贏得大戰的美國，以壓倒性的國力，取代英國成為世界的領導者。被蘇聯占領的東歐諸國則樹立了蘇聯式的共產主義體

制，成為強大的蘇聯統制的「衛星國」。

　　對此，美國總統杜魯門 (Harry S. Truman) 於 1947 年，倡導「圍堵」蘇聯政策（杜魯門主義）。根據 1947 年的馬歇爾計畫 (Marshal plan)，支援西歐各國的復興與軍備的增強，明確表示與歐洲共產主義勢力對決的姿勢。形成了以美國為盟主的西方（資本主義、自由主義陣營）以及以蘇聯為盟主的東方（社會主義、共產主義陣營）二大陣營的對立。1949 年，美國與西歐各國組成共同防衛體制的北大西洋公約組織 (NATO)。另一方面，蘇聯於 1949 年成功開發原子彈，1955 年組成蘇聯與東歐七國的共同防衛組織華沙公約組織。

　　此後以核子武裝的東西兩陣營繼續形成軍事對峙，在勢力範圍的確定、軍備、經濟力、意識形態等各方面展開了激烈的競爭。稱為「冷的戰爭」（冷戰）的對立逐漸擴及於世界，形成戰後世界秩序的骨幹（冷戰體制）。對聯合國的國際安全保障的信賴性產生動搖。

　　得到農民強烈支持的中國共產黨，於內戰中打敗得到美國支援的國民黨，於 1949 年 10 月，在北京宣布成立中華人民共和國。翌年，締訂「中蘇友好同盟相互援助條約」，新中國加入東方陣營。另一方面，戰敗的國民黨則逃往臺灣，存續了中華民國。其間在朝鮮半島發生成立於 1948 年在蘇聯占領地域的朝鮮民主主義人民共和國（北韓）與美國占領地域成立的大韓民國（南韓），形成南北分裂對峙的狀態。

二、占領政策的轉變

　　1948 年以降，因中國內戰，共產黨處於優勢，美國的對日占領政策乃有改變。美國政府改採促使日本復興，成為政治安定的工業國，作為西方陣營東亞主要友邦的政策。為此，盟軍總部亦以當初的非軍事化、民主化的占領目的已達成，一改壓抑日本工業生產能力的政策，強力促進其經濟復興。

　　日本對各國的賠款減輕，基於「過度經濟力集中排除法」的企業分割大幅的緩和。同年底，奉盟軍總部政令修正了「國家公務員法」，勞工運動核心的行政機關公務員喪失了爭議權。翌年（1949 年），解除了「褫奪公職」的措施。

　　盟軍總部為了促進日本的經濟復興，採取積極的措施。片山哲、蘆田均內閣之下所實施的「傾斜生產方式」，成為生產重開的動力，但隨著赤字財政的巨額資金之投入 ， 通貨膨脹益加嚴重 。 盟軍總部遂於 1948 年 12 月，指令第二次吉田內閣實行包含總預算的均衡、徵稅的加強、信用擴張的限制、工資的安定、物價的統制等為內容的「經濟安定九原則」❶。翌年，又派遣了銀行家道奇 (Joseph Morrell Dodge) 為特使，進一步指示一連串的措施❷。

　　道奇計畫實施後，日本的經濟雖趨於安定，但此一計畫本為一種反膨脹的緊縮政策，因此抑制了通貨膨脹，卻給中小企業帶來危機，普遍呈現不景氣現象，同時由於生產與貿易的停滯，投資減退，導致失業率增加，勞工生活困苦。

　　為了克服此一困境，盟軍總部邀請財政學者蕭普 (Carl Summer Shoup) 為團長的租稅專家來日協助推動稅制改革。重點乃在採用直接稅中心主義與累進所得稅制。蕭普於 1949 年 8 月提出「第一次意見書」，著重現行稅制的改革。翌年 9 月，再度提出「勸告書」，旨在改革地方財政。日本政府接受其勸告，對單一稅制大加改革，基於所得稅中心的主旨，整理流通稅，以加強地方分權的財稅制度。

---

❶　其內容主要是確立均衡預算、加強徵稅、限制融資、統制物價、管理外匯與貿易、增加生產、穩定糧食供應等。其目標是設定單一匯率（定一美元兌換三百六十日圓），結束通貨膨脹、促進國民生活的勤儉和企業的合理化，以降低成本。

❷　道奇計畫的內容是由美國援助資金，抑制日本的通貨膨脹，使日本的經濟能成為自由世界經濟圈的一環，屬於通貨緊縮的改革。

　　戰後日本的經濟，在美國財經專家的策劃下，進行經濟與財稅改革，安定了一美元對日圓匯率三百六十圓的價值，進行自主性的國際貿易，同時使日本的產業界，由戰時的軍需工業中心轉到以纖維工業以及其他民生必需品工業為中心的和平產業結構。

三、韓戰與日本

1.韓戰與日本

　　第二次世界大戰以後，聯合國成立，顯現多數國家企求和平的願望。

　　遠東方面，中國大陸因中共之逐步進逼，國民政府逃至臺灣。中南半島亦烽火瀰漫。朝鮮半島於戰後脫離日本的統治，但以北緯三十八度為界，分成南北，由美蘇軍事統治。美蘇撤退以後，南韓建立大韓民國，北韓樹立了共產政權朝鮮人民民主共和國。

　　呈現南北分離狀態的朝鮮半島，1950 年 6 月，受到中國革命刺激的北韓，企圖以武力統一，進攻南韓（韓戰）。

　　遠東情勢的改變，給與美國轉變對日政策的動因。於是由初期的日本政治民主化與剷除軍國主義設施為重點的方策，一轉而為扶持日本成為亞洲反共陣營支柱的政策。足見韓戰實為促成美國從根本改變對日扶植戰略的轉捩點。

　　北韓軍於一夕之間越過北緯三十八度線，攻入南韓，不數日即占領漢城。未及旬日，南韓全境幾被占據。美國立即在聯合國安理會提議，指斥北韓為侵略者，並決定由聯合國派軍赴韓支援南韓❸。

　　美軍於同年 9 月的仁川登陸作戰為轉機，擊退北韓軍，越過三十八度線迫近中國國境。同年年底，中共亦派義勇軍支援北韓進行反擊，在北緯三十八度線附近戰線呈膠著狀態❹。至此，原屬局部戰爭，卻呈現資本主

---

❸　派兵國家共有十六國，但大部分是美軍。

圖 14-1　聯合國軍隊登陸仁川

義陣營與社會主義陣營的激烈衝突。

　　雙方於 1951 年的板門店展開停戰交涉，至 1953 年簽訂了「停戰協定」。

　　韓戰給日本帶來戰後第一次最大的經濟繁榮，對日本產生極大的影響。蓋聯合國軍總司令部設在東京，日本成為聯軍的軍事基地，日本的產業與美國的「特需」❺，成為聯軍的兵工廠，給與日本擴張軍需市場的大好機會，不僅出口大量增加，且帶動國內的投資熱潮。對於正面臨緊縮經濟，處於經濟恐慌階段的日本，實為「天佑」良機。由於「特需」，產業接受大量的訂單，輸出驟增三倍，日本經濟遂一舉擺脫了長期的不景氣而復甦。

　　為了彌補在日美軍調赴韓國後的軍事空白，盟軍總部指令新設警察預備隊。同時解除舊軍人「褫奪公職」，舊軍人亦得以採用為警察預備隊員。

2. 日本經濟的起飛

　　韓戰結束後，雖曾短暫發生輸入激增和出口衰退，陷入對外貿易惡化

---

❹　聯合國軍總司令麥帥，為了打開僵局，主張轟炸中國東北地方，但於 1951 年，被美國總統杜魯門免職，蓋恐戰爭擴大。

❺　特需是指美軍軍需特別需要的承包。起初「特需」僅限於有刺鐵絲等緊急物資與車輛的修理，其後開始有卡車、機關車等的訂貨。美軍的特需，自 1950 年至 1953 年之間，總額高達三十三億美元，對日本的經濟復興起了很大的作用。

的現象，甚至出現企業破產和失業率增加的窘境，但就整體而言，在設備擴充上所進行的現代化、合理化投資，奠定其高度經濟發展的基礎。

1951 年以降，日本政府積極投入國家資金於重點產業，採取稅制上的優遇措施，電力、造船、鋼鐵等部門轉趨活潑的設備投資。1952 年，日本加入國際通貨基金 (IMF)、世界銀行。1955 至 1957 年，迎接了「神武景氣」❻，日本經濟急速的成長。

太平洋戰爭以來，長期陷於糧食困難狀況的日本，實施占領地區救濟資金輸入糧食，並拜農地改革實現之賜，農業生產恢復有了進展。1955 年以後，米的大豐收，解除了糧食不足的困境。表現國民生活水準的消費，以韓戰為契機轉為上升。至此，日本已擺脫了「戰後」的種種束縛❼。

四、媾和與「安保條約」

戰後六年，日本即與盟國締訂和約。仰賴美國強力引導與援助，得於短期內恢復政治秩序與經濟的安定，逐漸走向復興的途徑，實為奇蹟。

日本投降後二年，美國已關心對日和約問題。1947 年夏，麥帥已提倡早日結束軍事占領，促進媾和，美國政府亦有意與遠東委員會共同草擬對日和約草案，但因蘇聯堅主應由美英蘇中四國外長會商，意見分歧，對日和約問題遂被擱置。

美國的對日和約計畫受阻之後，積極致力實現日本經濟的自立，以減輕美國對日經濟援助的負擔。隨著美蘇間冷戰的激化，美國對日援助逐漸傾向於政治性 ，以期促成實質上的媾和 。及至中國大陸為中共所占領（1949 年），遠東局勢動蕩不安，日本的地位益形重要，於是更感早日締結和約，建立太平洋互助體制，完成遠東地區抵禦蘇聯侵略體制的必要，

---

❻　神武是日本傳說中的第一代天皇。「神武景氣」一說是從證券交易所傳播開來，亦稱「數量景氣」。

❼　1956 年日本政府的《經濟白皮書》，有「已非戰後」的記述。

因此美英法決定不待蘇聯之同意，召開和會。

在韓戰爆發前夕，美國已任命杜勒斯 (John Foster Dulles) 籌劃一切媾和事宜。及至韓戰爆發，日本的安全保障日益重要，對日媾和勢成刻不容緩，乃派遣國務卿杜勒斯起草對日和約草案，並與日本朝野舉行多次磋商❽。

圖 14-2　「舊金山和約」的簽署

日本國內雖亦有主張包含中蘇等所有交戰國全面媾和之聲❾，但第三次吉田內閣，卻斷定媾和時機問題乃在美軍基地，為了避免重整軍備的負擔，全力傾注於經濟復興，選擇與西方各國的媾和，俾能早期恢復獨立，取得供應基地的回饋，以及美國對獨立後的安全保障。

1951 年 7 月，經由英美兩國協議，決邀請有關參加太平洋戰爭的國家，商討對日和約會議。旋又正式公布「對日和約草案」，決定在美國舊金山舉行對日和會。參加的國家共有五十二國❿。雖有蘇聯代表會同波蘭、捷克等國代表，提倡邀中共參加以及修正條約等議案，但被美英等國拒絕，最後依照原案，於同年 9 月，與日本代表吉田茂締訂「舊金山對日媾和條約」（簡稱「舊金山和約」）⓫。蘇聯、波蘭與捷克拒絕簽字，中華民國則

---

❽　杜勒斯以「對日媾和七項原則」與日方磋商，至翌年 2 月達成協議。

❾　南原繁、大內兵衛等知識分子社會賢達與日本社會黨、共產黨，力主全面媾和。日本社會黨內部，為了「舊金山和約」的批准問題，黨內發生嚴重的對立，終於分裂成左右兩派。

❿　英美協商結果，不邀請中共，印度、緬甸與南斯拉夫受邀請而拒絕參加。

⓫　「舊金山和約」的主要內容如下：1. 日本恢復主權，承認朝鮮獨立，放棄臺灣、澎湖、千島群島、南庫頁島主權，以及南洋群島的委任統治權；2. 日本的賠償原

未受邀 ⓬ 。

　　翌年 4 月，條約生效，終結了約七年間的占領統治，日本成為獨立國而恢復了主權。此一條約雖顯著的減輕日本對交戰國的賠款責任 ⓭，但對於領土則有嚴苛的限制，沖繩、小笠原群島置於美國施政權下 ⓮ 。

　　對日和約生效後，日本成為有史以來首次獨立的主權在民的國家。長達六年八個月的外國占領結束。「波茨坦宣言」亦失去效力，從而重開了對外的外交關係 ⓯ 。

　　與和約簽訂的同日，簽署了「日美安全保障條約」（「安保條約」），獨立後為了「遠東的和平與安全」，美軍仍繼續駐留日本國內，對日本防衛有所「貢獻」 ⓰ 。基於此一條約，翌年（1952 年）2 月，締結了「日美行政

則上以勞力方式行之；3.占領軍自和約生效後十日內撤退；4.日本同意把琉球群島、小笠原群島委任美國統治。蘇聯等國雖參加舊金山和會，但未簽字，印度與緬甸對條約內容不滿而不出席。接著，與印度（1952 年）、緬甸（1954 年）簽訂和約。

⓬　主要交戰國中國，中共與中華民國雙方都未被邀請。其後日本於 1952 年與中華民國締結「日華和約」（雙邊和約，亦稱「臺北和約」）。約中有關臺灣的地位未有明確的規定，只依「舊金山和約」，聲明日本放棄臺灣、澎湖的主權，但未指出應歸還的對象（國家）。

⓭　「舊金山和約」，訂有日本對交戰國的戰爭受害有提供勞力，以償付賠償的義務，但隨著冷戰加劇，美國以及其他多數的參戰國紛紛放棄賠償要求權。但實際受到日軍占領的菲律賓、印尼、緬甸、越南等東南亞四國，則各自與日本締結賠償協定，日本政府於 1976 年之前，償付了總額十億美金。這種賠償採取建設工程等服務與產品的提供方式，成為日本商品與企業進向東南亞擴展的重要踏腳石。

⓮　西南諸島、小笠原群島，原被美國預定為託管統治，美國卻不向聯合國提案而逕自置於其施政下。奄美群島則於 1953 年歸還日本。

⓯　和約生效之日，美國駐日大使就任。

⓰　依據條約，美國認為有必要時，隨時可以提出要求日本任何地域作為基地之權，駐日美軍的行動範圍「遠東」的定義亦不明確。

協定」，日本提供駐軍基地，分擔駐軍的費用。

五、戰後的文化

　　一連串的占領與改革，剷除了國家對思想言論的壓抑，過去的價值觀與權威全被否定。代之以個人的解放、民主化的新理念，在占領軍的推廣下形塑美國式生活方式與大眾文化。出版界相當活絡，雖有印刷用紙不足之虞，卻產生了不少的新聞與雜誌❶，促進了民主化。

1.教育制度的改革

　　自明治維新以來，日本在教育制度和形式上，均力仿歐美，但精神上卻始終順應天皇政治，以忠君愛國為宗旨，尤以軍國民教育影響最大。國民接受教育的目的，並非增進其對人類、世界的瞭解，而是灌輸其忠君愛國，為天皇犧牲自己的觀念。各級學校在文部省的直接監督下，授予學生日本國家民族的優秀性以及個人從屬國家的觀念。及至 1930 年代，各級學校實施軍事訓練，灌輸學生民族主義精神，使其成為國家主義及軍國主義的工具，終於淪為法西斯主義毒素的溫床。

　　戰後，盟軍總部鑑於欲促進日本民主化，基本工作在於廢除以往國家主義的教育，因此，把改造日本的教育，列為主要政策之一。1945 年 9 月發表的「美國對投降後日本的初步政策」中，重申「波茨坦宣言」中剷除軍國主義思想的理念，命日本政府廢止「戰時教育令」，遵循「日本教育制度管理政策」，實施改革。其內容包括教育課程、教科書等教材的修訂等。旋又頒布指令，禁止國家保護、援助神道教、革除軍國主義侵略思想。

　　日本政府在戰敗後，亦自動進行改革，明令廢除學校軍事教育及軍訓，解散軍國主義教育團體組織等，並配合盟軍總部的民主主義化政策，採取各種改革措施。

---

❶　綜合雜誌有《中央公論》的復刊，《世界》、《思想的科學》等的創刊。

　　美國為徹底改革日本的軍國主義教育制度，於 1946 年 3 月，派遣教育使節團赴日調查研究，勸告日本放棄中央集權的教育制度，採取美國地方教育委員會制度，即設立地區居民所組成的教育行政機構，並延長義務教育為九年，男女共學，廢除國定教科書。根據此一建議，日本政府於 1947 年 3 月，制定了「教育基本法」，確立新教育的基本理想，並制定「學校教育法」，以統一新的學校制度。「教育基本法」中，規定教育的目的，乃在培養充滿獨立自主精神，建設和平國家社會的國民，推翻了以忠孝為中心，培養服從精神的「明治憲法」的教育目的。同年 6 月，取消了多年來奉為金科玉律的「教育勅語」。

　　「教育基本法」中更禁止因性別、身分、經濟狀況之不同而就學的不平等，強調真正教育上的機會均等。「學校教育法」更取消複線型學制，而實現學校制度的一元化。實施六、三、三、四新學制。規定義務教育為九年，包括中學校（國中）在內，盲啞教育亦視為義務制，以擴大國民基本教育制，中等教育則移到三年制的高等學校（高級中學），高等教育均衡開放，以期發展。四年制大學亦自 1949 年起實施。

　　至於教育行政地方分權問題，「教育基本法」已有規定，將 1948 年 7 月公布的「教育委員會法」付諸實施。各地設置教育委員會，所有委員均由當地居民選任。委員會對選民負責，既不必受文部省的指揮，更不必受地方政府的管轄，而處於獨立地位❸。

　　由以上的改革，戰後的日本教育突飛猛進。日本戰前的國民教育已甚發達，但高等教育則受到限制。戰後情形大變，高等教育的普及甚速。新制大學可分三類：一為設有大學院（研究院），以研究高深學術為目的的大學，二為著重專門職業教育的短期大學（專科學校），三為以培養師資為目

---

❸　各地教員人事的異動，教育課程的編輯、教科書的選擇等，均由教育委員會統轄。唯教育預算，則屬於各該自治團體預算的一部分，不受教育委員會的干預。

的的大學。新制大學的設置，係依據國土計畫、產業計畫的觀點，避免集中於都市，以期提高地方文化，促進產業經濟的普遍開發。尤其國立大學，以一府縣一大學為原則。至於短期大學，則是仿照美國的初級學院 (Junior College) 而設。舊制專門學校被廢除，代之以二年或三年制的短期大學，其課程以專門的職業教育為主。短期大學採取晝夜二部制，俾使一般「勤勞」青年進修。至於舊制的高等師範學校及教育大學亦被廢止，由新學制中的國立大學學藝部、教育學部及獨立的學藝大學，作為培養中小學師資的學府。

盟軍總部為了肅清日本的軍國主義毒素，嚴禁中央集權制的教育行政，尤其為了達到真正的學術自由 (Academic freedom)，飭令文教當局，讓大學自治。因此，大學憑藉民主化及「教育委員會法」所規定「教育不服從不當的支配」原則，擴大「大學自治」範圍，一切行政全由大學自行處理，不受主管機關的指導。學校教職員也組織「日本教職員組合」（簡稱「日教組」，1947 年成立），其綱領明確宣示確立教師社會、經濟、政治的地位，獲取教育的民主化與研究自由，建設愛好和平自由的國家❿。

2.學　術

(1)人文社會科學：戰前因皇國思想、國粹主義籠罩一切，以致人文社會科學方面的研究頗多禁忌，因此很難基於純學術觀點析論日本國家社會結構，尤其在歷史學方面，對於與皇室有關連的任何史實的論證，皆在禁止之列。這種情況到了戰後已完全改觀，於是歷史學的研究，展開了新的方向，舉凡日本的神代史、天皇家世、日本民族的起源、日本民族的文化等問題，都成為研究的對象。對於日本上古、中古時代及中近世的農民暴動，亦以馬克思唯物史觀經濟論立場加以分析批判。對於日本近代史，尤

---

❿　但其中卻有部分從事政治活動，變成以政治鬥爭為主的勞動團體，與學生所組織的「全日本學生自治會總聯合」（簡稱「全學聯」），變成左傾運動的雙翼。

其是明治維新史及日本資本主義發達史，亦多採取唯物史觀階級鬥爭論。

戰爭期間，因不積極協助日本的侵略戰爭，而於 1944 年被停止活動的「歷史學研究會」，亦在日本投降之年（1945 年）秋天恢復活動，在人文社會科學的領域，執專門學會活動之牛耳。翌年 6 月，《歷史學研究》復刊，當時的日本青年學生由於過去在毫無批判情形下崇信的超國家主義、軍國主義價值體系全被推翻，在思想真空狀態下，對《歷史學研究》無條件地閱讀，接受其論述與觀點，馬克思的唯物史觀遂盛行一時。

在社會科學的領域中，並無特殊的成就。政治學方面，固然由過去的天皇主權論轉向國民主義，民主主義的思想刊物充斥，而共產主義的無產階級專政論亦在學界掀起了討論的熱潮。政治學所研究的主題，大多無法擺脫時論的窠臼，缺乏中堅的思想體系。

經濟學方面，除論述古典經濟學及凱因斯 (John Maynard Keynes) 經濟理論的介紹之外，馬列主義的理論仍為主流，對於英美等修正資本主義的理論與實際，雖亦有介紹，但並不盛行。

馬克思主義初極興盛，及至 1955 年前後，由於日共的極左冒險主義及派系主義，引起部分學者的恐懼與不滿，因之開始衰退，代之而起的是英國的「實踐主義哲學」。迨及「新安保體制」確立（1960 年以後），美國認定日本為對等的盟友 (equal partner)，所謂國家主義的「日本大國論」歷史觀，乃逐漸抬頭❷。

⑵自然科學：戰後由於盟軍總部一心一意剷除日本的軍國主義思想及戰爭的潛力，因此，不僅整肅軍國主義思想，甚至禁止日本研究自然科學。

在科學技術非軍事化及民主化的目標下，盟軍總部於 1945 年 9 月，飭令日本各大學、研究所及其他各研究機關，提出戰爭時期的研究報告，並下令今後仍應繼續提出，甚至為了限制日本科學技術的研究方向，不但禁

---

❷　林房雄的「大東亞戰爭肯定論」（連載於《中央公論》）為其典型作品。

止原子能的研究，即使是電視、雷達，或與航空有關的研究，一概加以禁止。原有的理化學研究所、京都帝大及大阪帝大等三個研究機構所設置的「原子核破壞裝置」(Cycletron)，雖經調查認為與原子能開發無關，仍予毀棄。

直到和約簽訂，日本恢復獨立之後，各種限制始予解除，自然科學的研究始能自由展開。其中著有成績者，當推理論物理學的原子核研究、化學與醫藥學等。

原子核物理學方面，自京都大學湯川秀樹博士於 1949 年，以「中子理論」獲得諾貝爾獎之後，日本學界大受鼓勵。1952 年底，理化學研究所的「原子核破壞裝置」開始運轉。1954 年，為紀念湯川（秀樹）博士榮獲諾貝爾獎，於京都大學設置基礎物理學研究所，從事基礎物理學，尤其素粒子（原子點）論的研究。同年 5 月，日本學術會議，唯恐日本政府通過一筆開發原子能預算，用之於原子武器的研究，決議所謂研究公開、民主、自主的「原子能研究三原則」，並向世界呼籲廢棄原子武器，原子能由國際管理。此一原則，後來列入「原子能基本法」。1956 年，日本政府設置原子能委員會，並在茨城東海村裝置原子爐。此後日本乃積極從事和平利用原子能事業的發展。為了防止輻射線的災害，同時進行利用同位素治病的研究，於 1960 年設立輻射線醫學研究所，並設置有關原子能的綜合醫院。1965 年，東京教育大學教授朝永振一郎，從事「超多時間理論」研究，發現「再舊一化理論」，為量子電動力學的繼續發展，開闢一條捷徑，因而獲得了諾貝爾物理學獎。

在化學方面，成績亦著。1951 年前半，日本的化學研究論文水準，已僅次於英美兩國。1964 年，日本化學工程師發現一種從鹹水中抽取多量苛性蘇打、炭酸鎂及新鮮飲料水的方法，1965 年，吉田文彥、一島英治發明了利用黑酵母菌培養的蛋白分解酵素，翌年，高橋義孝發明一種利用放線菌由澱粉製造果糖的新法，凡此，都是日本化學界的成就。其次則是光學

玻璃的進步，目前日本的光學儀器（照相機、望遠鏡、顯微鏡等），幾已凌駕德國產品。人造纖維化學的發達更是舉世無雙。

3.大眾文化

⑴文藝出版業：和平的來臨與權力壓制的袪除，為藝術界帶來自由之春，文學、美術、音樂、演劇等各領域全面展開活動，尤以文學界的活動為最著。在戰爭中被剝奪創作自由的作家，以及有志於新文學的年青作家，陸續登上文壇。

總之，到 1950 年為止的日本文學，有三大特徵：一是大作家的復活，二是舊普羅文學系人士，在所謂民主主義文學的名義下，再度恢復其活動，三是戰後派文學的登場。

戰後的日本，不但教育普及，文化水準亦不斷地提高。同時日本國民求知欲高，凡此都是促進日本報章雜誌的發達，以及新聞事業成為世界上最大規模的主要因素。

戰後由於過去限制言論自由的種種法規已被取消，報紙的言論與報導頗為自由。日本新憲法之中，既有禁止新聞檢查制度的規定，因此，沒有以新聞為直接對象的法規限制。「破壞防止法」與「公職選舉法」，對新聞報導稍有限制，但對報紙的自由，並無任何重大影響。

⑵藝術：為了保護具有傳統價值的文化財，於 1950 年制定了「文化財保護法」。為了獎勵學問、藝術。制定於 1937 年，卻一度中斷的「勳章授與法」，亦於 1948 年恢復。

從戰爭的惡夢解放的日本國民之間，不顧日日生活之痛苦，廣興明朗而舒暢（悠然自得）的大眾文化。歌謠曲繼「蘋果之歌」大流行之後，美空雲雀登場。大眾娛樂的電影迎接了黃金時代，溝口健二、黑澤明的作品，在國際上獲得很高的評價。盟軍總部指導下重新出發的日本放送協會 (NHK) 的廣播電臺廣播與戲劇、運動轉播，獲得好評，1951 年開始有民間廣播。

第二節　五五年體制與安保鬥爭

一、五五年體制

1.激動的世界與日本

韓戰停戰後，美蘇從原子彈到核子彈，更進而發展向遠程的大陸間彈道飛彈 (ICBM)，陷入無止境的軍備擴大競爭[21]。但在核子的毀滅性武器使人類面臨絕滅的危險之中，1950 年代中期，產生緩和東西對立的趨勢。蘇聯獨裁者史達林死後，赫爾雪夫打出東西和平共存路線，於 1959 年訪美，與艾森豪 (Rwight D. Eisenhower) 總統會談。接著簽署部分的「核試停止條約」、「核子武器擴散防止條約」（1968 年），開始核子裁軍交涉。

1960 年代在兩陣營內，「多極化」的進行，美蘇的壓倒性地位已出現陰影。西方各國原在倚恃美國之下進行復興，繼歐洲經濟共同體（EEC，1957 年）之後，又組織了歐洲共同體 (EC)，進行經濟統合，企圖自立。法國總統戴高樂 (Charles de Gaulle)，展開法國獨自的外交，西德與日本以驚異的經濟成長而威脅到美國的產業。東方陣營內，中蘇對立白熱化，中國於 1964 年成功試爆核子，1966 年，開始「文化大革命」。

第三勢力亦有明顯的抬頭。1955 年，中國與印度為中心，舉辦了亞非會議（萬隆會議）[22]，企圖集結新興獨立國家。1960 年，亞非各國占居聯合國加盟國席次的一半。

---

[21] 蘇聯人工衛星的升空（1957 年），美國發射阿波羅十一號宇宙船，完成人類首次登陸月球（1969 年）等，美蘇展開激烈的太空競爭。

[22] 中國與印度於前年（1954 年）周恩來與尼赫魯 (Jawaharlal Nehru) 會談，已確認了中印兩國友好為基礎的「和平五原則」，以之為基礎，萬隆會議通過了和平共存、反殖民地主義的「和平十原則」。

由於 1954 年的「中南半島停戰協定」，法軍自越南撤退，但在南北分離的內戰仍然持續不斷，1965 年起，支持越南政府的美國開始轟炸北越，大規模的軍事介入，北越與越南解放民族戰線，得到中蘇的援助起而抗戰（越戰）。

2.五五年體制

1954 年發生造船貪污案件，批判吉田內閣之聲驟起，鳩山一郎等自由黨反吉田派脫黨而組織以鳩山為黨揆的日本民主黨。同年底，吉田內閣下臺，成立鳩山內閣。鳩山首相倡導修改憲法、重整軍備。另一方面，左右社會黨在批判「逆向進程」運動高昂聲中，擴大黨勢，明確提出反對重整軍備立場的左派社會黨，得到「總評」的支援而增加議席。

1955 年 2 月的大選，社會黨左右兩派合計贏得足以阻止修改憲法的三分之一席次，10 月，實現兩派的統一。保守陣營亦依財界的強烈要求，於 11 月，日本民主黨與自由黨合併，結成自由民主黨（保守合同），推選鳩山一郎為總裁。至此形式上出現二大政黨制，保守勢力擁有議席的三分之二，革新勢力保持三分之一的席次，此後在保守與革新對立之下，繼續維持保守派一黨獨大的政治體制 （五五年體制）達四十年之久。

圖 14-3　鳩山一郎

「保守聯合」 後的第三次鳩山內閣，為了增強防衛力（重整軍備），舉辦國防會議，倡導修憲，設置憲法調查會，並標榜「自主外交」，推動與蘇聯間恢復邦交的交涉。1956 年 10 月，鳩山首相親自訪問莫斯科，簽署 「日蘇共同宣言」，促成邦交正常化。結果，一直拒絕日本參加聯合國的蘇聯改採支持態度，同年 12 月，日本實現了參加聯合國的願望。

二、新安保體制

1.重整軍備

根據戰後的「新憲法」，有永不再建軍，亦不參戰的規約。因此，在日本投降後，所有武力與軍備均摧毀殆盡，僅有數萬警察維持國內的治安。其後五年，日本處於無武裝狀態。其對外國防甚至內部的安全，全賴占領日本的美軍維持。

1950 年韓戰爆發，遠東局面遽變，美國對日政策轉趨積極。原來駐紮日本的美軍抽調馳援韓國，造成日本國防的真空狀態。美國有鑑於國際共產勢力擴張的危險，因而認定日本有重整軍備，自我保衛的必要。但無論就國際法規或新憲法禁止保持武力、放棄戰爭的條文，均不能擅自破壞這些約束而重整軍備。

韓戰爆發後，盟軍總部指令日本政府設立警察預備隊七萬五千名，海上保安隊增加為八千人，實為日本重整軍備的嚆矢❷。

「舊金山和約」生效後，新設海上警備隊，警察預備隊改組為保安隊，應美國重整軍備的要求而更為加強。1954 年，締結了「日美相互防衛援助協定」（「MSA 協定」），日本接受美國的援助（武器與農產品），日本則有義務增強自衛力❷。

同年 7 月，在新設防衛廳統轄之下，統合保安隊、海上警備隊，正式成立陸海空三軍種自衛隊❷。

---

❷　名義上是警察，實際則是在美國軍事顧問指導下，接受武器借貸，受美式訓練與裝備的軍隊。

❷　根據此一協定，日本計畫於三年內將陸軍兵力增加到十八萬人，並於翌年（1955 年）1 月，通過陸海空軍四萬餘人的增兵計畫，設置防衛廳，保安隊擴充為自衛隊的法案。

❷　以直接間接侵略的自衛為主要任務，但亦規定在災害時得以出動自衛隊，以維持

　　其後隨著國際情勢的轉變以及本身經濟力量日強，自衛武力亦隨之擴充。自 1957 年起，推行三次防衛力整備計畫，迄 1965 年為止，日本自衛隊的綜合兵力有二十五萬人。至 1972 年，日本發表「第四次防衛力整備計畫」，總預算達四兆六千萬日幣以上。此一計畫的重點乃在增強陸上及海上自衛隊的軍備，並實施航空隊飛機的汰舊換新，以求軍事現代化㉖。

2.「安保條約」的改定與安保鬥爭

　　左右社會黨、共產黨、「總評」等革新勢力，視吉田內閣的政策為否定占領改革成果的「逆向進程」，組織積極的反對運動。尤其內灘（石川縣）、砂川（東京都立川市）等地的反美軍基地鬥爭、第五福龍丸事件㉗為契機，原子彈禁止運動在全國各地熱烈的展開。

　　不待和約生效而進行的「褫奪公職令」解除，鳩山一郎、石橋湛山、岸信介等有力政治家重返政界，自由黨內反彈吉田首相的勢力增大。

　　繼鳩山內閣之後的石橋湛山內閣，因首相生病，匆匆下臺。1957 年成立的岸信介內閣，一方面與革新勢力對決，一方面倡言「日美新時代」，試圖修改「安保條約」，達到與美國對等的地位。當初美方對「安保條約」態度消極，交涉的結果，於 1960 年 1 月，簽訂了「日美相互協力及安全保障條約」（「新安保條約」）。新條約規定美國有防衛日本的義務，條約附屬條款，訂定駐日美軍的軍事行動有關的事前協議。

　　治安。自衛隊的最高指揮監督權屬於內閣總理大臣，內閣成員之一的文人防衛廳長官，在總理的指揮、監督下統括隊務。

㉖　自 1963 年美國停止軍援後，日本逐漸能由本國軍需工業自給。日本軍需工業拜韓戰之賜，「防衛生產」比重遽增，復興甚速，實已超過戰前的水準。在日美經濟協力下，組成「防衛生產委員會」，積極推動防衛武器的生產。

㉗　1954 年，美國在太平洋中部地區的比基尼 (Bikini) 環礁作核子試爆，日本漁船第五福龍丸受波及，一名船員死亡。於是掀起了和平運動，翌年在廣島召開世界第一屆禁止核子試爆會議。

革新勢力方面，以為新條約日本有被捲進美國世界戰略的危險，發動反對「安保條約」修改運動。1960 年 5 月，政府引進警察，強行通過眾議院條約的批准，反對運動則高喊「民主主義的擁護」。指導「安保條約」修改阻止國民會議的社民兩黨與「總評」等革新勢力及「全學聯」（全日本學生自治會總聯合）學生、一般市民所組成的大規模示威遊行連日包圍國會（60 年安保鬥爭）。預定的美國總統訪日行程終被取消，條約批准案未經眾議院通過，但於 6 月自然生效。眼見條約的生效，岸內閣乃總辭。

第三節　經濟高度發展

一、高度經濟成長

1.保守政權的安定

1960 年 7 月，池田勇人內閣繼岸內閣之後成立，倡導「寬容與忍耐」，避免與革新勢力作正面對立，更進一步促進高度的經濟成長。池田內閣試圖在「政經分離」方針之下，擴大與中華人民共和國間的貿易，於 1962 年，與沒有邦交的中共締結準政府間貿易（「LT 貿易」）約定❷。

1964 年成立的佐藤榮作內閣，因經濟持續成長，成為七年半以上的長期政權。佐藤內閣首先升高外交懸案的日韓交涉，於 1965 年締結「日韓基本條約」，確認 1910 年以前各種條約失效，承認南韓政府為「在朝鮮的唯一合法政府」，樹立與韓國的邦交。

1965 年以降，美國正式介入越戰，沖繩與日本本土成為美軍前線基地，隨著戰爭而起的美金支付（特需），促進了日本的經濟成長。「基地之島」沖繩要求回歸祖國（日本）的住民運動連續不斷，隨著越戰的激化，

---

❷ 指以廖承志、高崎達之助的個人名義，實際分別代表各自政府的兩國貿易關係協定。

歸還問題重新浮上枱面。佐藤內閣發表非核三原則（不持有、不製造、不帶進）進行外交交涉，首先於 1968 年實現了小笠原諸島的歸還，翌年的日美首腦會議（佐藤、尼克遜，Richard M. Nixon 會談），達成「非核」原則收回沖繩。1971 年，簽訂「沖繩歸還協定」，翌年生效，實現沖繩歸還日本，但仍然殘存廣大的美軍基地。

此間，自民黨繼續占有國會的安定多數，執政黨內為了總裁地位而不斷產生派系間的權力鬥爭。在野黨，社會黨分離出民主社會黨（其後的社民黨，1960 年），新成立公明黨（1964 年），日本共產黨增加席次，產生多黨化現象。以學生為中心所組織的新左翼，展開批判越戰與大學發展方向的運動。

2.所得倍增計畫

1950 年代，日本的工礦業生產和農業生產已恢復戰前的水準，1951 至 1955 年，國民生產總值依 10.3% 的年平均增長率擴增。日本政府採納經濟學者的建言❷❾ ，於 1960 年 9 月 ，提倡 「國民所得倍增計畫」（1961 至 1970 年度）。

池田內閣擬定此一計畫以促進經濟的急速成長，消除國民的不滿，以圖政治的安定。因此在軍備方面依賴美國，力避國際政治的影響，專注於貿易自由化與經濟成長。此一計畫的目標乃在促成十年後（1970 年度）的國民總生產額，達到 1960 年度十三兆圓的二倍（二十六兆圓），並將 1960 年度每人國民所得二十萬八千六百圓（五百七十九美元），於十年後提高到 1957 年西德、法國國民所得每人七百四十二美元的水準。計畫的主要課題是充實社會資本，引導產業結構的高度化，促進貿易和國際經濟的合作，培養人才，振興科學技術等。此一計畫自 1961 年付諸實施，不到四年就達

---

❷❾ 經濟學者力倡日本經濟高速增長論，以為將處在「歷史勃興期」，必將進入更高的經濟發展階段，給日本帶來革命性的變革，即在今後十年內，將有三倍的擴伸。

成國民生產總值十年一倍的目標。至 1970 年，國民所得總值已超過「倍增計畫」目標的 41%。

　　經濟的高度發展實現了完全就業，終於使日本的社會秩序趨於穩定。政局的安定又為經濟的高速發展提供了良好的生態環境，保持政局的安定，得以擴大社會的民主，充實國民的參政權。

　　1955 至 1973 年近二十年之間，日本經濟的成長率維持 10% 以上的快速成長，（高度經濟成長），國民總生產 (GNP) 在資本主義各國，已達僅次於美國的第二位（1968 年）。鋼鐵、造船、汽車、電氣機械、化學等部門，採取海外技術的革新成果而更新設備，石油化學、合成纖維等新部門亦急速發達。在低成本、高品質的工業產品大量生產體制的整備下，日本商品大規模的輸出海外。

　　其間，第一次產業在日本經濟所占比重下降，第二次、第三次產業❸的地位提升（產業結構的高度化）。第二次產業之中，重化學工業的地位提高，占居工業生產額的三分之二。從煤炭轉換為石油的能源急速的進展。

　　隨著生產的急速增大，國內市場與輸出亦日趨擴大。民間企業的設備投資風潮，以「投資呼應投資」的方式創造龐大的需要。由於勞工不足與勞工運動的展開，工資繼續提升。農家所得亦因化學肥料、農藥、農業機械的普及，生產力上升，糧食管理制度與農業協同組合的壓力下，決定米價的政策性提高，農業外所得的增加，有增大傾向。

　　輸出亦因日圓匯率比較便宜的固定行情與海外低價的資源輸入等有利因素而急速擴大，1960 年代後半以降，繼續大幅度的貿易黑字。鋼鐵、船舶、汽車等重化學工業產品為輸出的中心，輸入以石油、重化學工業原材料的比重提高。

---

❸　第一次產業指農林水產業，第二次產業是地下資源的工業，以及農林礦業加工的工業，第三次產業則是指除了第一次產業與第二次產業之外的商業、運輸業、服務業。

日本應歐美各國的要求，實施貿易自由化、外匯與資本的自由化（1964年），因應開放經濟體制下國際競爭的激化，出現產業界重編的趨向。三菱重工的再合併（1964年）與新日本煉鋼的創立（1970年）等，大型企業的合併不斷。各行業的多數大企業，形成以舊財閥系統的銀行、商社為中心的巨大企業集團。

二、消費革命與社會變遷

高度經濟成長，大大的改變國土的原貌以及國民的生活方式與意識。太平洋沿岸有煉鋼廠與石油化學聯合企業 (Conbinate) 等新工廠的建設，京濱、中京、阪神、北九州各地為核心的帶狀巨大重化學工業地帶出現產業與人口的集中。同時全國勞動人口從農村流入都市，出現建地不足，向郊外建設住宅的紛亂現象，大都會周圍則住有「核心家族」的高層公寓，形成混雜亂象。

大量生產體制之確立，同時各家庭有家電製品、汽車等耐久性消費財的普及（消費革命）。高度成長的前半期，是電視、洗衣機、電冰箱（三種「神器」），1960年代以降則是自用汽車、彩色電視、冷氣（三C）普及。飲食內容日益豐富，肉類與乳製品的消費增大，日本人的體格有提升現象。食米減退，引進了西式飲食文明，量產的速食食品、冷凍食品普及，「外食」產業發達。

交通網的整備主要由政府大力推動。鐵路電氣化推展到全國，1964年東海道新幹線開通，另一方面私家汽車急速發展，有車階級的時代來臨。汽車一躍而為交通手段的主力 (Motalization)。1965年名神高速公路通車，1969年東名高速道路開通，汽車在交通所占的角色擴大，耐於高速行駛的國產汽車質的向上，成為擴大輸出先進國的背景。

生活富裕產生休閒樂趣的需求，休閒產業與傳播媒體發達。新聞與雜誌書籍類出版份數驟增，以之為舞臺，社會推理小說家松本清張、歷史小

說家司馬遼太郎等作家活躍於文壇。高度成長期的週刊發行份數驟增，少年漫畫週刊，連成年階層亦皆歡迎。1953 年開始的電視廣播，1960 年代中葉，已大體普及於大部分的家庭，成為日常生活不可或缺的娛樂，同時電影產業急速的衰退。傳播媒體成為大眾文化的主要舞臺，送出大量的廣告 (CM)，引誘人們的購買欲。以「教育熱」為背景，高中、大學的進學率提高。傳播媒體與公共教育機關大量的資訊傳達，發揮了日本人的想法與智識同質化，劃一化的機能，自認屬於社會中層的人占國民的八九成（中流意識）。

高度成長的背景，實為顯著的科學技術的發達，大學等研究機關，進行世界水準的基礎科學研究，政府積極推進原子能政策、進行宇宙開發等科學技術開發。

1964 年，日本主辦東京奧運，1970 年，在大阪舉辦日本萬國博覽會，向世界宣揚日本的復興，對國際文化交流有所貢獻。

三、高度成長的影響

達成高度經濟成長的背後，產生了嚴重的問題。農村人口減少的趨向日顯，減低農村作為共同社會的機能，除了米糧等少數僅有的例外，日本的糧食自給率急遽下降。另一方面，人口過分集中大都會，交通擁擠，噪音、空氣污染，住宅與醫療設施不足。交通事故頻傳，每年車禍死亡人數超過一萬人。

人權與公害問題的嚴重亦極明顯。企業長期排放污染物質破壞環境，經濟成長為優先的公害防治對策當然難有進展，公害的受害者長期受到漠視。1960 年代後半，受害者抗議之聲不絕，興起反對公害的輿論與住民運動。政府的公害對策逐漸有了進展，1967 年制定「公害對策基本法」，旋經修正，於 1971 年成立環境廳。1973 年四大公害訴訟，都是受害者勝訴。

民眾對高度成長後遺症的反感，促使大都市成立了革新自治體。1967

年美濃部亮吉當選東京都知事（市長），1970 年初，三大都市圈（東京、京都、大阪）的知事（市長）與多數大都市的知事選舉，都由革新勢力所囊括（革新首長）。這些革新自治體，盡力推動嚴格的公害規制條例與老人醫療免費等福祉政策，成果頗著。

第四節　走向經濟大國

一、美元衝擊

　　美國尼克遜政權，為了早日終結越戰，以紓緩日趨惡化的美國經濟，試圖與面臨蘇聯軍事壓力的中國改善關係，藉以促成北越的和平。1971 年 7 月，尼克遜總統發表聲明，表示有意訪問中國，改善美中關係。1972 年，親自訪問剛剛取代中華民國而獲得聯合國代表權的中華人民共和國，結束美中的敵對關係（1979 年美中建交）。

　　其間，美國國內反對越戰運動高漲，遂於 1973 年，成立「越南和平協定」，美國決自越南撤退 ❸ 。

　　美國由於越戰的軍事支出膨脹，且又繼續對西方國家給予龐大的援助，而復興中的先進國對美輸出遽增，導致其國際收支惡化，黃金準備額減少等嚴重問題（美金危機）。

　　1971 年 8 月，尼克遜總統發表新經濟政策，為了防衛美金，以改善國際收支的惡化，壓抑通貨膨脹，決停止黃金與美金的交換，要求西德與日本等國際收支黑字國提高外匯兌換率。由是國際主要貨幣的美金地位乃大為動搖（美金衝擊）。同年底，十國財長會議結果，決定調整貨幣政策，迫

---

❸　失去後盾的南越於 1975 年崩潰，在越共主導下實現了南北的統一。但中南半島因柬埔寨內戰與中越戰爭相繼，產生眾多的難民。

使日幣升值❸❷。其後，西歐各國紛紛改制為因應實際行情的「流動匯率制」，日本亦於 1973 年跟進。

1973 年，發生石油危機（第一次）。同年 10 月，爆發第四次中東戰爭❸❸，阿拉伯石油輸出國機構 (OAPEC)，對袒護以色列的歐美與日本實施石油禁運，石油輸出國機構 (OPEC) 亦提高原油價格四倍。

在固定匯率之下，透過主要貨幣美金與資本主義各國經濟連結的戰後世界經濟的結構（IMF 體制），因各國轉採流動匯率制而崩潰，至此，喪失了石油低價位經濟成長的基本條件。自 1973 年以降，西方先進各國繁榮的時代出現了陰影，資本主義世界進入長期不景氣的時代。因應美國經濟的衰退，1975 年，美英日德法義六國首腦會談 (Summit)，協商世界不景氣的對策，決定自翌年起加上加拿大，每年召開先進國首腦會議，共商先進國間貿易、貨幣等經濟政策問題。

二、走向經濟大國

第一次石油危機以後的世界經濟不景氣之中，日本很早就成功的脫離了不景氣，渡過 1979 年第二次石油危機的難關❸❹，走上安定成長的軌道。企業力圖改變為節省能源、削減人員、臨時工勞動的「減量經營」方式，以求減輕成本，並進行利用電腦與產業用機器人等 ME (Micro Electronics) 技術於工廠、辦公室的自動化。民間大企業工會之間普遍的工資提高聲中，

---

❸❷　美元與日幣的兌換率，從一美元兌換三百六十日圓降為三百零八日圓。

❸❸　第二次世界大戰後的中東，發生巴勒斯坦問題，由於大油田的發現與美蘇的介入，紛爭不斷。受到納粹迫害而移住巴勒斯坦的猶太人，於 1948 年建國，卻與阿拉伯各國之間發生三次中東戰爭。

❸❹　同年，伊朗在美國支援下進行近代化的王政被推翻，由高舉復興伊斯蘭教旗幟的宗教領袖何梅尼掌權（伊朗革命）。以此事件為轉機，阿拉伯產油國提高石油價格三倍。

發起了勞資協調的「全日本民間勞動組合聯合會」。1989 年,「總評」解散,兩者合併為日本勞動組合總聯合會。

　　產業部門的鋼鐵、石油化學、造船等企業遽衰,汽車、電氣機械之外,半導體、集體回路 (IC)、電腦等高科技領域,則以輸出為中心急速的擴展❸,日本的貿易黑字大幅度擴伸。為此,發生與歐美之間的貿易摩擦,匯率的日圓對外比價偏高傾向亦趨於穩定。

　　日本在世界的國民總生產 (GNP) 總計中所占比重,1955 年只有 2% 強,1970 年已達 6% 左右,1980 年則達 10%。成為「經濟大國」的日本國際地位大幅提高,對發展途中的政府開發援助 (ODA) 提供額,1980 年代已達世界最高額度❸。

　　交通政策方面,中國、東北、關越等高速公路網的整備有了進展,先後完成山陽 (1975 年) 東北、上越 (1982 年) 新幹線建設。1988 年青 (森) 函 (館) 隧道與瀨戶大橋的開通,北海道、本州、九州、四國,均由陸路連結。新東京國際機場 (成田空港,1978 年)、關西國際機場 (1994 年) 完成,促進了國際化的進展。1972 年,每年海外旅遊人數超過一百萬人,到 1990 年,已突破一千萬人,日本國民大多有直接的海外體驗。

---

❸　產業結構的高度化更有進展,1970 至 1990 年二十年間,就業人口所占第一次產業的比重減半,已不到一成,第二次產業所占比重,保持平穩,商業、運輸業等各種服務業的第三次產業,則自五成驟增為六成 (經濟服務化)。

❸　1980 年代以降,受日圓幣值過高的影響,日本每人的國民平均所得 (美金單位),超過美國,貿易黑字累積為世界最大的債權國。

第五節　冷戰終結與日本社會的動搖

一、高度成長的結束與保守政權的動搖

佐藤首相引退之後，田中角榮繼任（1972 年）。同年 9 月，田中首相訪問中國，發表「日中共同聲明」，實現日中建交。

田中首相標榜「列島改造」政策，擬推動一項構想，即將過分集中於太平洋沿岸地區的產業，分散到全國地方都市，並以新幹線與高速公路加以連結。為此而引起土地投機熱潮，加上第一次石油危機原油價格暴漲，發生嚴重的通貨膨脹❸。政府轉採金融緊縮政策，但無法壓抑通貨膨脹而陷入嚴重的不景氣。1974 年出現戰後首次的負成長，此後數年，亦止於 2 至 5% 的低成長。至此，高度經濟成長已成過去。

物價暴漲之中，生活用品的囤積，物品不足，生活日益不安，田中首相籌措政治資金疑案揭露之後，田中內閣總辭（1974 年），改由三木武夫組閣。三木內閣標榜「乾淨的政治」，1976 年，前首相田中因涉嫌美國洛基公司 (Lockheed Co.) 出售飛機賄賂案被捕。執政黨內派系抗爭激化中所舉行的大選，自民黨自創黨以來首次沒有超過眾議院半數席次，三木引咎辭職，福田赳夫繼任首相。

福田內閣致力擴大內需，肆應貿易黑字問題、解決日幣匯價偏高所導致的不景氣，並於 1978 年締結「日中和平友好條約」，但在自民黨總裁選舉敗選，交棒給大平正芳。大平內閣在國會「保守、革新伯仲」與執政黨

---

❸　《日本列島改造論》於 1972 年出版，由於動用政權力量，廣為宣傳，幾成為人手一冊。旋成立「國土總合開發推進本部」，推動此一計畫。但因此引起了地價暴漲，進而波及股票，物價的高漲（狂亂物價）。終於引起大規模的罷工，使田中焦頭爛額，窮於應付。

內訌不斷的狀況下，因應第二次石油危機，企圖重建財政。1980 年，在選戰期間，大平首相猝死，但在不久的參眾兩院選舉中，自民黨獲得安定多數，成立鈴木善幸內閣。

低成長經濟的長期化之中，國民充滿著維持現狀與個人生活安定的保守氣氛。一方面有保守政權復原，一方面有革新自治體等，因散漫的財政及社會、共產兩黨的背離而相繼消失。尤其 1978 年至翌年，京都、東京、大阪的市長選舉，革新勢力的候選人相繼落選。

1982 年登場的中曾根康弘內閣，促進日美韓關係的加強與防衛經費的大幅擴增，在新自由（新保守）主義的世界風潮之中，倡言「戰後政治總決算」，推進行政財政改革，裁減老人醫療與年金等社會福利預算，斷然實施「電電公社」（現在的 NTT）、「專賣公社」（現在的 JT）、「國鐵」（現在的 JR）民營化。1986 年的大選，自民黨大勝，但中曾根內閣卻無法達成引進大型間接稅以重建財政的目標，於翌年下臺。大型間接稅在續任的竹下登內閣之下實現，並自 1989 年度開始實施。

二、冷戰終結

1970 年代中葉，美蘇關係朝向緩和的方向（低盪）。但 1979 年以蘇聯入侵阿富汗為轉機，翌年當選美國總統的雷根 (Ronald W. Reagan)，表明與蘇聯對決的姿勢，1980 年代，成為「新冷戰」的時代。雷根總統一方面擴充軍備，一方面採取促進企業振興的大幅減稅、實施緩和限制以肆應經濟不振的政策。

新冷戰的展開，使美蘇兩國關係更為惡化，美國面臨國內產業空洞化以及國家財政困難與國際收支「雙重赤字」的窘境，淪落為世界最大的債務國。另一方面，蘇聯亦遭逢嚴重的經濟危機，1985 年登場的戈巴契夫 (Nikhail S. Gorbachev)，試圖重建社會主義體制 (Perestroica) ❸。

蘇聯自由化的傾向，刺激了東歐各國的民眾，紛紛放棄社會主義體制，

脫離東方的共產陣營（東歐革命）。冷戰象徵的柏林圍牆被摧毀，翌年東西德國實現統一。

東亞方面，韓國與蘇聯（1990 年）、中國建交，東西對決的結構崩潰。另一方面，由於自由化的進展，蘇聯於 1991 年底瓦解❸❾。東西對立一方之霸的蘇聯崩潰，終結冷戰時代。但舊蘇聯與南斯拉夫等國內部，卻繼續不斷的發生民族與宗教根深蒂固的紛爭。

蘇聯解體後，美國的對外影響力再度提高，1991 年初，美軍為主力的「多國籍軍」，依據聯合國的決議，對侵攻科威特的伊拉克施加武力制裁（波斯灣戰爭）。依照美國要求，作「國際貢獻」的日本，提供了巨額資金援助，對連續發生的地域紛爭，給予「聯合國維持和平活動」(PKO) 支援，並自 1992 年起，開始派遣自衛隊赴海外❹❿（柬埔寨內戰）。

三、五五年體制的崩潰

1989 年，昭和天皇崩，改年號為平成，昭和時代告終，進入平成時代。

在長期保守政權下的金權政治真實情況，攤在國民面前。同年，竹下內閣因牽涉瑞克利特賄賂事件而下臺，繼任的宇野宗佑內閣亦因參議院選舉，執政黨大敗而於短期內結束。苦於因應波灣戰爭的海部俊樹內閣之後，宮澤喜一內閣亦於 1992 年發生佐川急便事件，翌年暴露出總合建設工程公司舞弊事件，政界與大企業的勾結遭受國民嚴厲的譴責。其間政界亦掀起選舉制度改革與政界重新整合的呼聲。

---

❸❽　Perestroica 為「重建」之意。始於 1980 年代，蘇聯社會主義的改革，適逢蘇聯解體而夭折。

❸❾　舊蘇聯聯邦諸國，是以俄羅斯共和國為中心的寬鬆聯邦所結成的「獨立國家共同體」。

❹❿　自衛隊的海外派遣是否違憲的爭論不斷，1992 年宮澤內閣之下，成立「PKO 協力法」，自衛隊之海外派遣遂成為可能。

　　1993 年 6 月自民黨分裂，在 7 月的眾議院選舉中，自民黨失利，喪失了過半席次的優勢，宮澤內閣下臺，成立了共產黨除外非自民黨八個黨派的聯合政權，推舉日本新黨的細川護熙為首相。這是 1955 年以來，三十八年來第一次政權交替，自民黨長期單獨政權的弊害，泡沫經濟的崩潰，「總評」解散與「聯合」的結成，革新勢力內部的變動為背景，五五年體制崩潰。原來的保守與革新的對立變成曖昧，進入不安定的聯合政治時代。

　　倡導「政治改革」的細川內閣，於 1994 年實現了眾議院的選舉制度改革，引進小選舉區比例代表並行制度。同年，繼任的羽田孜內閣短命結束，自民黨與社會兩黨合作，加上新黨先驅，成立社會黨黨揆村山富市為首相的政權。社會黨贊同「新安保條約」、自衛隊、消費稅，大幅改變黨的基本路線。另一方面，新生黨、公明黨、民社黨、日本新黨等在野黨，於 1994 年合組新進黨。

四、從泡沫經濟到平成不景氣

　　1980 年代，日本的對美貿易黑字激增，美國要求汽車等輸出自我限制，逼迫農產品輸入自由化。日本政府於 1988 年決定牛肉、橘子輸入自由化（1991 年實施），1993 年部分開放米的市場。其後美國仍然提出妨礙市場開放的日本經濟制度慣行上的「不公正」，加強對日本的批判。

　　亞洲發展中國家與地域之中，韓國、新加坡與臺灣、香港等，引進外國資本、技術為樞軸，推動輸出志向型的工業化突飛猛進，在世界性的長期不景氣之中，繼續大幅的經濟成長（NIES 新興工業地域經濟群❹）。至

---

❹　第二次世界大戰後獨立的亞非新興各國，不容易有經濟建設，與北半球的先進工業各國的經濟落差與累積債務成為問題（南北問題）。1970 年代以降，很多新興國家陷於貧困、饑荒嚴重，但發動石油戰略而成富有的產油國家以及推進急遽的經濟成長的國家、地域 (NIES, Newly Industrializing Economics)、新興工業地域經濟群之出現。東亞為 NIES 發展的中心地域，因而稱為亞洲 NIES。

1980 年，「經濟大國」日本及其周圍的亞洲 NIES 工業生產基地所形成的經濟圈，成為世界經濟活力的中心。此一趨向，推廣到進行經濟開放政策的中國經濟特別區以及東南亞公約組織 (ASEAN) 各國。

採行變動匯率政策以來，日圓幣值比價的過高傾向仍然存在，1985 年的五國財長會議 (G5)，達成協調介入的協定。此後日圓幣值偏高的情形未變，輸出產業的不景氣仍甚嚴重。但其後因有內需擴大，且有一波大型景氣而紓緩。

在超低利政策下，金融機關與企業的過剩資金流入不動產市場與股票市場，自 1987 年起，開始有如與實體背離的泡沫一般，地價與股票開始投機性的暴騰（泡沫經濟）。企業業績轉好，使極端長時間勞動慢性化，白領階級的「疲勞過度症」成為問題。由於日圓幣值偏高，即使日本企業急速展開遷移生產據點到歐美與亞洲各國，仍然無法避免國內產業的空洞化。

1990 年初，股票暴跌，翌年地價大跌，泡沫經濟時代來臨。為此，持有大量不良債權的金融機關的經營惡化，產生金融緊迫的困境，且又波及到實體經濟的不景氣（複合不景氣）。企業為求生存，不得不推動事業重整，轉向海外擴張，並大舉裁員，採取經營效率化措施，卻因而產生大量失業與雇傭不安問題，迫使家計的消費冷卻，反而導致不景氣更加嚴重的結果。

另一方面，情報資訊技術的飛躍性發達，情報資訊網路化，超越國境而進展，在美國的壓力之下，進行各種規制的放寬、市場開放，因應全球性大競爭時代的來臨，包含國際的合作與合併等大規模的業界重編，已在各領域表面化。

五、經濟危機的加深與國內改革

1995 年，阪神、淡路大震災以及奧姆真理教在東京地下鐵放置毒氣的恐怖活動，多數金融機關經營破綻等，相繼發生損害日本社會「安全性」

的衝擊事件，增長了國民之間的不安心理。沖繩則有美軍士兵對女學生的施暴事件，因而掀起縣民要求縮小美軍基地的運動。

　　1996 年初，村山首相下臺，自民黨總裁橋本龍太郎繼組聯合內閣。橋本首相就冷戰終結後的日美安保體制發表共同宣言，同年，舉行依據選舉新制的首次大選，自民黨雖不及過半，但有大幅成長，足以單獨組織政權，乃能取得社會民主黨（日本社會黨改稱）、新黨先驅兩黨的閣外協力方式，繼續組成聯合政府。

　　倡言推動行政、財政改革的橋本內閣，成立「財政改革法」，確立了行政改革的基本方針。但翌年 4 月實施提升消費稅為 5%，同年夏天受到亞洲各國貨幣、金融危機雙重的打擊，景氣再度衰退，日本經濟轉為戰後未曾有的不景氣。大金融機關的經營破綻頻起，一方面大規模投入公家資金以救濟金融機關，一方面卻發生倒閉及債務整編❷，產生大量失業者。

　　橋本首相因參議院選舉失敗而引咎辭職，由小淵惠三繼任。小淵內閣編製大型預算，務期恢復景氣，1999 年先後取得自由黨與公明黨參加政權的承諾，確保眾參兩院的安定席次，通過在野黨反對最烈的「周邊事態關連法案」❸。

　　2000 年，小淵首相猝死，森喜朗繼任自民黨總裁，組織內閣，但在 7 月的沖繩高峰會議之後，即於 2001 年下臺。同年 4 月，高舉政治結構改革口號的小泉純一郎組織內閣。

　　小泉純一郎在就職之時，便喊出「無聖域的構造改革」口號，推行公

---

❷　短期債務轉為長期債務的債務重整，企業的收買、合併，不合算部門的整頓、人員削減等手段，以重整事業 (restructuring)。

❸　美軍在日本的行動範圍規定為「亞洲太平洋地域」，「日本周邊有事」之際，自衛隊可以充當美軍後方支援，而宣言重新檢討日美防衛協力方針 (Guide line)。新的協力方針於翌年 1997 年，為兩國政府所決定，基於此而於 1999 年成立「周邊事態關連法案」。

營企業私有化、縮減政府的管控、終止國家獨占，以追求資本優化與生產效能提升。在這樣小政府政策的推行之下，交通、航空、電力等特殊公團紛紛轉為民營化，在小泉任相期間，日本的公務員數量縮減為原本的一半，大幅減少了人事成本對政府造成的財政負擔。其中引起最大爭議者，為2005 年推行的郵政民營化。

日本郵政制度創於明治年間，包含郵便、郵便儲金、簡易保險三種服務。在創立之始，為了減少財政支出，在全國各地委託地方上的地主提供建物作為郵局，而該地主便成為局長。這種類似外包的郵局形態，被稱為特定郵便局，而特定郵便局在日本所有郵局中占了超過七成的比例。這些特定郵便局的局長職務，不會被調動而是直接任職到退休，並且不需通過公務人員考試，而是透過「公募」獲得職位，然而公募的資訊並不透明，通常只在局長的親族中才會得知情報，因此被視為可以世襲的公務員。這樣的特定郵便局，是自民黨在地方上非常重要的樁腳，由特定郵便局的退休局長組成的後援會，更是自民黨最大的支持團體。小泉推動的郵政民營化，將直接影響自民黨各大派系在地方上的既得利益。

2005 年 4 月，小泉純一郎將「郵政民營化法案」送交國會審理。該法案在眾議院階段便已受到許多自民黨的議員反對，8 月，在參議院最終表決時該法案被否決。小泉宣稱，此否決視同通過內閣不信任案，宣布解散眾議院，以全面改選來徵詢民意對郵政的態度。該次解散被稱作「郵政解散」。在這次的眾議院改選，自民黨內許多反對郵政改革的議員獨立參選，或退黨自組政黨參選，小泉則推出許多被稱作「刺客」的年輕候選人，到這些議員的選區競選。最後自民黨在這次選舉中獲得過半的國會席次，郵政改革得以繼續推行，小泉富戲劇性的政治戰術，被稱作「小泉劇場」。

外交上，小泉純一郎推動親美的外交政策，在九一一事件後，支持美國對阿富汗的戰爭，並派遣海上自衛隊支援。為了促成日本與北韓外交正常化，小泉於 2002 年首次訪問北韓，並與金正日簽署「日朝平壤宣言」。

另一方面，由於小泉多次前往靖國神社參拜，而引發了中國與韓國的不滿，在國內亦產生了首相參拜靖國神社是否違反政教分離原則的爭論。

2006 年，小泉純一郎卸任自民黨總裁，並辭去首相之職，安倍晉三接任。然而安倍晉三在任一年便以健康為由辭職，接任的福田康夫與麻生太郎，在任時間皆只有一年左右。2009 年，眾議院選舉由偏左派的民主黨獲得勝利，打破了自民黨國會最大黨的地位，也實現了二十一世紀日本第一次政黨輪替。民主黨黨魁鳩山由紀夫出任首相，然而不及一年即因沖繩美軍基地的問題而下臺，菅直人繼任之。

2011 年 3 月 11 日，宮城縣外海發生規模 9.0 的大地震，這也是日本有記錄以來規模最大的地震。該次地震造成宮城、岩手、福島等處受到海嘯襲擊，而福島第一核電廠在受海嘯襲擊後，發生爐心熔毀，導致大量放射性物質外洩。該事件在國際核事件分級表中列為最嚴重的七級，與車諾比核電廠事故同級。由於在東日本大地震以及福島核災中，菅直人內閣的處理失當，在野的自民黨在眾議院提起內閣不信任案，雖然不信任案並沒有通過，然而菅直人在數月後便宣布內閣總辭，由野田佳彥接任。

野田佳彥上任不久後，美國提出 TPP（The Trans-Pacific Partnership，泛太平洋夥伴關係協定）的提案，野田支持之。然而，TPP 的關稅減免等條款受到國內許多人的反對，野田支持美國的態度，也與民主黨內較不親美的立場相異。2012 年，由於野田推行的增稅法案受到民主黨內普遍反對，黨內重要領導者小澤一郎等人退黨，民主黨陷入分裂。同年年底，眾議院改選，分裂的民主黨大敗，而日本再度政黨輪替，自民黨重返執政，安倍晉三再次出任首相，一直到 2020 年辭職為止，成為日本史上任期最長的首相。

2016 年，明仁天皇宣布，由於年事已高，有意在世退位。2019 年 4 月 30 日，明仁天皇正式退位，尊稱為「上皇」，在位共三十一年，平成時代結束。隔天的 5 月 1 日，德仁皇太子即位為天皇，改年號為「令和」。其典

故出自於《萬葉集》，是日本首個非引自中華傳統典籍的年號。

2020 年，武漢肺炎疫情擴散全球，日本亦大受打擊，原先預定於 2020 年舉辦的東京奧運，被迫延至隔年舉行，並且採取無觀眾的措施，成為第一次不開放觀眾入場的奧運。原本備受期待的奧運，反而造成日本極大的損失。

日本現今是世界第三大經濟體，僅次於美國與中國，在各產業上都是世界上重要的國家，而其動畫、遊戲產業更是將日本的文化輸出至全球。長期來看，日本在終戰之後，在各方面都有著飛躍性的成長，只是日本在政治上、社會上、經濟上，仍舊有許多待解決的問題，而這些日本的問題，也只有日本人自己的智慧能夠處理了。

參考書目

一、中　文

余又蓀《日本史》三冊，臺北，中華文化出版事業委員會，1956 年。

李永熾《日本史》，臺北，牧童出版社，1975 年。

林明德《日本近代史》，臺北，三民書局，2004 年。

徐先堯《日本近代史》，臺北，商務印書館，1981 年增訂版。

陶振譽《日本史綱》，臺北，國防研究院，1964 年。

陳水逢《日本近代史》，臺北，中華學術院日本研究所，1968 年。

鄭學稼《日本史》五冊，臺北，黎明文化事業股份有限公司，1977 年。

二、日　文

入江昭《日本の外交》，東京，中央公論社，1966 年。

三品彰英等《京大日本史》六冊，東京，創元社，1952 年。

井上光貞等《詳說日本史》，東京，山川出版社，1976 年。

井上清、鈴木正四《日本近代史》，東京，合同出版社，1961 年。

石井進《詳說日本史》，東京，山川出版社，2004 年。

辻善之助《日本文化史》，東京，春秋社，1962 年。

池井優《增補日本外交史》，東京，慶應通信，1983 年。

谷口五男《詳解日本史》，東京，昇龍堂出版株式會社，1968 年。

坂本太郎《日本史概說》，東京，山川出版社，1961 年。

所理喜夫《圖說日本史》，東京，一橋出版株式會社，1983 年。

林屋辰三郎《日本歷史と文化》二卷，東京，平凡社，1967 年。

東京大學日本史研究室《日本史概說》，東京，東京大學出版會，1961 年。

高橋幸八郎等《日本近代史要說》，東京，東京大學出版會，1980 年。

黑羽清隆《新講日本史》，東京，三省堂，1972 年。

寶月奎吾、兒玉幸多《新稿日本史概論》，東京，吉川弘文館，1969 年。

三、英　文

Beasley, W. G., *The Modern History of Japan*, New York, Frederich A. Preyer, 1963.

Beckmann, George M., *The Modernization of China and Japan*, N.Y., Harper & Row, 1962.

Latourette, Keneth Scott, *The History of Japan*, New York, The Macmillan Co., 1957.

Jansen, Marius B., *Japan in Transition: From Tokugawa to Meiji*, Princeton University Press, 1986.

Pratt, P., *History of Japan* (2 Vols.), London, Curzon Pr., 1972.

Reischauer, E. D., *Japan, Past and Present*, New York, A. A. Knopt, 1967.

Storry, R., *A History of Modern Japan*, Middlesex, Penguin Books, 1968.

The Rise of Modern Japan, London, George Weidenfeld & Nicolson Limited, 1990.

四、圖片出處

Wikimedia Commons：圖 1–1、1–2、2–1、2–2、2–3、3–3、4–1、4–2、5–1、5–2、5–3、5–4、6–1、6–2、6–3、6–4、7–1、7–2、7–3、7–4、8–1、8–2、8–3、8–4、8–5、9–2、9–3、9–4、10–1、10–2、10–3、10–4、10–6、10–7、10–8、10–9、10–10、11–1、11–2、11–3、11–4、11–5、12–1、12–2、12–3、12–4、12–5、12–6、12–7、12–8、12–9、13–1、13–2、13–3、13–4、14–1、14–2、14–3

Shutterstock：圖 2–4、3–1、3–2、6–5、6–6

Library of Congress：圖 9–1、10–5

國家圖書館出版品預行編目資料

日本史／林明德著. ——修訂三版一刷. ——臺北市：
三民，2022
面；　公分

ISBN 978-957-14-7477-9 （平裝）
1. 日本史

731.1   111009373

日本史

作　　　者	林明德
發　行　人	劉振強
出　版　者	三民書局股份有限公司
地　　　址	臺北市復興北路 386 號 (復北門市)
	臺北市重慶南路一段 61 號 (重南門市)
電　　　話	(02)25006600
網　　　址	三民網路書店 https://www.sanmin.com.tw
出版日期	初版一刷 1986 年 10 月
	修訂二版六刷 2016 年 7 月
	修訂三版一刷 2022 年 7 月
書籍編號	S730020
Ｉ Ｓ Ｂ Ｎ	978-957-14-7477-9

三民書局